chengyugushi zai youeryuan jiaoyuzhong de
yingyong jiazhi yu kecheng tixi goujian

成语故事
在幼儿园教育中的应用价值与课程体系构建

王钢 ◎ 著

贵州大学出版社
Guizhou University Press
· 贵阳 ·

图书在版编目（CIP）数据

成语故事在幼儿园教育中的应用价值与课程体系构建 / 王钢著. -- 贵阳 : 贵州大学出版社, 2024. 11.

ISBN 978-7-5691-1021-0

Ⅰ. G613.2

中国国家版本馆CIP数据核字第2024GU1691号

成语故事在幼儿园教育中的应用价值与课程体系构建

著　　者：王　钢

出 版 人：闵　军
责任编辑：周　清
校　　对：顾黄卉
装帧设计：陈　艺　申　云

出版发行：贵州大学出版社有限责任公司
地址：贵阳市花溪区贵州大学东校区出版大楼
邮编：550025 电话：0851-88291180
印　　刷：贵阳精彩数字印刷有限公司
开　　本：787毫米×1092毫米　1/16
印　　张：13.75
字　　数：301千字
版　　次：2024 年 11 月第 1 版
印　　次：2024 年 11 月第 1 次印刷

书　　号：ISBN 978-7-5691-1021-0
定　　价：60.00元

序

在探索中华优秀传统文化的传承与幼儿园教育融合的道路上，我始终保持着敬畏与谦卑之心。本书《成语故事在幼儿园教育中的应用价值与课程体系构建》，虽是我十多年研究与实践的结晶，但深知其中仍有诸多不足与待完善之处。本书的创作，亦是源自我对国学如何在幼儿心中生根发芽的探问，以及对传统文化如何在现代社会焕发新生的深切思考。

2006 年，我承接了学校的选修课程“幼儿园国学课程”，开启了我对中华优秀传统文化与幼儿园教育融合的思考、研究。2017 年，我申报的省教育规划课题《成语故事在幼儿园教学中的应用研究——以贵阳市云岩区幼儿园为例》有幸获立项，历经三年的辛勤耕耘，课题于 2020 年顺利结题。在这一过程中，我进一步深刻感受到成语故事的独特魅力及其在幼儿教育中的巨大潜力。然而，我也更加清醒地认识到，将这一传统文化瑰宝融入现代幼儿园教育并非易事，需要不断地探索、实践与创新。

本书试图从“融合”这一角度出发，深入挖掘成语故事的教育价值，并尝试将其与幼儿园教育的五大领域进行有效融合。然而，我深知自己才疏学浅，所提出的课程体系构建方案或许仍显稚嫩，甚至不乏错漏，仍需经过更多实践的检验与不断地调整优化去完善。但正是这份自知之明，让我更加珍惜每一次尝试与努力的机会，也更加感激那些在我研究过程中给予指导、支持与帮助的师长、领导、同仁。同时，我也要真诚感谢贵州大学出版社，在本书的策划、编辑、出版过程中给予的大力支持，最终让这本书得以面世，走向更广阔的读者群体。

全书共分为五章，内容包括绪论、成语故事教学与幼儿园教育的五大领域、构建幼儿园成语故事教学适宜性体系、成语故事与五大领域有效融合的课程体系构建、成语故事教学案例分析。我希望能通过这本书，为幼儿园教育提供一种新的思路和方法支持，同时也为中华优秀传统文化的传承与发展尽一份绵薄之力。

在此，我还要特别感谢所有对本书寄予厚望、陪我一起在这条路上探索的基地幼儿园的老师们。你们的关注与鼓励是我不断前行的动力源泉。我深知，只有不断学习、不断进步，才能更好地履行作为一名教育者的职责与使命。因此，我将以更加谦逊的态度、更加坚定的步伐，继续在传承与发展中华优秀传统文化的道路上砥砺前行。

王　钢

2024 年 9 月于园林路 71 号

目　录

第一章　绪论

我国自古以来就非常重视教育，《礼记·学记》中有言“建国君民，教育为先”。北宋时期著名的思想家、教育家张载所著的《正蒙》曰：“养其蒙使正者，圣人之功也”，“蒙以养正”便是“启蒙以培养纯正的品质”，可见古人对幼儿教育也十分重视。正所谓“人生百年，立于幼学”，大量的科学研究已经证明，幼儿正处在人生最宝贵的记忆阶段、学习阶段、领悟阶段，幼儿时期是实施人才教育的关键阶段。

党和国家始终高度重视学前教育事业发展，早在1949年中央人民政府教育部成立，便在初等教育司内设立幼儿教育处负责全国学前教育工作的领导和管理。1951年10月，《政务院关于改革学制的决定》指出，幼儿教育是基础教育的第一阶段，幼儿园是实施幼儿教育的组织，其培养目标是根据新民主主义教育方针教育幼儿，使他们的身心在入小学前获得健全的发育，这是对学前教育属性的重大判断，即学前教育事业是教育事业的重要组成部分。党的十八大以来，学前教育事业得到前所未有的高度重视。习近平总书记就学前教育改革发展多次作出重要批示指示，把家庭教育、学校教育和社会教育在落实立德树人根本任务上统一起来，突出了抓好学前教育的时代价值和实践意义。党的十八大和十八届三中、五中全会明确提出，要办好学前教育，推进学前教育改革发展，鼓励普惠性幼儿园发展。2018年11月，《中共中央 国务院关于学前教育深化改革规范发展的若干意见》颁布，其中明确指出：“学前教育是终身学习的开端，是国民教育体系的重要组成部分，是重要的社会公益事业……牢牢把握学前教育正确发展方向，完善学前教育体制机制，健全学前教育政策保障体系，推进学前教育普及普惠安全优质发展，满足人民群众对幼有所育的美好期盼，为培养德智体美劳全面发展的社会主义建设者和接班人奠定坚实基础。”儿童是国家的未来、民族的希望。党的十九大报告中，前所未有地提出了“幼有所育”的新要求。2021年9月，国务院颁布了《中国儿童发展纲要（2021—2030）》，指出：“当代中国少年儿童既是实现第一个百年奋斗目标的经历者、见证者，更是实现第二个百年奋斗目标、建设社会主义现代化强国的生力军。促进儿童健康成长，能够为国家可持续发展提供宝贵资源和不竭动力，是建设社会主义现代化强国、实现中华民族伟大复兴中国梦的必然要求。”并在健康、安全、教育、福利、家庭、环境、法律保护等领域，提出了明确目标和具体保障策略及措施。2021 年 12 月，教育部等九部门印发了《“十四五”学前教育发展提升行动计划》，计划提出：“为深入贯彻落实党的十九届五中全会‘完善普惠性学前教育保障机制’‘建设高质量教育体系’的部署要求，积极服务国家人口发展战略，进一步推进学前教育普及普惠安全优质发展。”党的二十大报告进一步强调“强化学前教育、特殊教育普惠发展”。

一度，舶来文化深深影响到我们的教育，欧美的节庆文化、流行文化在幼儿园也大行其道。习近平总书记指出，“文化是一个国家、一个民族的灵魂”“文化自信，是更基础、更广泛、更深厚的自信。”在 5000 多年文明发展中孕育的中华优秀传统文化，在党和人民伟大斗争中孕育的革命文化和社会主义先进文化，积淀着中华民族最深沉的精神追求，代表着中华民族独特的精神气质。在经济全球化和知识经济浪潮的冲击下，如何对绵延 5000 多年的中华文明进行传承和创新（其首要还在于传承，因为没有传承就没有创新），成为摆在我国教育界人士面前的一大课题。

为建设社会主义文化强国，增强国家文化软实力，实现中华民族伟大复兴的中国梦，2017 年，中共中央办公厅、国务院办公厅印发了《关于实施中华优秀传统文化传承发展工程的意见》，文件明确指出，“贯穿国民教育始终。围绕立德树人根本任务，遵循学生认知规律和教育教学规律，按照一体化、分学段、有序推进的原则，把中华优秀传统文化全方位融入思想道德教育、文化知识教育、艺术体育教育、社会实践教育各环节，贯穿于启蒙教育、基础教育、职业教育、高等教育、继续教育各领域。以幼儿、小学、中学教材为重点，构建中华文化课程和教材体系。编写中华文化幼儿读物，开展‘少年传承中华传统美德’系列教育活动，创作系列绘本、童谣、儿歌、动画等”。可见，让幼儿在学习的过程中接受中国传统文化的熏陶，帮助幼儿养成良好的行为习惯，促进幼儿身心健康发展，既是幼儿自身发展的需要，也是我国学前教育培育新时代幼儿的使命要求。

近年来，我国文化教育领域有个突出的现象就是“国学热”，社会上有不少幼儿园、幼教机构为了顺应时代潮流，吸纳古代私塾的教育方式，把《三字经》《弟子规》《千字文》作为幼儿的学习材料，组织幼儿诵经，这些国学材料对于幼儿来说过于艰深、难以理解，对于传承国学效果并不明显，大量的背诵严重增加了幼儿的负担，容易使他们对学习产生困惑和恐惧。那么以什么方式才能让幼儿更好地得到优秀传统文化的熏陶，让中国传统文化中的精髓根植于他们的心中，潜移默化地智化幼儿的心灵，进而使幼儿得到全面、和谐的发展？中华民族语言智慧的结晶——成语，是优质之选。成语是在中国文化的历史积淀中形成的，成语皆有其典故，许多成语还包含有趣的故事。成语故事感情色彩鲜明、意义丰富，具有：题材广泛，主题集中、情节生动，故事性强、叙述明快，趣味盎然、语言质朴、口头性强等特点，在传承中华文化，浸润儿童心灵，启迪幼儿智慧方面，具有极其重要的意义和价值。

一、成语故事的定义和历史背景

（一）成语及成语故事

成语，是人们在长期使用语言的过程中锤炼形成的约定俗成、形式简洁、内涵丰富的固定短语。它是比词的含义更丰富而语法功能又相当于词的语言单位，而且富有深刻的思想内涵，简短精辟易记易用。成语常常附带有感情色彩，包括贬义和褒义，当然，也不乏中性的。成语结构紧密，一般不能任意变动词序，变换或增删其中的成分。如："狐假虎威"就不能更改为"狐借虎威"，"丰功伟绩"也不能调换为"丰绩伟功"或者"伟绩丰功"。

成语在意义上具有整体性。"它的意义往往不是其构成成分意义的简单相加，而是在其构成成分的意义基础上进一步概括出来的整体意义。"如"狐假虎威"，表面意义是"狐狸假借老虎的威势"，实际含义是"倚仗别人的权势去欺压人"；"炉火纯青"，表面意义是"道士炼丹成功时的火候"，实际含义是"比喻学问、技术或办事达到了纯熟完美的地步"；"废寝忘食"，表面意义是"不顾睡觉，忘记吃饭"，实际含义是"极为专心努力"，等等。

据统计，成语一共有5万多条，其中96%为四字格式，也有三字、五字、六字、七字及以上的成语，如："鸿门宴""礼轻情意重""风马牛不相及""多行不义必自毙"，等等。成语以"四字格"为主的形式，符合汉语的语音特征，平仄相谐，现代汉语的阴平、阳平为平声；上声、去声为仄声，而成语的"四字格"正好可以形成平仄配合，使得节奏明快，声调变化，舒急有致，抑扬顿挫，读起来能产生声音上的美感，音韵优美也成为成语的鲜明特点之一。同时，成语对仗工整，符合汉语的语法规则和中华民族的审美情趣，言简意赅，便于记诵，是中华民族语言智慧的结晶。

成语一般都有明确的典故，如："舍生取义"，出自《孟子·告子上》："生，亦我所欲也，义，亦我所欲也。二者不可得兼，舍生而取义者也。"成语因此成为文化信息传递和文化精神保存的极好载体和种子。一个成语就是一个文化符号，承载着优秀的文化和丰富的思想，反映了中华民族传统文化发展的历史进程，蕴含着丰富深刻的人生哲理和历史文化信息；如同一面镜子，反映了中华民族的思维方式、价值观念和处世哲学。成语是历史的产物，是语言文化的"活化石"，缊含丰富的文化内涵，涵盖传统文化的方方面面，包括天文、地理、历史、文学、艺术、科学、道德、生物、法律、军事、伦理、教育乃至礼仪风俗、衣食住行，等等。因此，成语具有强大的认知功能。成语是中华民族灿烂文化中的瑰宝，也是幼儿认识传统文化的窗口和平台。

故事，是一种以叙述事件为主，强调情节的生动性和连贯性，不过多刻画人物性格，比较适合于口头讲述的文学体裁。孩子天生是喜爱听故事的，正如苏霍姆林斯基认同的，故事和游戏都是孩子童年不可或缺的。故事和游戏是幼儿感知事物、认识世界、改造世界的重要途径，是幼儿获取知识、丰富情感、扩展和加深对周围事物认识的有效手段。

诚然，并非所有的成语都有动人的故事，不过许多成语都蕴含了积极的教育意义，包括知识的学习、品德的培养、潜能的发展等方面。如“韦编三绝”，表现了中华民族勤奋读书，刻苦治学的精神；“愚公移山”，凝聚着中华民族知难而进，不畏艰难的精神；“庖丁解牛”，表达了中国人对客观规律和正确方法的理解。成语故事不仅承载着优秀的文化和丰富的思想，还蕴含着较强的情节性和趣味性，能激发幼儿的学习愿望，学习历史、了解古今风尚习俗的异同，增长知识。在幼儿园教育教学中恰当地使用成语故事，就能挖掘出成语故事积极的教育意义，发挥其不可替代的教育价值。

（二）成语故事的历史背景

1. 成语故事的起源

成语故事源于我国古代文明的发展，语言文字不断地丰富、发展和演变，前人对历史事件、寓言传说等进行整理，使其具有了较强的故事性，再经过流传就形成了成语故事。根据史料研究，最古老的成语“有条不紊”，可以追溯到公元前 1300 年左右殷商国王盘庚迁都时的演讲，记录在《尚书·盘庚》中：“若网在纲，有条而不紊”，距今已有 3300 多年。成语故事伴随成语而生，出现也较早，在春秋战国时期，诸子百家争鸣，各种思想和文化交融，从而为成语故事的诞生提供了肥沃的土壤。许多我们现在耳熟能详的成语故事，如：孟母三迁、卧薪尝胆、完璧归赵、负荆请罪、鹬蚌相争、刻舟求剑、一鸣惊人，等等，都源自这个时期。

2. 成语故事的来源

成语故事的来源大体有以下六种：

一是源自神话传说，我国的古代神话传说有许多是反映古人对自然现象和社会生活的想象，还融合了原始信仰、道德规范和哲理思考，富有深刻的教育意义，不仅展现了中华民族的精神面貌，也是探索中国古代文明的重要窗口。比如：“开天辟地”，讲述了远古盘古氏开辟天地创世，鼓励世人要强大自身为自己和世界带来光明的故事，源于徐整《三五历记》，“天地混沌如鸡子，盘古生其中，万八千岁，天地开辟，阳清为天，阴浊为地，盘古在其中。”“精卫填海”，讲述了炎帝的小女儿，名叫女娃，溺死在东海，魂灵不甘，化作一只小鸟，立志报复，日夜衔石木要填平东海，展现锲而不舍精神的故事，出自《山海经·北山经》：“炎帝之少女名曰女娃。女娃游于东海，溺而不返，故为精卫，常衔西山之木石，以堙于东海。”“愚公移山”，讲述老翁愚公为了改变环境造福后人，带领全家搬迁大山改造自然，展现出不畏艰难持之以恒精神的故事，出自《列子·汤问》：“太行、王屋二山，方七百里，高万仞。本在冀州之南，河阳之北。北山愚公者，年且九十，面山而居……”

二是源自历史事件，在我国历史上每个时代都有值得传颂的人物或事件，他们在一定程度上影响或推进了中华文明的历史发展，后人就把这些著名的历史事件凝练成了成语和成语故事。比如：“一鼓作气”，出自《左传·庄公十年》：“夫战，勇气也。一鼓作气，再而衰，三而竭。”比喻趁着勇气十足的时候鼓起干劲，一口气把事情做完。“卧薪尝胆”，出自《史记·越王勾践世家》：“越王勾践反国，乃苦身焦思，置胆于坐，坐卧即仰胆，饮食亦尝胆也。”后人用于形容刻苦自励，发愤图强。“东山再起”，出自《晋书·谢安传》：“隐居会稽东山，年逾四十复出为桓温司马，累迁中书、司徒等要职，晋室赖以转危为安。”后指再度出任要职，也比喻失势之后重新得势。

三是源自古代典籍文献里的寓言故事，用借喻的手法昭示富有教育意义的主题或深刻的道理。比如：“杞人忧天”，讲述了古代杞国有个人，整天担心天会塌下来，地会陷下去，整天莫名忧愁的故事，出自《列子·天瑞》：“杞国有人忧天地崩坠，身亡所寄，废寝食者。”“邯郸学步”，讲述战国时期，燕国寿陵有个少年，听说赵国邯郸人走路的姿势特别优美，于是专程到邯郸学习，结果不仅没学会反把自己走路的姿势也忘了，只好爬回去的故事，出自《庄子·秋水》：“子往呼！且子独不闻夫寿陵余子之学行于邯郸与？未得国能，又失其故行矣，直匍匐而归耳。今子不去，将忘子之故，失子之业。”“守株待兔”，讲述古代宋国的一名农夫，无意中捡到一只撞在树桩上死去的兔子，竟只想不劳而获任凭农田荒芜的故事，出自《韩非子·五蠹》：“宋人有耕者。田中有株，兔走触株，折颈而死。因释其耒而守株，冀复得兔。兔不可复得，而身为宋国笑。”

四是源自古代文学作品，在我国浩瀚如烟的文学典籍中，闪耀着许许多多璀璨夺目的名著、名篇，从中也产生了大量的成语和成语故事。比如：唐朝诗人崔护的《题都城南庄》：“去年今日此门中，人面桃花相映红。人面不知何处去，桃花依旧笑春风。”短短几句诗造就了一个被后世称为“桃花缘”的成语故事“人面桃花”。“三顾茅庐”，出自诸葛亮《出师表》：“臣本布衣，躬耕于南阳，苟全性命于乱世，不求闻达于诸侯，先帝不以臣卑鄙，猥自枉屈，三顾臣于草庐之中。”讲述了刘备求贤若渴、礼贤下士、尊重人才、诚心相邀的故事。“乐不思蜀”，出自《三国志·蜀书·后主传》裴松之注引的《汉晋春秋》：“王问禅曰：‘颇思蜀否？’禅曰：‘此间乐，不思蜀。’”讲述了蜀汉后主刘禅，乐以忘返，无故国故土之思的故事，比喻在新环境中得到乐趣，安于现状，留恋异地，忘了故土故人。

五是来源于百姓生活，这类成语大部分都是人民群众创造的口语、俗语，百姓口头交流常常使用，有的也被收录用于各类作品中，有些甚至已经找不到原始的出处了。比如：“破天荒”，出自宋代孙光宪《北梦琐言》：唐朝时期，荆州地区50多年没有举人到京城应考中过进士，因此被人们称为“天荒”，直到唐宣宗时期，有一个荆州举人刘蜕中了进士，破了天荒。荆州魏国公崔铉特地奖励他 70 万钱。刘蜕不受并回信说："五十年来，自是人废；一千里外，岂曰天荒。"后来就用"破天荒"来形容从来没有出现的事情发生了。"眼中钉"，即指眼中的钉子。史书上记载的第一个被百姓称为眼中钉的人是五代时后唐的赵在礼。《新五代史·赵在礼传》："在礼在宋州，人尤苦之。已而罢去，宋人喜而相谓曰：'眼中拔钉，岂不乐哉？'"赵在礼依仗自己是皇亲国戚贪赃枉法，鱼肉百姓。百姓受尽欺压，十分痛恨他。当他被罢免时，宋州人纷纷奔走相告，相互祝贺。"忙忙碌碌"，形容事务繁杂、辛苦的样子，清代曹雪芹的小说《红楼梦》第五十三回："且说贾珍那边，开了宗祠，着人打扫，收拾供器，请神主，又打扫上房，以备悬供遗真影像。此时荣宁二府内外上下，皆是忙忙碌碌。"

六是源于外来文化，在我国还有一些成语是受到外来文化的影响而形成的，体现了中外文化的交融，特别是佛教自汉朝传入我国后，与本土文化深入融合也产生了很多成语和成语故事。如："空中楼阁"，出于《百喻经三重楼喻》。谓昔有富翁，欲造三重楼。木匠依吩咐，开始在地面上砌砖。富翁惊问何故？木匠答道："作三重楼呀！"富翁急忙说："我不要下面二重，只要最上一层！"木匠不胜惊异，说明不造下二重就不能造最上一层的道理。但是，富翁还是执迷不悟，引来了众人的嘲笑。佛教用这个比喻说明修行者应筑好根基，循序渐进。今多用以比喻虚幻的东西或空想。"天花乱坠"，最早出自唐朝般若等法师所译的《心地观经·序品》。原为佛教传说，指梁武帝时云光法师讲经，感动上天，天花纷纷落下。后形容说话巧妙动听，但虚妄、不切实际。"天方夜谭"，天方即指阿拉伯，夜谭即指夜间说话、讲故事，出自阿拉伯民间故事《一千零一夜》，喻指虚诞、离奇的言论。

3. 成语故事的传播

随着时间的推移，成语故事逐渐被创作、收录、引用在各类经典文献、文章中，如："狐假虎威"出自《战国策·楚策》；"萍水相逢"出于唐代王勃《滕王阁序》；"牢不可破"出自唐代韩愈《平淮西碑》；"吴下阿蒙"源于司马光《资治通鉴》；"胸有成竹"取自宋代苏轼《文与可画筼筜谷偃竹记》，等等。这些经典文献、文章对成语故事的广泛传播起到了关键作用，使这些故事得以流传至今。同时，这些故事也反映了当时的社会状况、价值观念和道德标准。

随着中国文化的复兴和国家对传统文化的重视，以及成语天生言简意深的形式倍受世人喜爱，成语故事再次受到人们的高度关注。在当代社会中，成语故事的应用已经不仅仅局限于文学作品，而是浸入了教育、宣传、商贸等多领域。通过各种形式和媒介的传播，成语故事也在深深地影响着现代人的生活和思维方式。

二、成语故事的文化内涵和教育价值

成语故事作为中华文化的瑰宝，蕴含着丰富的文化内涵和教育价值，它不仅是语言艺术的精华，更是历史、哲学、道德等多种文化元素的集中体现，以生动的故事形式传递着中华民族的人文和历史，对于培养儿童的综合素质、促进文化传承具有重要意义。

（一）成语故事的文化内涵

1. 历史和传承

成语故事具有丰富的历史信息和文化内涵。它记录了古代社会的习俗、价值观和行为，是历史的活态见证。“约法三章”，讲述汉高祖刘邦通过订立社会契约顺应民心、稳定秩序的故事，反映出古代中国的民本思想。“程门立雪”的故事，描述了古人恭敬求教，诚心求学的态度。“卧冰求鲤”的故事，宣扬了中国“百善孝为先”的传统美德……通过学习和理解这些成语故事，人们可以通达事理和更好地了解中国的历史和文化传承，更好地理解和尊重多元文化。

2. 智慧和启迪

成语故事蕴含着深刻的哲理和人生智慧。许多成语故事提醒人们遵循道德原则，修身养性，积极向上，鼓励人们从生活中学习，分清是非、珍惜当下，像“一诺千金”“三省吾身”“颠倒黑白”“闻鸡起舞”，等等。不少成语故事蕴含着人生哲理，“拔苗助长”（发挥主观能动性，必须尊重客观规律）、“盲人摸象”（判断事物不能以偏概全）、“好高骛远”（不能为了追求高远目标而脱离实际）、“城门失火，殃及池鱼”（事物之间存在普遍的联系），等等。这些智慧和启示对引导幼儿树立正确的人生观、价值观和世界观具有重要意义。它们可以教会人们如何处理人际关系，如何面对生活的挑战，以及如何保持积极的态度。

3. 语言和修辞

成语故事在语言和修辞方面具有鲜明特点，言简意赅、形象生动、深刻隽永，还有不少成语的构成本身就运用了丰富多彩的修辞格，这也会使成语故事的语言更加富于魅力。如：“轻如鸿毛”“逐鹿中原”使用了比喻的修辞手法。“披坚执锐”“敝帚自珍”使用了借代的修辞手法。“草木皆兵”“兔死狐悲”使用了比拟的修辞手法。“不入虎穴，焉得虎子”“皮之不存，毛将焉附”使用了反问的修辞手法。“千钧一发”“怒发冲冠”使用了夸张的修辞手法。“满招损，谦受益”“口是心非”使用了对比的修辞手法。“言者无罪，闻者足戒”使用了对偶的修辞手法。“知无不言，言无不尽”使用了顶针的修辞手法。这些特点使得成语故事在表达上更加生动、扣人心弦。同时，它们也反映了中国文化独特的审美情趣和语言艺术。这些精炼的表达不仅使语言更加精确有力，在欣赏故事的过程中获得美的享受，还能够帮助人们特别是幼儿积累语言素材、提升语言表达能力。

4. 社会教育和文化传播

成语故事在流传的过程中，在社会教育和文化传播方面发挥着重要作用。成语故事通过口耳相传，使人们可以更好地了解和传承中华民族的传统美德和优秀文化。成语中蕴含丰富的教育资源，可与各层面的教育内涵自如对接，加强对人们爱国主义感情、社会主义道德品质的培养，加强对传统美德的弘扬，倡导勤俭节约、助人为乐、尊师重教、孝敬父母、礼貌待人、勤奋踏实的传统美德，提高对生命质量和人生价值的认识，珍惜生命、敬畏生命、热爱生命，等等。同时，通过传播成语故事，人们还可以传递正能量，弘扬正义，批判丑陋，促进社会和谐进步。这些故事所传达的积极价值观和道德标准对塑造社会风气、培养公民道德具有重要的作用。

总之，成语故事是中华民族宝贵的文化遗产和独特的社会现象。它们既是中国历史文化的见证和载体，也是中华民族传统美德和智慧的结晶。学习和传承成语故事有助于我们更好地了解历史文化遗产和文化多样性，汲取前人的智慧和经验，为我们未来的发展提供启发和借鉴。通过传播和应用成语故事，我们还可以弘扬中华文化的精髓和价值观，促进文化创新和发展。因此，我们应该珍惜成语故事这份宝贵的文化遗产，并积极加以传承。

（二）成语故事的教育价值

成语故事，作为中华民族悠久历史文化的瑰宝，蕴含着丰富的智慧、哲理与道德教诲，具有深远的教育价值。它们以精炼的语言形式，生动地展现了古代社会的风貌、人物的品格以及深刻的道理，对于现代教育体系而言，成语故事的教育价值主要体现在以下几个方面：

1. 传承文化，增强民族认同感

成语故事不仅仅是语言的凝练表达，更是中华文化的缩影。每个成语背后都承载着特定的历史背景、文化观念和社会习俗，通过讲述这些故事，能够帮助儿童了解中华民族的历史文化，增强对传统文化的认识与尊重，进而培养民族自豪感和文化认同感。

2. 品德教育，塑造良好人格

许多成语故事蕴含着丰富的道德内涵，如“孔融让梨”体现了尊老爱幼、谦虚礼让的美德，“闻鸡起舞”则展现了勤奋与自律的重要性。这些故事以具体的人物和情节为载体，使抽象的道德观念变得生动可感，使得儿童在轻松愉快的氛围中接受道德教育，有助于儿童形成正确的价值观和良好的道德品质。

智慧启迪，培养思维能力成语故事虽然短小精悍，但往往蕴含深刻的哲理和智慧。如“刻舟求剑”揭示了僵化思维的弊端，“塞翁失马”则展示了事物发展的辩证性。学习这些故事，可以锻炼儿童的逻辑思维、批判性思维和创造性思维，激发儿童的想象力和创造力，培养他们灵活运用知识解决问题的能力，以及辩证看待事物的思维方式。

3. 语言学习，提升表达能力

成语是汉语中的精华，其语言凝练、意蕴深远。学习成语故事不仅能帮助儿童掌握更多的词汇和表达方式，还能提升他们的语言组织能力和文学素养，使他们在表达时更加准确、生动、富有感染力。同时，语言素养的提升将有助于儿童更好地与他人沟通交流，建立良好的人际关系。

4. 情感教育，丰富情感体验

情感教育，丰富情感体验。成语故事中的人物形象鲜明，情感元素丰富多样，包括亲情、友情、爱情、家国情怀等。如："孟母三迁"体现了母爱的伟大，"伯牙绝弦"则展现了知音难觅的悲凉。学习和感受这些情感元素，能够触动儿童的心灵，引发他们的共鸣，从而丰富他们的情感体验，培养其同理心和对他人的人文关怀。

成语故事在文化传承、品德教育、智慧启迪、语言学习以及情感教育等方面都具有重要的价值。因此，在幼儿园教育中，我们应充分利用成语故事这一宝贵资源，将其有机融入课堂教学和户外活动中，以更好地促进儿童的全面发展。

三、成语故事与幼儿园教育融合的相关研究成果

成语的文化特性决定了研究者对它进行的研究的主要领域。成语是汉语言文化的精华，它是作为一个整体来应用的，它代表了一个典故，并且借故事来阐明深刻道理，产生的年代一般较早，内涵丰富，保留了许多的古汉语特点，对于成语的研究主要集中于国内。

（一）研究情况综述

在中国知网上按"成语研究"词条进行搜索，能找到1000多条相关信息，而以"成语幼儿"进行搜索，仅找到几十条相关信息。

1. 2017 年以前的研究情况

在各类重要期刊、网络平台发表的关于成语研究的文章、研究生论文不少，但是与幼儿教育关联的则不多。研究成果涉及文学和语言学的居多，如：《〈淮南子〉成语研究》（刘文明，内蒙古大学，2013，硕士论文），《"悲伤"类汉语成语研究》（左娜娜，南京师范大学，2014，硕士论文），《汉语十二生肖动物类成语研究》（南京师范大学，刘珊珊，2014，硕士论文），等等；部分幼儿园教师和小学教师对于成语的教育教学有一些好的经验总结，总体上数量也不多，主要有语言表达、园本课程、教学方法等方面的文章，如《"成语故事"教学在幼儿园中的实践研究》（茅丹，《才智》2013 年第 29 期）、《园本课程背景下成语教学的思考与实践》（周姿英，《新课程·小学》2014 年第 7 期）、《沉浸在成语

故事意境中——浅谈在成语故事表演中发展幼儿的语言表达能力》（许静，《现代阅读：教育版》2013 年第 1 期）、《以成语故事为载体培养大班幼儿口语表达能力》（张剑莹，《小学科学：教师版》2013 年第 12 期）等，这些宝贵的资料为我们从事目前所进行的课题研究活动提供了良好的基础和借鉴。

值得一提的还有，2010 年 9 月 17 日，在上海召开的《思维科学与 21 世纪》学术研讨会上，山西省社科院思维所的温朔彬老师作了《创新思维在幼儿成语教育中的运用》的交流发言。他提到，通过调研太原市小天使幼儿园，探索了如何运用创新思维来开展幼儿成语启蒙教育。他分别从理念的创新、教材的创新、实践的创新三个方面进行了阐述。认为采用游戏的形式，学习那些与幼儿的生理、心理、生活等高度相似或匹配的成语，不仅在理论上有重大意义，而且在实践中也取得了良好效果，将使幼儿受益终身。

2. 2017 年之后的研究情况

近年来，关注成语对幼儿教育价值的人在增加。成语作为汉语的特色、独有的语言形式，在幼儿园教育教学方面的价值逐渐受到重视，已有更多的幼儿园一线教师和高校师生参与到研究中来，可是从研究结果的总量上看仍然不多。从对网络提供的资讯了解的情况看，2017 年以来研究成语在幼儿园的价值体现的文章有所增加，在 CNKI 以“幼儿成语故事、教学”为主题词进行检索，共检索到 70 余篇文章，如《成语故事活动提升大班幼儿前阅读能力的实践研究》（贾艺婕，黔南民族师范学院，2021，硕士学位论文）、《浅谈幼儿园开展幼小衔接中如何巧用“成语故事”》（汪霞，《魅力中国》2019 年第 44 期）、《成语中的大智慧——幼儿园大班语言活动案例》（王海霞，《山西教育（幼教）》2020 年第 6 期）、《“成语文化”幼儿园主题活动的探索与实践》（张冬梅、曹静，《新智慧》2017 年第 13 期）等，主要涉及幼小衔接、行为习惯培养、语言能力培养、幼儿园主题活动设计等方面，核心观点有：培养幼儿养成认真、专注做事的习惯和鼓励幼儿大胆表现自我，是幼小衔接工作中的重点，利用教学或游戏环节的过渡，让幼儿登台分享自己准备的成语故事，可有意识地对孩子进行注意力方面的训练和语言表达能力的培养。成语文化融入幼儿园教育活动全过程，结合社会资源引导幼儿听成语、读成语、悟成语，让幼儿感受传统文化精神，在优秀传统文化的滋养下，树立人格自信和文化自信。

以“幼儿、成语故事课程”为主题词检索到 10 余篇文章，除了幼儿园一线教师的持续关注，如《浅谈成语故事在构建园本德育课程中的实践应用》（孙洁、杨玉红、管艳洁，《中国陶行知研究会 2023 年学术年会论文集（四）》，2023），高校师生对成语故事之于学前教育作用的关注也在增多，如《成语故事融入高职幼儿园教育活动设计课程教学改革》（周莹、李慧玲，《中国教育技术装备》2004 年第 5 期），淮北师范大学硕士研究生江珊的论文《人际交往类成语故事对幼儿社会性发展的教育价值研究》分析到：幼儿的社会性发展一直是学前教育领域长盛不衰的研究主题，幼儿从“自然人”转变为“社会人”，期间幼儿不仅获得了生存的能力，还养成了自己独一无二的人格。人际交往类成语故事作为我国传统文化的一部分，对我国幼儿的社会性发展起着潜移默化的作用。

（二）研究述评

1. 成语故事对于幼儿教育的价值，未得到足够的重视

研究发现，教育行政部门对于成语故事在幼儿教育中的价值还没有足够重视，几乎没有看到有官方的政策文件或措施出台；媒体对此也重视不够，相关的宣传报道比较少。当然，前文二者的重视不足与高层次的相关研究人员不多有直接关系，相应的研究成果也比较有限，仅仅依靠幼儿园一线教师，是难以提升研究的深度和广度的，所以未能引起社会对成语故事之于幼儿教育价值的广泛关注。

2. 缺少系统地研究

研究发现，目前成语故事应用于幼儿教育中的相关研究大多是关注某一个方面，如针对如何提高幼儿的口语表达能力，促进幼儿语言思维的发展等所作的操作实施方面的研究，而对于成语在幼儿园教育教学方面的系统地应用的研究则几乎没有看到，这也意味着成语故事在幼儿园教育教学方面的价值还有待深入挖掘。

3. 成语故事是幼儿教育课程用之不竭的优质资源

从已有的研究可见，温朔彬老师关于通过成语故事培养幼儿“创新思维”的研究，江珊同学利用人际交往的成语培养幼儿的社会性的观点，还有大量幼儿园一线教师关于成语故事的课程实践经验总结，无不证明了成语故事是幼儿教育课程用之不竭的优质资源。

综上所述，笔者认为目前对成语本身的理论研究相对较多，而结合幼儿园教育教学的相关研究较少。当前学界对成语故事之于幼儿教育的价值研究还很不充分，现有研究多为对教育教学一线问题现状的描述和解决，缺乏理论与实践的综合性探讨，从总体来看，研究投入不足，缺少系统性、高层次的研究。而另一方面，从大量幼儿园一线教师的实践总结来看，成语故事对于幼儿教育有莫大的帮助，其教育价值有待也亟需深入挖掘、大力推广。

四、幼儿园教育中成语故事的应用现状及挑战

在幼儿园教育中，当前成语故事的应用现状呈现出一定的特点与趋势，但同时也面临着一些挑战。以下是对现状及挑战的分析：

（一）应用现状分析

1. 幼教领域对成语在幼儿教育中的作用越发重视

《幼儿园教育指导纲要》中指出“引导幼儿接触优秀的儿童文学作品，使之感受语言

的丰富和优美。”成语有着独特的语言魅力，成语故事教学对于学前儿童来说，就是一座很好的“桥梁”，适宜的学习有助于幼儿增长知识、开阔视野、丰富词汇、增强思维能力。许多院校、园所，以及家长都认识到通过对成语故事的学习，我们可以引导、促进幼儿语言表达能力的发展，促进幼儿认知能力和社会性等各方面的多元发展。越来越多的幼儿园开始尝试将成语故事融入日常教学中，通过故事讲述、角色扮演、游戏互动等多种形式，激发幼儿的学习兴趣。这些教学方法不仅增强了教学的趣味性，还优化了幼儿的学习效果。

2. 幼儿园对成语故事的价值认识仍普遍不足

目前，社会上有不少幼儿园为了顺应时代潮流，也在研究开展国学教育，可是他们没有充分认识到成语的价值，而是将传统私塾教育的那一套模式搬进幼儿园，把《三字经》《弟子规》《千字文》以及古诗词等全部吸纳，让幼儿大段地背诵，有的还时常组织诵经表演。这些国学材料对于幼儿来说过于艰深，幼儿难以理解，取得的效果并不明显，大段地背诵还严重增加了幼儿的负担，增加了他们对学习的困惑和畏惧，不符合幼儿身心发展的特点。

3. 成语故事与幼儿园教育的融合研究不够系统、深入

从对目前国内相关研究现况的分析以及对幼儿园的走访了解，当前对于成语故事与幼儿园教育融合的研究还不够系统、深入，研究的力度、广度、深度亟需推进。近年来成语作为汉语的特色、独有的语言形式，在幼儿园教育教学方面的价值逐渐受到关注。从网络上现有的资源看，近年来研究成语在幼儿园价值体现的文章明显增多，主要涉及语言表达、园本课程建设等方面，如《园本课程背景下成语教学的思考与实践》《沉浸在成语故事意境中——浅谈在成语故事表演中发展幼儿的语言表达能力》《以成语故事为载体培养大班幼儿口语表达能力》等，可是这些研究多是零散的，不成体系，更多关注成语故事的表层价值，对其价值内核——传承传统文化、塑造健全人格、促进全面发展，则鲜有系统、深入的研究。这意味着成语故事与幼儿园教育教学融合方面的价值还有待挖掘。

（二）面临的主要挑战

1. 帮助幼儿教育主要参与者提升对成语故事价值的认识

就大多数幼儿教育的主要参与者而言，无论是幼儿园的教师，还是幼儿的家长，对于成语故事的价值还没有充分认识，只是一鳞半爪地运用。法国博物学家拉马克（Lamark，1744—1829）曾阐明进化论的观点：“千百万年来的生命进化为每一种生命的出生和成长都设计了不可或缺的程序，每一种绕过生命必须程序的行为都有可能是在损害生命，会阻断了进化的可能性，甚至使其惨遭淘汰”。在幼儿发育过程中，当其生理成熟度未达到时，给予超常训练，希望能提前获得成熟阶段所具备的能力、技巧是违反生理学规律的。对于

中国传统文化的传承同样如此，我们必须采用合适的内容，恰当的方法。通过研究成语故事在幼儿园教学中的应用，能使相关幼儿园的教师、幼儿的家长，提高对成语故事价值的认识，对于提高幼儿园教学质量、推进传统文化的传承、促进幼儿全面发展具有重要的现实意义。

2. 有效地转变教师教育观念，落实“以幼儿为本”教育理念

幼儿身心相对比较脆弱，容易受到伤害，同时可塑性大，亟待接受高质量的启蒙教育。这些特点都需要教师以幼儿为本，了解幼儿的身心发展特点，例如不同的个性、兴趣、需要和学习方式，在不危害幼儿身心健康的基础上进行高质量的启蒙教育。实施成语故事与幼儿园教学的融合，就要做到既“为了儿童”又“基于儿童”。因为成语故事既适合幼儿的现有水平，又有一定的挑战性；所以教育者需要按照既符合幼儿的现实需要和有利于其长远发展，又贴近幼儿的生活及有助于拓展其经验和视野的要求，来选择相关联的成语故事。这样有助于教师在教育实践中，更好地落实“以幼儿为本”的教育理念，能有效地转变教师的教育观念，进而提高不同层次教师的整体教学水平和理论水平。

3. 探索符合实际需要，实施成语故事与幼儿园教学融合的有效途径

从目前国内相关研究的情况，以及对幼儿园走访了解来看，当前对于成语故事与幼儿园教育融合的研究还不够系统、深入，研究的力度、广度、深度亟需推进。近年来成语作为汉语的特色、独有的语言形式，在幼儿园教育教学方面的价值逐渐受到关注，但多是零散不成体系的，成语故事与幼儿园教育教学融合方面的价值还有待充分挖掘。本研究有志于探索一条符合实际需要的实施成语故事与幼儿园教学融合的有效途径，以教育部颁布的《幼儿园教育指导纲要》和《3 ～ 6 岁儿童学习与发展指南》为遵循标准，从学前教育五大领域（健康、语言、社会、科学、艺术）入手，在体、智、德、美各方面促进幼儿身心全面和谐发展，为幼儿后继学习和终身发展奠定良好素质基础。

五、研究目的、意义和特点

（一）研究目的

幼儿成语故事教学，是指帮助幼儿在成语和它所关联的客观事物之间建立起一定的联系，将内涵丰富的成语作为载体，使幼儿了解我国的文化和历史，体验其中蕴含的哲理，并且能更好地让幼儿掌握语言和非语言表现手段，发展他们的各种能力。

幼儿成语故事课程体系，是指专为幼儿园阶段儿童设计的一套系统性、连贯性的成语教学方案。这一体系旨在通过生动有趣的成语故事，激发幼儿对中华传统文化的兴趣，培养他们的语言表达能力、思维能力和文化素养。

本研究针对成语故事在当前幼儿园教学中存在的问题，提出解决现实问题的策略、

办法。

（二）研究意义

1. 理论意义

教育的根本目的在于对受教育者人格的完善，即发展人性、健全人格、改善人生。我国的成语堪称中华文化的“活化石”。从语言学习、道德修养、文化传承等视角审视，成语都有深厚的内涵价值，是社会主义核心价值观的重要载体，对于培养幼儿的传统文化素养，厚植爱国主义情怀具有巨大张力。当前将成语故事融入幼儿园教育不仅具有鲜明的时代特色，而且契合了幼儿教育的内在要求，而在此基础上呈现的理论意义也会更加突出。

（1）从哲学角度看。

故事是幼儿认识自我、了解世界的方式之一。成语故事因其独具的教育价值，包罗万象的丰富内涵，能够与学前教育五大领域——健康、语言、社会、科学、艺术，做到自然相融相生，促进幼儿全面、协调地发展，这符合马克思主义人的全面发展理论。马克思、恩格斯在《共产党宣言》中指出：“代替那存在着阶级和阶级对立的资产阶级旧社会的，将是这样一个联合体，在那里，每个人的自由发展是一切人自由发展的条件。”马克思在《资本论》中指出：“未来新社会是以每一个个人的全面而自由的发展为基本原则的社会形式”，帮助我们领会马克思主义理论体系中关于人的全面发展的思想内涵。每个人的自由发展是一切人自由发展的条件。每个人的自由发展，首先是相对于人对人的依赖、人对物的依赖而言的；其次是相对于人自身而言的，每个人都各展其长，把自身的潜能和优势发挥出来；再次是相对一切人而言的，只有每个人都能自由发展，才能真正实现“一切人的”自由发展。马克思、恩格斯关于“每个人的自由发展是一切人自由发展的条件”的论述，是对理想社会性质和特征的标志性描述。《3～6岁儿童学习与发展指南》也提出：“关注幼儿身心全面和谐发展。要注重学习与发展各领域之间的相互渗透和整合，从不同角度促进幼儿全面协调发展，而不要片面追求某一方面或几方面的发展。”

（2）从心理学角度看。

苏联心理学家维果斯基（Lev Vygotsky，1896—1934）是苏联儿童心理学的奠基人，他是与皮亚杰同年出生并为同时代杰出的心理学家。维果斯基所提出的“文化—历史”发展理论，揭示了文化与历史在社会生活中的重要作用，特别是儿童身心发展方面的重要作用。维果斯基认为，儿童是在特定的社会文化历史背景中生活的，其一切高级心理机能都是内化了的社会关系的总和；使用物质工具使人逐渐脱离了动物界，而使用心理工具则使人的心理机能从低级阶段上升到高级阶段；人的高级心理机能比低级心理机能多一个中介环节，就是在心理活动中运用心理工具（符号、代码等）；心理工具的使用使人的心理机能发生了质的变化。人的高级心理机能亦即随意的心理过程，并不是人自身所固有的、而是在与周围人的交往过程中产生与发展起来的，是受人类的文化历史所制约的。其实现的具体机制是通过物质工具，如刀斧、计算机等，以及精神工具，如各种符号、词和语言等实现的。维果斯基认为，语言和符号是人类特有的现象，人类通过对语言和符号的获得与使用，渐渐地完成了从生物人转化为社会人的过程，所以，社会文化知识经验是儿童社会化的基础。既然社会文化知识经验有助于幼儿的成长发展，那么显而易见，成语故事就是儿童学习社会文化知识经验最契合的材料之一。我们在建构幼儿成语课程时，可有效运用成语和其他符号语言，遵循儿童语言、符号获得和发展的规律特点，有效运用社会文化对行为和心理的调节功能，促进儿童心理的成熟和社会化的实现。建构幼儿成语课程，符合儿童发展需求和学前教育课程回归生活、立足生活发展趋势的现实诉求。当然我们也必须依据儿童心理发展的规律和特点，进行课程资源的筛选，建构“幼儿成语故事‘适宜性’体系”。

（3）从教育学角度看。

实施成语故事与幼儿园教学融合，符合全人教育观，能够促进幼儿的全面发展。罗杰斯（Carl Ransom Rogers，1902—1987）是人本主义教学理论的代表人物，他指出：全人教育即以促进学生认知素质、情意素质全面发展和自我实现为教学目标的教育。学生中心教学观是人本主义教学理论的一大特点，该教学观将学生放到教育的中心，更好地给予学生关怀，使其无论是情感或者是意志都得到极大的关注，有利于学生发展，向着“全人”的目标前进。成语当中本身就有许多昭示着人本主义思想，如：仁者爱人、仁人志士、以己度人、以人为本，等等，可以帮助幼儿教育者更好地树立以儿童为中心的教育观。成语故事具有丰富的社会文化内涵。幼儿教师可以在尊重幼儿的发展水平、能力、经验、学习方式等方面的个体差异基础上，因人而异地采用适宜的成语故事给予儿童帮助和启迪，努力使每一个幼儿都能获得满足和成功。成语故事与学前教育五大领域的融合后，能够帮助幼儿教师在关注幼儿体、智、德、美全面发展的同时，还能因人而异地实施有所侧重的教育，即力求在均衡中突出重点，在全面发展的基础上实现个性化的因材施教。成语故事携带和传递着中华民族的文化基因，以润物无声的方式，将中华民族的传统情感、审美、价值观等社会文化知识经验传授给幼儿，在传授知识的同时，促进幼儿心智和谐发展，以形成健全的人格。

2. 实践意义

成语博大精深、源远流长，是数千年来中国人思维方式、行为方式、生活方式的高度总结，是中华民族智慧的结晶。经典成语故事是幼儿启蒙教育的重要国学精粹，是我们取之不尽用之不竭的幼儿教育资源，在幼儿园实施成语故事教学，具有重要的教育价值和实践意义。

（1）有利于传统文化的传承。

文化是一个民族参与全球对话、竞争和创造的基因。失去文化基因的民族，是不可能在风起云涌的全球交往中挺起自己的脊梁的。在经济走向全球一体化的背景下，如何用中华民族几千年的优秀文化和优良品德浇灌下一代的心灵，培育民族认同感、自豪感，是教育应当关注的问题。成语是语言中经过长期使用、锤炼而形成的固定短语，是中华民族灿烂文化中的瑰宝，它承载着优秀的文化和丰富的思想，是文化信息传递和文化精神保存得极好的载体、种子，是幼儿接触和学习国学的良好媒介。例如深明大义、精忠报国、父慈子孝、见贤思齐、谦虚谨慎、廉洁奉公、自强不息、同心协力、童叟无欺等，都是对中国文化最直观简洁的描述。幼儿学习成语并从中受到感染和教育，有助于中华民族灿烂文化的传承。

（2）有利于幼儿全面发展的需要。

故事是幼儿认知世界的有效途径之一。成语具有很强的故事性和趣味性，成语大多有典故，形象生动，语句富含韵律节奏，其朗朗上口、易读易记的特点使它更加符合幼儿学习的需要，让幼儿学得更轻松、有趣。成语具有概括性和哲理性，成语反映了中国古人对世界、对自然的认识和总结，如自作聪明的“画蛇添足”，不知变通、好逸恶劳的“守株待兔”，自以为是的“井底之蛙”，自欺欺人的“掩耳盗铃”，季节更迭的“斗转星移”，等等。成语具有很好的延展性与包容性，成语教学可以对健康、语言、社会、科学、艺术五大领域以及不同年龄阶段幼儿教育需求做整合。通过成语教育教学，可以使幼儿知历史、明事理、学知识、练语言、开眼界、启智慧，培养孩子的阅读能力、表达能力、反思能力、与人相处的能力，对生活的积极心态等，有利于幼儿得到全面、和谐的发展。

（3）有利于促进幼儿园内涵建设发展。

成语中蕴藏着丰富的课程资源，在幼儿园实施成语教学，有利于促进幼儿园内涵建设发展。根据各年龄段幼儿的发展需要，确定相关主题内容，例如有关我国的传统节日的成语、有关数字的成语、有关十二生肖的成语、有关传统习俗和饮食文化的成语、有关伦理礼仪的成语等，根据幼儿的能力及兴趣，把传统文化的精华融入主题综合活动之中去启迪和智化孩子的心灵。以成语教学为基础，我们还可以进一步创设室内外环境，创编幼儿游戏，开展幼儿绘画比赛，编创舞台剧等，幼儿园应充分挖掘成语深厚的文化价值，促进自身内涵发展。

（三）研究特点

首先，成语故事与五大领域的融合，是本研究的一大特点。笔者长期在幼儿师专工作，并经常到幼儿园进行调研，具有良好的儿童观，能从“儿童中心”出发做到“基于儿童，为了儿童”，提出了构建“幼儿园成语故事教学‘适宜性’体系”的建议，真正把成语故事与五大领域的融合做实。

第一，要明确的一点是，不是所有的成语故事都适合幼儿学习，所以作为幼儿教育工作者，先要学会甄别，把什么样成语故事呈现在幼儿面前，这就要根据不同的幼儿园和幼儿的不同情况，去建构相应的“幼儿园成语故事教学‘适宜性’体系”。

第二，开展系统化的研究，是本研究的另一特点。系统论的核心思想是系统的整体观念，任何系统都是一个有机的整体，它不是各个部分的机械组合或简单相加，系统的整体功能是各要素在孤立状态下所没有的性质。这就意味着整体大于部分之和，通过系统化的研究，从基础建构，到不同形式的演绎，成语故事在幼儿园教学中所发挥的作用，将是持续的、全面的，而非间歇的、部分的，能够更有效地促进幼儿全面协调发展，促进中华优秀传统文化在幼儿园的传播。

第三，重视实践探索与反思，是本研究高度重视的关键环节。在将成语故事与幼儿园五大领域（健康、语言、社会、科学、艺术）深度融合的过程中，理论框架的构建是基础，但真正使其落地生根、开花结果，则离不开丰富的实践探索和持续的反思调整。笔者在近十年的研究中定期和不定期地深入幼儿园一线，与管理者、优秀教师共同研讨，鼓励基地园教师在实际教学中大胆尝试，根据幼儿的兴趣点、认知水平和发展需求，灵活选用或改编成语故事开展教学活动，及时记录幼儿在学习成语故事时的反应、参与度及学习效果，并进行深入地反思。这包括对教学内容的选择是否适宜、教学方法的运用是否有效、幼儿在学习过程中的难点与兴趣点等方面的思考。基于反思结果不断优化成语故事教学策略，确保成语故事的教学更加贴近幼儿实际，更加符合其成长需要。

第二章　成语故事教学与幼儿园教育的五大领域

在幼儿教育的广阔天地里，成语故事如同一股清泉，以其独特的魅力与深邃的内涵，为孩子们的成长之路铺设了坚实的基石。成语，作为中华文化的瑰宝，不仅承载着丰富的历史信息与文化智慧，更蕴含着深刻的人生哲理与道德教诲。将成语故事巧妙地融入幼儿园教育之中，不仅能够激发孩子们的学习兴趣，更能在潜移默化中促进他们的全面发展，为其健康成长奠定坚实的基础。

一、成语故事教学与健康领域

众所周知，幼儿期是奠定生命健康基石、习得健康生活方式、累积宝贵健康经验以及促进身心全面发展的重要阶段。此阶段幼儿能否实现生命的健康成长，直接关系到他们未来如何为人处世、学习进取。鉴于此，幼儿教育工作者在施教过程中，不仅要重视生命健康教育，还应积极探索创新的教学方法，如引入成语故事教学，以此作为桥梁，巧妙地将生命健康理念融入幼儿的世界。

成语故事，蕴含着丰富的文化内涵与健康智慧，其生动的情节、鲜明的人物形象，能够有效吸引幼儿的注意力，使他们在听故事的过程中，自然而然地接触到健康知识，形成积极的健康观念。通过成语故事教学，我们可以引导幼儿理解“酣然入梦”“精神百倍”与早睡早起身体好的作息规律，感受“持之以恒”的锻炼精神，学会“知足常乐”的心态调节技能，从而在趣味横生的学习中，掌握生命健康的方法，积累生命健康的经验。

针对当前幼儿园健康教育中可能存在的教育内容片面、教学方法单调等问题，成语故事教学无疑为我们提供了一条新的思路。它不仅能够丰富健康教育的内容，使幼儿在故事中学习到更多元化的健康知识，还能够通过多样化的教学方式，如角色扮演、情景模拟等，激发幼儿的学习兴趣，提高他们的参与度，使健康教育更加生动有趣，更加贴近幼儿的生活实际。

因此，幼儿教育工作者应充分发挥成语故事教学的优势，将其作为促进幼儿健康教育的重要手段之一，积极探索其实施策略，为幼儿的健康成长保驾护航。

（一）幼儿园在健康教育方面面临的问题

幼儿认知存在多样性。如何设计全面的健康教育计划，确保每位幼儿都能受益，是管理者需要深思熟虑的问题。同时，如何协调家庭与幼儿园的教育资源，在幼儿园与家庭之间建立有效沟通，形成健康教育合力，也是幼儿园面临的挑战。

习惯养成存在长期性与复杂性。在实际教学中，教师常发现幼儿对健康知识的理解程度参差不齐。如何采用有效的教学策略，使复杂的健康知识变得易于幼儿理解，是教师面临的一大难题。此外，容易被幼儿教师忽视的幼儿心理教育，以及如何持续监测并鼓励幼儿形成良好的健康习惯，也是教师需要不断努力的方向。

幼儿的认知能力有限。幼儿对于健康这种抽象的概念存在困惑，难以直接理解和接受。同时，他们的注意力容易分散，难以长时间专注于健康教育活动，这为他们自己在学习健康知识时带来了困难。

（二）成语故事教学是革新幼儿健康教育的有效手段

成语故事教学作为一种创新的教育方式，有助于丰富幼儿园的课程资源，提升教育质量。通过成语故事教学，幼儿园可以传承和弘扬中华优秀传统文化，增强园所的文化底蕴。将成语故事与健康教育结合，有助于增强幼儿园的教育特色，以及提升其品牌影响力。

成语故事以其生动有趣的情节和深刻的寓意，为教师提供了丰富的教学素材。教师可以通过讲述成语故事，吸引幼儿的注意力，激发他们的学习兴趣，使健康教育活动更加生动有趣。通过讲述成语故事中蕴含的健康理念和道德价值潜移默化地影响幼儿，促进其全面发展。

幼儿对成语故事中的角色和情节充满好奇，愿意聆听并参与其中。通过成语故事，幼儿能够更直观地理解健康知识，感受学习的乐趣，从而在轻松愉快的氛围中掌握健康知识，形成良好的健康习惯。

（三）成语故事教学对健康领域的独特价值

1. 情境化健康知识传授

成语故事教学在健康领域中的首要价值在于其情境化的教育教学方式。通过生动有趣的成语故事，如“病从口入”讲述预防疾病的重要性，“敞开心扉”“笑口常开”提示应对心理健康问题时的重要态度和策略，这些故事为幼儿创设了具体的健康情境，使抽象的健康知识变得具体可感。这种教学方式不仅加深了幼儿对健康知识的理解，还增强了他们的记忆能力与实际应用能力。

2. 行为示范与习惯养成

成语故事中常蕴含正面或反面的行为示范，如“闻鸡起舞”展现早起锻炼的积极态度，“邯郸学步”则警示盲目模仿的弊端。这些故事为幼儿提供了直观的健康行为模板，促使他们在日常生活中模仿学习，逐渐形成良好的健康习惯。这种通过故事引导行为改变的方式，相较于其他领域单纯的知识传授或技能练习，更加贴近幼儿的身心发展特点，具有独特的教育效果。

3. 情感共鸣与价值观塑造

成语故事不仅传递健康知识，还蕴含着深厚的情感色彩和积极向上的价值观。例如：“同舟共济”强调团队合作对抗困难的精神，可以引申为在幼儿身体健康状况遭遇挑战时家人、朋友的帮助、支持与鼓励。这种情感共鸣和对价值观的塑造，有助于幼儿在内心深处建立起对健康生活的向往和追求，形成稳定的健康信念，与语言领域的语言美感培养、科学领域的理性思维训练、社会领域的社交技能提升以及艺术领域的审美体验等形成互补，共同构成幼儿全面发展的基石。

4. 文化传承与教育创新

成语故事教学不仅有助于幼儿健康教育的开展，还促进了中华优秀传统文化的传承与弘扬。通过讲述成语故事，幼儿能够感受到中华文化的博大精深，增强文化自信和民族自豪感。这对于构建具有特色的幼儿园教育品牌同样具有重要意义。

5. 教师成长与创新能力提升

成语故事教学要求教师不断探索和实践新的教学方法和手段。在这一过程中，教师的专业技能和创新能力将得到显著提升，有助于形成独特的个人教学风格和教育理念，促进教师专业成长。同时，成语故事教学也会为教师提供更多的教育资源和教学灵感。

6. 幼儿综合素养提升

成语故事教学不仅让幼儿在轻松愉快的氛围中学习到了健康知识，更重要的是，通过成语故事中的角色榜样和健康行为示范，幼儿能够逐渐形成良好的健康习惯和价值观。同时成语故事的教学方式还培养了他们的语言表达能力、逻辑思维能力、想象力和创造力等多方面的综合素养。

总之，引入成语故事教学在幼儿健康教育领域中具有重要的优势和价值，有助于解决健康教育的难点问题，促进幼儿全面健康发展。

二、成语故事教学与语言领域

在幼儿园教育的领域中，语言教学无疑占据着极其重要的地位，它是幼儿全面发展不可或缺的一环。语言，作为人类交流思想与情感的桥梁，其重要性在幼儿园阶段尤为凸显。通过精心设计的语言教学活动，特别是融入成语故事的教学策略，能够更有效地促进幼儿的语言能力发展，为他们未来的学习与成长奠定坚实的基础。

（一）幼儿园在语言教育方面面临的问题

在当前幼儿园语言教学领域，尽管传统方法在一定程度上促进了幼儿语言能力的初步发展，但随着教育理念的进步和社会环境的变化，其局限性日益凸显，主要问题可归结为以下几个方面：

1. 教育观念滞后，忽视个体差异

部分幼儿园的语言教育仍受限于传统观念，教师普遍采用“一刀切”的教学模式，忽视了幼儿间显著的个体差异。这种教育模式不仅难以适应不同幼儿的学习节奏和发展需求，还可能导致教育资源的浪费和整体教育成效的降低。同时，教师过于强调自身的主导地位，未能充分激发幼儿自主探索和学习语言的能力，限制了幼儿语言能力的全面发展。

2. 教学目标模糊，缺乏针对性

传统语言教学中，教师往往过度依赖教材和教学大纲，导致将教学目标设定得笼统而抽象，缺乏针对幼儿实际语言水平的具体性和可操作性。这种“照本宣科”的教学方式忽略了幼儿的兴趣和实际需要，难以激发他们的学习动力和积极性，从而限制了幼儿语言学习兴趣和能力的培养。

3. 教学内容单调乏味，缺乏吸引力

在选择语言教学内容时，部分教师未能充分考虑幼儿的认知特点和兴趣偏好，导致教学内容单调枯燥，缺乏趣味性和吸引力。这不仅难以引起幼儿的共鸣和参与，还可能引发他们对语言学习的抵触情绪，进而影响其语言能力的正常发展。

4. 教学方法单一，缺乏创新性

教学方法上，许多教师仍固守传统的讲授式教学模式，缺乏创新性和灵活性。这种单调的教学方法难以激发幼儿的学习兴趣和探索欲望，甚至可能导致他们产生厌学情绪。同时，它也限制了幼儿在学习过程中的主动性和创造性，不利于其语言能力的深入发展和个性化成长。此外，对于已存在的“教学方法单一”问题，进一步强调传统教学方法如看图说话、讲故事等虽有一定效果，但缺乏创新和变化，难以满足当前幼儿语言学习的需求。

5. 过于重视结果，忽视学习过程

在当下的幼儿园语言教学中，存在的一个普遍问题是教学目标设定过于单一，过分关注幼儿的语言表现结果，而忽视了他们在学习过程中的体验和成长。这种以结果为导向的教学方式，不仅无法有效培养幼儿的语言学习兴趣和热情，还可能让课堂氛围变得沉闷，对幼儿产生消极影响，最终不利于其语言能力的提升。

为了有效解决这些问题，促进幼儿语言能力的全面发展，教师需要设定具体可行的教学目标，为了促进幼儿语言能力的全面发展，需要积极反思和改进这些问题，积极转变教

育观念，关注个体差异，创新教学内容和方法，重视幼儿的学习过程体验，共同营造一个生动有趣、充满活力的语言学习环境。

（二）成语故事教学是革新幼儿语言教育的有效手段

在幼儿语言教育方面，成语故事教学有着独特的魅力，能够为推动教育深化与创新，提供具体而有力的策略。

1. 革新教育观念，精准对接幼儿发展需求

首先，传统的幼儿语言教学往往侧重于对知识的传授，如词汇、句子等的简单教学。而成语故事教学则更加注重通过故事情境来培养幼儿的语言能力、想象力和创造力。这种转变促使教师从单纯的知识传授者转变为幼儿语言发展的引导者和促进者。

其次，成语故事教学鼓励教师采用多样化的教学手段和方法，如故事讲述、角色扮演、游戏互动等，这些活动不仅丰富了课堂形式，也促进了幼儿多方面的发展。这种多元融合的教学方式促使教师不断更新教育观念，探索更加适合幼儿语言发展的教育模式。

第三，成语故事教学以其丰富的故事情境为载体，倡导因材施教的教育理念，为幼儿教师引导和促进幼儿个性化语言发展，提供了有效的工具与指导策略。通过成语故事这一载体，教师能够更加精准地把握幼儿的学习需求，为他们提供个性化的学习支持。这种精准对接幼儿发展需求的教学方式，有助于确保每位幼儿都能在适合自己的节奏与环境中获得成长与进步。

2. 明确语言学习目标，强化实际应用能力

成语故事教学不仅关注语言知识的传授，更强调语言技能的实际应用。每个成语故事都犹如一座语言宝库，蕴含着丰富的词汇、多变的句式，以及深刻的表达方式，为幼儿构建了一个个生动的语言学习场景。例如：在讲述《井底之蛙》的故事时，幼儿不仅学习到了“井底之蛙”“自以为是”等成语，通过故事中青蛙与海龟的对话，幼儿掌握了表达自我观点与倾听他人意见的句式。更重要的是，不断地学习还会培养幼儿在不同语境中灵活运用语言的能力，使他们能够自信地运用语言进行表达和交流。

为了强化这些语言知识的实际应用能力，教师可以设计一系列丰富多彩的教学活动。比如：在故事讲述后，组织幼儿进行角色扮演，让他们分别扮演青蛙和海龟，通过模仿对话来加深对成语含义的理解，并锻炼口语表达能力。此外，还可以鼓励幼儿对故事进行复述或改编创作，这不仅能巩固所学词汇和句式，还能激发幼儿的想象力和创造力，提升其语言能力，并助其形成扎实的语言基础，为未来的学习和发展奠定坚实的基础。

3. 丰富语言学习内容，激发学习兴趣

成语故事以其独特的魅力，如同璀璨星辰点缀在幼儿语言学习的天空中，为这一过程增添了无限乐趣与深度。这些故事不仅仅是文字的堆砌，更是历史文化的缩影、人生智

慧的结晶和道德教育的载体，它们能够轻易地触动幼儿的好奇心，激发他们探索未知的热情。

在教学实践中，教师可以通过精心挑选的成语故事来丰富语言学习的内容。以“狐假虎威”为例，这个故事不仅包含了生动的角色（狐狸与老虎）和紧张的情节，还蕴含着对“借势欺人”的深刻描述。教师首先用生动的语言描述故事的背景，引导幼儿进入情境；随后，通过角色扮演的方式，让幼儿分别扮演狐狸和老虎，亲身体验故事中的对话和情感变化。在角色扮演的过程中，幼儿不仅学会了“狐假虎威”“威风凛凛”等成语，还通过肢体语言和面部表情的表达，加深了对故事内容的理解和感受。

这种寓教于乐的教学方式，极大地激发了幼儿的学习兴趣。他们不再觉得语言学习是枯燥乏味的，而是将其视为一种充满乐趣和挑战的游戏。通过参与故事的讲述、表演和创作，幼儿不仅掌握了语言知识，还培养了自信心、想象力和创造力。更重要的是，他们会主动地去探索和学习更多的成语故事，从而形成良好的语言学习动力，为未来的学习之路奠定了坚实的基础。

4. 创新语言教学方法，提升教学效果

在成语故事教学的广阔舞台上，教师应勇于探索，不断创新，力求通过多样化的教学方法和手段，为幼儿打造一个既高效又充满乐趣的语言学习环境。

成语故事教学鼓励教师采用多样化的教学方法和手段，以提高教学效果。鼓励教师创设与成语相关的情境，让幼儿通过角色扮演来体验和理解成语的含义。这种方法不仅增加了教学的趣味性，还使幼儿在模拟的情境中自然而然地运用语言，提高了语言表达的准确性和流畅性。教师可以将成语学习融入游戏，如成语接龙、看图猜成语等，通过游戏的方式激发幼儿的学习兴趣，使他们在轻松愉快的氛围中掌握成语知识。这种教学方法符合幼儿的心理特点，有助于提高教学效果。成语故事教学注重将语言学习与实际生活相结合，鼓励幼儿在实践中运用语言。通过角色扮演、游戏互动等方式，幼儿可以在模拟的情境中运用所学的成语知识，从而提高语言表达的准确性和流畅性。这种注重语言实践的教育理念有助于培养幼儿的语言运用能力和交际能力。

这些创新的教学方法不仅能够激发幼儿的学习兴趣，提升参与度，还能够培养他们的语言表达能力和创造力。同时，通过成语故事教学的实践探索，教师还可以不断总结经验教训，优化教学策略，提升教学质量，为幼儿创造一个更加生动、有趣、富有挑战性的语言学习环境，促进幼儿语言能力的全面发展。

5. 注重学习过程体验，培养综合素养

成语故事教学要深刻关注幼儿语言教育的学习过程体验，不仅仅追求语言知识的积累与掌握，更致力于在故事讲述、互动讨论等环节中，为幼儿营造一个开放、包容、鼓励探索的学习氛围。通过精心设计的成语故事教学活动，教师引导幼儿主动参与，让他们在聆

听、复述、角色扮演中亲身体验语言的魅力与力量。这一过程不仅促进了幼儿语言表达能力的提升，更重要的是，它将激发幼儿的自主学习兴趣，培养他们独立思考与批判性思维的能力。

同时，成语故事作为中华文化的瑰宝，其蕴含的丰富哲理与积极价值观，在潜移默化中影响着幼儿的情感、态度与价值观。我们鼓励幼儿通过故事讨论，分享个人见解，学会尊重他人意见，从而在团队合作中培养协作精神与社交能力。

成语故事教学以过程体验为核心，全面关注幼儿的语言发展、思维训练、情感培养及价值观塑造，为幼儿的综合素养提升奠定了坚实的基础。

（三）成语故事教学对语言领域的独特价值

成语故事教学在语言领域具有非凡的价值，主要体现在以下几个方面：

1. 丰富语言素材，提升语言能力

成语，作为汉语的瑰宝，每一个都如同一个微型的语言宝库，蕴含着丰富的词汇和独特的表达方式。例如："画蛇添足"便是一个极佳的例子，它讲述了一个人在完成画作后，多余地给蛇加上了脚，反而破坏了原作的意境。通过学习这个故事，幼儿不仅掌握了"画蛇""添足"等词汇，还学会了如何用简洁的成语来描绘"多余之举，反而坏事"的情境。这样的学习经历极大地丰富了他们的语言素材，同时也锻炼了他们的语言组织和表达能力，使他们在日常交流中能更加精准地表达自己的意思。让幼儿们开始尝试用更精炼、准确的语言来描述事物，表达情感，从而逐步提升他们的语言水平。

2. 促进思维发展，培养创新能力

成语故事往往蕴含着深刻的哲理和寓意，"守株待兔"这个成语故事，讲述了一个农夫因为偶然得到一只撞死在树桩上的兔子，之后就每天守在树桩旁等待下一只兔子的到来。这个故事引发了幼儿们对"机遇"与"努力"之间关系的思考。他们开始探讨，如果农夫不是守株待兔，而是积极地去耕作，结果会怎样？这样的思考过程不仅促进了幼儿逻辑思维的发展，还激发了他们的想象力和创造力，鼓励他们勇于尝试新的方法或思路。

3. 增强文化认同，传承中华文化

成语是中华文化的重要组成部分，它们承载着丰富的历史信息和文化价值。通过成语故事教学，幼儿们能够感受到中华文化的博大精深和独特魅力。比如："刻舟求剑"这个成语故事，不仅让幼儿们了解了古代人们的生活方式和思维方式，还让他们体会到了中华文化中关于智慧和变通的思想。这种文化认同感的增强，有助于培养幼儿对中华文化的热爱和传承意识。同时，成语故事中的传统美德和价值观念，如诚信、勇敢、勤奋等，也对幼儿的成长产生了积极的影响。

4. 营造良好语言环境，促进语言交际

成语故事教学可以为幼儿提供一个宽松、自由、鼓励表达的语言环境。在这个环境中，幼儿们可以围绕成语故事展开热烈的讨论和交流。他们分享自己对故事的理解、感受以及联想到的其他事物。这种积极的互动不仅促进了幼儿语言交际能力的发展，还增强了他们的自信心和社交能力。比如，在一次“亡羊补牢”成语故事的学习后，幼儿们纷纷发表自己的看法：“我们应该及时改正错误，不然就会像那个农夫一样失去更多。”这样的交流不仅加深了他们对成语故事的理解，还锻炼了他们的口语表达能力和倾听能力。

三、成语故事教学与社会领域

在幼儿园教育阶段，社会领域的教育对幼儿的全面发展具有重要意义。成语故事教学作为一种富有文化内涵和教育价值的教学方式，与社会领域的教育紧密相联，共同促进幼儿的社会性发展。

（一）幼儿园在社会教育方面面临的问题

在幼儿园教育阶段，社会领域的教育是至关重要的一环，它关乎幼儿的社会性发展、情感认知、人际交往等多方面能力的培养。然而，当前幼儿园在社会教育方面仍面临一系列问题：

1. 教育价值认知的偏颇

在“唯知主义”与“功利主义”的驱动下，幼儿园教育往往过分聚焦于知识技能的传授，而忽视了对幼儿社会行为与品德习惯的培养。这种教育价值观念的偏差，直接导致社会领域教育在课程体系中被边缘化，其重要性和深远影响被严重低估。

2. 教育内容的局限与单一

社会领域的教育内容未能全面覆盖幼儿成长所需的关键领域，如礼仪、生命、感恩及传统文化等，这些内容的缺失限制了幼儿社会认知的广度和深度。教育内容的局限，难以满足幼儿全面发展的需求。

3. 教育方式的脱离实际

传统的社会领域教学方式往往侧重于理论灌输，忽视了幼儿在实际情境中的学习与体验。这种脱离现实的教学方式，不仅难以激发幼儿的学习兴趣，更难以培养其应对复杂社会情境的能力。

4. 教学方法的僵化与不足

当前的教学方法过于依赖说教，忽视了情感功能和社会技能的培养。这种重认知轻体验的教学方式，难以形成持久的社会学习效果，也无法有效促进幼儿的社会性发展。

5. 幼儿主体地位的忽视

在教育过程中，教师往往占据主导地位，忽视了幼儿的主体性和内心需求。这种“一言堂”的教学模式，不仅抑制了幼儿的创造性和主动性，更剥夺了他们表达自我、参与学习的权利。

这些问题直接或间接导致了社会领域教育的低效乃至无效。为了改善幼儿园社会领域教育现状，需要明确并强化社会领域教育的重要价值，拓展教育内容，改进教学方法，并注重发挥教师和环境的影响。

（二）成语故事教学是革新幼儿社会教育的有效手段

在幼儿社会教育的多彩舞台上，成语故事教学如同一把璀璨的钥匙，不仅解锁了幼儿认知世界的新大门，更以其独特的魅力与深度，成为革新这一领域教育实践的有效手段。

1. 深度融入社会情感与价值观

成语故事往往蕴含着丰富的社会情感与道德价值观，如“孔融让梨”传递谦让美德，“愚公移山”彰显坚韧不拔的精神。这些故事以生动形象的方式，让幼儿在轻松愉快的氛围中，自然而然地接受并内化这些社会规范与价值观，从而在社会性发展上迈出坚实的一步。成语故事教学，因此成为培养幼儿同理心、责任感及正确道德观念的重要途径。

2. 促进语言与社交技能的同步发展

成语故事教学在提升幼儿语言能力的同时，也为其社交技能的发展提供了宝贵的平台。幼儿在学习成语的过程中，不仅积累了丰富的词汇，还学会了如何运用这些词汇来准确表达自己的情感和想法。更重要的是，成语故事中的情节与角色往往涉及复杂的社会关系与人际交往，如合作、冲突解决等。通过讨论和分析这些故事，幼儿能够学习到如何在现实生活中处理人际关系，掌握有效的社交技巧。

3. 构建社会认知与行为模式的桥梁

成语故事中的情节与角色，往往是对现实社会情境的抽象与概括。通过成语故事的学习，幼儿能够间接地接触并理解复杂的社会现象与人际关系，从而在心中构建起初步的社会认知框架。同时，故事中的正面角色与行为模式，为幼儿提供了可模仿的榜样，引导他们形成积极的社会行为模式，如合作、分享、尊重等，为日后的社会交往打下良好的基础。

4. 传承与创新中华文化的独特载体

成语作为中华文化的瑰宝，承载着丰富的历史记忆与文化精髓。通过成语故事的教学，幼儿得以穿越时空的界限，与古人对话，感受中华文化的博大精深。这种文化的传承，不仅增强了幼儿的文化自信与民族认同感，还激发了他们对中华文化的探索欲与创造力，为中华文化的传承与发展注入了新的活力。

成语故事教学通过其独特的教育价值和教学方式，成为革新幼儿社会教育的一种有效手段，对于促进幼儿的全面发展具有重要的推动作用。

（三）成语故事教学对社会领域的独特价值

成语故事教学，在幼儿的社会教育领域，展现出了无可替代的独特价值与实践意义，深刻影响着幼儿的社会性成长与全面发展。

1. 塑造社会情感与价值观

成语故事中蕴含着丰富的社会情感与道德价值观，如忠诚、勇敢、诚信、尊重等。这些正面的价值观通过生动的故事情节与角色塑造，潜移默化地影响着幼儿的心灵。例如："孔融让梨"的故事，讲述了年幼的孔融在分梨时，主动将大的让给兄长和弟弟，自己拿最小的。这一简单却温馨的场景，深刻体现了谦让与尊重的美德，进而培养幼儿的同理心与社会责任感。同时，还可以进一步引导幼儿认识社会责任感与公民意识不仅仅体现在大事上，更体现在日常生活的点滴之中，如遵守社会规则、关心他人等方面。成语故事教学能够成为塑造幼儿健康社会情感与稳固价值观的重要途径。

2. 增进社会认知与理解

成语故事往往反映了古代社会的风貌、习俗与人际关系，为幼儿提供了一个了解社会结构、文化传统的窗口。通过学习成语，幼儿可以窥见古代社会的政治历史、家庭观念、人际交往方式等，从而增进对现代社会复杂性的认知与理解。这种跨时空的社会认知，有助于幼儿形成更加全面、深刻的社会观，为他们未来参与社会活动、融入社会打下坚实基础。例如："孟母三迁"，讲述了孟子的母亲为了给孩子创造良好的学习环境，多次搬家的故事，不仅展示了母爱的伟大，也揭示了环境对人成长的重要影响。同时，这个故事也让幼儿理解了家庭作为社会基本单元的重要性，增强了他们对家庭的认知。

3. 培养社会交往与合作能力

成语故事中的情节与角色互动，为学生提供了模拟社会交往与合作的机会。通过讨论与分析成语故事中的情境，学生可以学习如何与他人沟通、协商，如何在团队中发挥自己的作用，共同解决问题。这种基于故事情境的社会技能训练，比单纯的理论讲授更加生动有效，有助于学生在实践中提升社会交往与合作能力。例如："负荆请罪"的故事，讲述了战国时期赵国廉颇与蔺相如之间从误会到和解的过程。廉颇起初因嫉妒蔺相如的地位而处处为难他，但蔺相如以大局为重，多次忍让，最终感动了廉颇，两人结为好友，共同为赵国效力。这个故事生动地展示了沟通、理解与合作的力量。幼儿从中可以学习领悟如何在冲突中寻求共识，如何以团队利益为重进行协作。

4. 促进社会责任感与公民意识的形成

成语故事中不乏关于家国情怀、社会担当的内容。通过学习这些成语，学生可以感受到古代先贤的爱国情怀与奉献精神，从而激发自己的社会责任感与公民意识。例如：“精忠报国”不仅是对岳飞忠诚品质的颂扬，更是对学生进行爱国主义教育、培养民族自豪感的生动教材。成语故事教学在潜移默化中引导学生树立正确的世界观、人生观和价值观，为他们成为有担当、有责任感的公民奠定思想基础。

成语故事教学在社会领域中的独特价值与实践意义，它不仅是语言学习的载体，更是塑造学生社会性成长、增进社会认知与理解、培养社会交往与合作能力、促进社会责任感与公民意识形成的重要途径。应当充分利用这一宝贵的教育资源，为幼儿的全面发展与健康成长贡献力量。

四、成语故事教学与科学领域

成语故事教学与科学领域的结合是一种富有创意性和实效性的教学方法。通过精心选择与科学相关的成语故事、创设情境与实验、引导讨论与反思以及运用跨学科融合等策略，可以激发幼儿对科学的兴趣和好奇心、促进理解与记忆、培养批判性思维能力和创新能力等多方面的能力。

（一）幼儿园在科学教育方面面临的问题

1. 科学教育的定位与目标问题

部分幼儿园教师将科学教育错误地视为知识教育，过分强调幼儿必须掌握的理论知识与生活经验，导致科学教育的内容偏向于知识的灌输，而非科学精神与态度的培养。这种定位忽视了科学教育在培养幼儿探究能力、创新精神和科学素养方面的重要作用。

一些幼儿园将科学教育的目标设定为缩短幼儿童年期或过分强调智力发展，忽视了幼儿成长规律和科学学习中的乐趣。这种目标设定不仅无法有效激发幼儿的学习兴趣和提升幼儿积极性，还可能对幼儿身心健康发展造成不利影响。

2. 教育内容与方法问题

在科学教育活动的内容选择上，存在不均衡的现象。生命科学和物质科学的内容占多数，而空间科学和工程技术的内容相对较少。这种不均衡可能导致幼儿对科学的认知片面化，无法形成全面的科学素养。

部分幼儿园在科学教育活动中采用的教学方法较为单一，过分依赖讲授和演示，忽视了幼儿主动探究和实验的重要性。这种教学方法无法有效激发幼儿的探究欲望和创造力，也无法使幼儿真正理解和掌握科学知识。

3. 教育资源与环境问题

一些幼儿园在科学教育资源方面存在不足，如缺乏足够的实验器材、图书资料等。这些资源的缺乏限制了科学教育活动的深入开展和幼儿探究能力的培养。

部分幼儿园的科学教育环境相对局限，缺乏足够的空间和时间供幼儿进行探究和实验。这种环境局限使得科学教育活动难以充分展开，也无法满足幼儿对科学的好奇心和求知欲。

4. 教师素质与能力问题

部分幼儿园教师在科学素养方面存在不足，对科学知识的理解和掌握不够深入和全面。这导致他们在科学教育活动中无法有效引导幼儿进行探究和学习。

一些教师在科学教育活动中缺乏有效的教学方法和手段，无法激发幼儿的学习兴趣和积极性。同时，他们也缺乏对幼儿探究行为和具体表现的关注和评价能力，无法及时给予幼儿必要的指导和支持。

5. 幼儿参与度与兴趣问题

由于上述问题的存在，部分幼儿在科学教育活动中的参与度较低。他们缺乏对科学的好奇心和探究欲望，也无法真正理解和掌握科学知识。

一些幼儿虽然对科学有一定的兴趣，但这种兴趣往往难以持久。这可能与科学教育内容的单调性、教学方法的单一性以及教育资源的缺乏等因素有关。

幼儿园在科学教育方面面临的问题是多方面的，需要从多个方面入手进行改进和优化。

（二）成语故事教学是革新幼儿科学教育的有效手段

针对幼儿园在科学教育方面面临的诸多问题，成语故事教学以其独特的魅力和丰富的内涵，成为革新幼儿科学教育的有效手段之一。成语故事教学可以从以下几个方面助力幼儿科学教育的革新。

1. 激发幼儿对科学的兴趣与好奇心

成语故事以其生动有趣的情节和富含哲理的寓意，能够迅速吸引幼儿的注意力，激发他们对未知世界的好奇心和探索欲。例如："立竿见影"的故事，描述在阳光下竖起竹竿，其影子立即显现的现象，不仅让幼儿直观地感受到光与影的关系，还引导他们思考光线的传播、物体与影子的对应关系等科学原理。通过成语故事，幼儿可以在轻松愉快的氛围中接触科学概念，为后续的科学学习打下良好的基础。

2. 拓宽科学教育内容，促进学生全面发展

成语故事涵盖了历史、文化、哲学等多个领域，为科学教育提供了丰富的素材。通过成语故事教学，幼儿园可以打破传统科学教育的界限，将生命科学、物质科学、空间科学等多个领域的知识有机融合，形成更为全面、多元的科学教育内容。例如："愚公移山"的故事不仅体现了人类与自然斗争的精神，也蕴含了力学、地质学等科学知识，有助于幼儿形成跨学科的知识体系，促进其全面发展。

3. 培养幼儿的探究精神与创新能力

成语故事中的情节往往充满了悬念和转折，鼓励幼儿主动思考、大胆猜测。在成语故事教学中，教师可以通过提问、讨论等方式，引导幼儿对故事中的科学现象进行深入探究，培养他们的观察力、想象力和批判性思维能力。同时，成语故事中的智慧与哲理也能激发幼儿的创新思维，鼓励他们尝试用新的视角和方法去解决问题，为未来的科学探索奠定坚实的基础。例如："空谷传声"，为什么声音在山谷中会传得很远并产生回声？回声和原声有什么不同？怎么可以把声音传得更远？通过探究学习，不仅可以让幼儿了解自然界中的奇妙现象，还能通过观察和实验培养他们的探究精神，通过创意实践激发他们的创新能力。

4. 丰富教学手段，提高教学效果

成语故事教学以其多样化的形式，为科学教育提供了丰富的教学手段。教师可以通过讲述、表演、游戏等多种形式，将成语故事与科学教育相结合，使教学活动更加生动有趣。例如：通过角色扮演的方式让幼儿亲身体验成语故事中的情节，或者通过科学实验来验证成语故事中的科学原理，都能有效提高教学效果，使幼儿在轻松愉快的氛围中掌握科学知识。

5. 提升教师科学素养与教育能力

成语故事教学要求教师具备较高的科学素养和教育能力。为了有效开展成语故事教学，教师需要不断学习和更新自己的科学知识，提高科学素养；同时，还需要掌握科学教育的方法和技巧，提升教育能力。通过成语故事教学，教师可以不断积累教学经验，提升自己的专业素养和教学水平，从而更好地服务于幼儿的科学教育。

成语故事教学是革新幼儿科学教育的有效手段之一，可以丰富教学手段，优化教学效果，并提升教师的科学素养与教育能力。因此，幼儿园应充分利用成语故事这一宝贵资源，为幼儿的科学教育注入新的活力。

（三）成语故事教学对科学领域的独特价值

成语故事教学在科学领域具有独特的价值，主要体现在以下几个方面：

1. 深化科学认知，激发探索热情

成语故事以其生动形象的描述和蕴含的科学原理，为幼儿提供了丰富的认知素材。通过成语故事，幼儿能够在轻松愉快的氛围中接触和理解科学现象，如："刻舟求剑"中的运动与静止的相对性，"立竿见影"中的光与影的关系等。这种寓教于乐的方式不仅深化了幼儿对科学知识的认知，更激发了他们探索未知世界的热情，为未来的科学学习奠定了坚实的基础。

2. 培养科学思维与探究精神

成语故事往往包含丰富的情节和因果关系，通过分析和理解这些故事，幼儿可以锻炼逻辑思维能力，学会从多个角度思考问题，并找出问题的根源和解决方案。如："自相矛盾"对逻辑和思维一致性的强调，强化幼儿的逻辑思维能力。

一些成语故事还蕴含着对既有观念的挑战和反思，如："盲人摸象"的故事告诫我们，不应仅凭对事物片面的了解或局部的经验就妄下结论，而应鼓励全面观察、深入思考。讨论这些故事，可以培养幼儿的批判性思维，使他们敢于质疑、勇于探索未知领域。

成语故事中的许多情节都源于生活实践。如："鸿门宴"展示了面对困境时的机智与勇敢。讲述这些故事，可以激发幼儿的探究精神，鼓励他们在实际生活中积极尝试、勇于创新。

3. 促进跨学科知识融合

成语故事不仅涉及语言文学领域，还往往与科学、历史、哲学等多个学科紧密相关。通过成语故事教学，可以促进跨学科知识的融合与渗透，帮助幼儿建立更加全面、系统的知识体系。例如："守株待兔"既是一个寓言故事，也蕴含了生物学中关于动物行为的知识；而"望梅止渴"则涉及心理学中关于心理暗示的作用。

4. 提升科学素养与创新能力

成语故事中的许多内容都与现实生活密切相关，通过学习和理解这些故事，幼儿可以不断提升自己的科学素养和创新能力。例如："草船借箭"不仅展示了古代战争中的智慧与策略，还涉及物理学中关于浮力、风向等知识的应用。通过类似的故事教学，可以激发幼儿的创新思维和创造力，培养他们的实践能力和解决问题的能力。

5. 传承文化智慧与民族精神

成语故事作为中国传统文化的重要组成部分，蕴含着丰富的文化智慧和民族精神。通过成语故事教学，可以引导幼儿了解和传承中华民族的优秀传统文化和价值观念，增强他们的文化认同感和民族自豪感。同时，这些故事中的智慧和哲理也可以为幼儿的成长提供有益的指导和启示。

成语故事教学在科学领域具有独特的价值，在幼儿科学教育中应充分利用这一宝贵资源，发挥其独特的教育价值。

五、成语故事教学与艺术领域

在艺术领域里，成语故事贴近生活，同时又具有延展性与包容性，能为幼儿感受美、表现美、创造美提供广阔的空间，让幼儿学会发现和感受自然界与生活中美的事物，培养初步的艺术表现能力与创造能力。

（一）幼儿园在艺术教育方面面临的问题

在幼儿园艺术教育的广阔舞台上，尽管我们致力于培育幼儿的艺术感知力、创造力与审美情趣，但仍面临着多重深刻挑战，这些挑战不仅关乎教育方法的革新，更触及教育理念的根本转变。

1. 情感体验与艺术创造割裂的困境

当前幼儿园艺术教育的一大症结在于，过多聚焦于技能传授而忽视了幼儿内在的情感体验。艺术，作为情感的载体与表达方式，其核心价值在于激发并深化幼儿的心灵共鸣。因此，割裂情感体验与艺术创造之间的联系，无异于抽离了艺术教育的灵魂。我们需重新审视艺术教育目标，将促进幼儿情感发展置于核心地位，通过丰富多样的艺术活动，引导幼儿在创作过程中自由表达情感，让艺术成为幼儿心灵成长的沃土。

2. 艺术欣赏与创作互促的缺失

艺术欣赏不仅是视觉或听觉的享受，更是心灵的启迪与创作的源泉。然而，当前教育实践中，艺术欣赏往往被边缘化，未能充分发挥其在激发幼儿创造力方面的潜力。我们应构建以欣赏为引领，以创作为延伸的艺术教育模式，通过精选经典艺术作品，引导幼儿深入感知其形式美与内涵美，进而激发他们的创作灵感与想象力，使艺术欣赏与创作形成良性互动，共同促进幼儿艺术素养的提升。

3. 对幼儿艺术学习规律的认知不足

幼儿艺术学习具有其独特的规律性和阶段性，这要求教育者必须具备敏锐的观察力和深入的理解力。然而，部分教育者因缺乏相关知识或经验，难以准确把握幼儿艺术学习的特点与进程，导致教育策略失当，限制了幼儿艺术创造力的发展。因此，我们需加强对幼儿艺术学习理论的研究，了解不同年龄段幼儿的艺术发展特点，制订科学合理的教育计划，为幼儿搭建符合其认知规律的艺术创造平台。

4. 教师艺术素养与专业能力的瓶颈

教师是艺术教育的关键实施者，其艺术素养与专业能力直接关系到艺术教育的质量。然而，现实中不少教师自身艺术素养薄弱，难以满足多元化艺术教学的需求。为此，我们应加大对幼儿艺术教师的培训力度，提升他们的艺术修养、教学技能及跨文化视野，使他们能够灵活运用多种艺术表现形式，引导幼儿探索艺术的无限可能。

5. 评价体系单一与创造性的抑制

当前的艺术教育评价体系往往过于注重结果评价，忽视了过程评价的重要性，这种单一的评价方式容易挫伤幼儿的创造积极性与个性发展。我们应构建多元化、发展性的评价体系，既关注幼儿的艺术成果，又重视他们在艺术学习过程中的努力、进步与独特性。通过正面激励与个性化指导相结合的方式，激发幼儿的创造潜能，促进他们在艺术领域的全面发展。

这些问题共同构成了幼儿园艺术教育中需要改进的方面，通过改革上述问题，可以更好地促进幼儿创造力的发展，提高艺术教育的质量。

（二）成语故事教学是革新幼儿艺术教育的有效手段

在探索幼儿园艺术教育革新的道路上，成语故事教学以其独特的魅力和深远的价值，成为一股不可忽视的力量。成语，作为中华文化的瑰宝，不仅蕴含着丰富的哲理与智慧，还承载着深厚的艺术审美价值，为幼儿艺术教育的创新提供了丰富的素材与灵感。

1. 情感桥梁的构建者

成语故事以其生动有趣的情节和鲜明的人物形象，为幼儿搭建了情感与艺术的桥梁。通过讲述成语故事，教师可以引导幼儿深入体会故事中人物的情感变化与心理历程，从而在艺术创作中更加自然地融入个人情感。这种情感体验与艺术创造的深度融合，有助于激发幼儿的创作热情，使他们的艺术作品更加生动、富有感染力。例如：“东郭先生”，教师在讲述这个成语故事时，可以运用生动的语言和肢体动作，描绘出狼的狡黠与奸诈，以及东郭先生的糊涂。幼儿在听故事的过程中，会自然而然地感受到中山狼的得意与东郭先生被骗的惊吓，这种情感体验会激发他们的创作欲望。随后，教师可以引导幼儿通过绘画、泥塑等形式，表达自己对故事中角色的理解和感受。通过这样的创作，孩子们不仅加深了对成语故事的理解，也学会了在艺术创作中表达情感。

2. 创意灵感的源泉

成语故事中蕴含的丰富意象与象征意义，为幼儿艺术创作提供了广阔的想象空间。教师可以引导幼儿从成语故事中汲取灵感，将故事中的场景、人物或情节转化为艺术创作的元素，如绘画、手工、舞蹈等。这种基于成语故事的创意激发方式，不仅能够拓展幼儿的创作思路，还能培养他们的想象力与创新能力。成语“胸有成竹”则是一个激发幼儿创意的好例子。在讲述完故事后，教师可以设定一个主题，如“我梦想中的花园”，鼓励孩子们闭上眼睛，在心中想象这个花园的样子：花园里有哪些花？它们是什么颜色？怎么排列的？有没有小动物在花园里玩耍？孩子们可以尽情地在脑海中构建这个花园的景象。这些问题会激发孩子们无限的想象力，会因此画出五彩斑斓的画面，他们通过艺术作品展现了自己对梦想世界的向往和想象。这种基于成语故事的创意激发，不仅丰富了幼儿的艺术创作内容，也培养了他们的想象力和创新思维。

3. 艺术学习规律的顺应者

成语故事教学符合幼儿艺术学习的特点和规律。幼儿时期的孩子正处于形象思维向抽象思维过渡的阶段，他们对具体、形象的事物更感兴趣且易于接受。成语故事以其具体、生动的特点，能够吸引幼儿的注意力，帮助他们更好地理解艺术语言与符号。同时，通过成语故事的讲述与讨论，教师还可以引导幼儿逐步掌握艺术欣赏与创作的技巧与方法，促进他们艺术素养的全面提升。成语“画龙点睛”不仅是一个关于艺术创作的成语，也揭示了艺术学习的一个重要规律——在整体中把握关键。在艺术教学中，教师可以利用这个成语，引导幼儿理解艺术创作中的重点与难点，比如：在绘画课上，教师可以先让孩子们画出一条龙的轮廓，然后重点讲解如何画好龙的眼睛，让孩子们明白“点睛之笔”的重要性。通过这样的教学方式，孩子们不仅学会了如何画龙，更重要的是掌握了艺术创作中的关键技巧，顺应了艺术学习的规律。

4. 教师艺术素养提升的催化剂

成语故事教学要求教师具备一定的艺术素养与跨学科知识。为了更好地实施成语故事教学，教师需要不断学习，提升自己的艺术修养，拓展跨学科视野。这一过程中，教师不仅能够丰富自己的艺术知识储备，还能够提升自己在艺术教学方面的专业能力与创新能力。这种教师自身素养的提升，最终将转化为更高质量的艺术教育成果。以成语“百鸟朝凤”为例，为了讲好这个故事，教师需要了解中国古代的神话传说、鸟类知识以及凤凰在中国文化中的象征意义等。在准备课程的过程中，教师需要查阅大量资料、学习相关知识，这个过程本身就是教师艺术素养提升的过程。同时，为了更好地呈现故事中的场景和氛围，教师还需要学习如何运用音乐、舞蹈、戏剧等多种艺术形式来辅助教学。这种跨学科的学习与实践，不仅丰富了教师的艺术视野，也提升了他们的艺术教学能力和创新能力。

5. 评价体系改革的推动者

成语故事教学为艺术教育评价体系的改革提供了新的思路。在成语故事教学中，教师可以采用更加多元化和过程化的评价方式。比如：在幼儿完成基于成语故事的艺术创作后，教师可以组织一场小型的展示会或分享会，让孩子们展示自己的作品并讲述创作过程中的想法和感受。在评价时，教师不仅要关注作品的最终效果，更要关注孩子们在创作过程中的表现、努力与进步。此外，教师还可以鼓励孩子们进行同伴评价和自我反思，培养他们的批判性思维和审美能力。这种以过程为导向、注重个体差异的评价方式，有助于激发幼儿的创造潜能和个性发展，推动艺术教育评价体系的改革；有助于全面、客观地评价幼儿的艺术发展水平，激发他们的创造潜能与个性发展。

成语故事教学作为革新幼儿艺术教育的有效手段，不仅有助于构建情感与艺术的桥梁、激发创意灵感、顺应艺术学习规律，还能提升教师艺术素养、推动评价体系改革。因此，我们应积极探索和实践成语故事教学在幼儿艺术教育中的应用，为培养具有创新精神与艺术素养的未来人才贡献力量。

（三）成语故事教学对艺术领域的独特价值

在艺术教育的深邃海洋中，成语故事教学如同一颗璀璨的明珠，以其独特的魅力照亮了孩子们的艺术之路，为艺术领域带来了深远的影响和独特的价值。

1. 文化传承与艺术创新的深度交融

成语故事作为中华文化的瑰宝，承载着深厚的历史底蕴与文化精髓。通过成语故事教学，幼儿能够在艺术的熏陶中感受中华文化的魅力，了解并传承优秀的文化传统。同时，这些成语故事中的意象、情节与人物，也为艺术创作提供了丰富的素材与灵感，激发了孩子们在艺术创作中的创新思维。孩子们在创作过程中，既是对传统文化的致敬，也是在现代语境下的艺术再创造，实现了文化传承与艺术创新的有机结合。如：“高山流水”讲述的不仅是伯牙子期知音难寻的佳话，更是中国古代文人雅士对自然美的追求与赞美。在教学中，教师可以通过讲述这一故事，引导孩子们欣赏古筝曲《高山流水》的旋律之美，感受其中蕴含的深远意境。或用画笔描绘、或用舞蹈来表现，这样的过程，既是对传统文化的传承，也是在现代艺术语言下的创新表达，实现了文化传承与艺术创新的深度交融。

2. 艺术审美与情感教育的细腻结合

成语故事教学注重通过生动的故事情节和人物形象，引导幼儿深入体验和理解艺术作品中的情感与美感。在讲述成语故事时，教师会运用丰富的语言、表情和肢体动作，营造出浓厚的艺术氛围，使孩子们在情感共鸣中提升审美感知能力。同时，这些故事中的正面价值观与道德寓意，也通过艺术的形式得以传递，对孩子们的情感教育和品德培养起到了积极作用。艺术审美与情感教育的融合，使成语故事教学成为一种综合性的艺术教育方式。如：“叶公好龙”，故事中的叶公虽口称喜爱龙，却在实际面对真龙时惊慌失措。在讲述这个故事时，教师可以通过生动的讲述和角色扮演，让孩子们体会到叶公内心的矛盾与恐惧。再以绘画的方式来揭示故事的寓意。这样的创作过程，不仅提升了孩子们的艺术审美能力，还让他们在情感共鸣中学会了理解与同情，实现了艺术审美与情感教育的细腻结合。

3. 跨学科整合与综合素养的全面提升

成语故事教学打破了传统艺术教育的学科界限，实现了音乐、舞蹈、戏剧、美术等多学科的有机融合。在讲述成语故事时，教师可以根据需要引入音乐伴奏、舞蹈表演、戏剧对白等多种艺术形式，使孩子们在多元化的艺术体验中拓宽视野、丰富感受。这种跨学科整合的教学方式，不仅有助于孩子们更好地理解和欣赏艺术作品，还促进了他们艺术素养的全面提升。通过成语故事教学，孩子们能够在音乐中感受节奏与旋律之美，在舞蹈中体验动作与表情的协调，在戏剧中领悟角色与情感的表达，在美术中创造属于自己的艺术世界。成语“画蛇添足”不仅是一个警示人们做事要恰到好处的道理，也是跨学科整合教学的绝佳案例。在艺术课上，教师可以先讲述这个故事，然后引导孩子们进行跨学科的学习与创作。比如，可以共同创作一首与故事情境相符的短曲；还可以将故事中的场景绘制成故事绘本。这样的跨学科整合教学，不仅丰富了孩子们的学习体验，还促进了他们综合素养的全面提升。

4. 创意激发与个性化发展的广阔舞台

成语故事教学为孩子们提供了一个自由发挥、创意无限的平台。在讲述成语故事后，教师可以鼓励孩子们根据自己的理解和想象进行艺术创作。无论是绘画、手工还是表演等形式，孩子们都可以根据自己的兴趣和特长进行选择和发挥。这种个性化的创作方式不仅激发了孩子们的创造力和想象力，还促进了他们个性化的发展。在创作过程中，孩子们学会了独立思考、勇于表达和自我反思，这些能力对于他们未来的成长和发展具有重要意义。成语“天马行空”象征着无拘无束的想象力和创造力。在艺术教学中，教师可以利用这个成语激发孩子们的创意灵感，比如：在讲述完“天马行空”的故事后，教师可以设定一个主题——“我的奇幻世界”，鼓励孩子们根据自己的想象创作出一幅幅充满奇思妙想的作品。有的孩子可能会画出会飞的汽车、会说话的动物，甚至是一个完全由糖果构成的城市。这些作品虽然天马行空，但却真实地反映了孩子们内心的世界和独特的创造力，为他们提供了个性化发展的广阔空间。

5. 国际视野与本土文化的和谐共生

随着全球化进程的加速，国际视野已成为幼儿艺术教育不可或缺的一部分。成语故事教学在传承本土文化的同时，也为孩子们打开了了解世界文化的窗口。教师可以通过讲述不同文化背景下的故事并用成语加以概括，引导孩子们感受不同文化的独特魅力与差异。这种跨文化的学习与交流不仅拓宽了孩子们的国际视野，还促进了他们对本土文化的认同感与自豪感。在艺术创作中融入多元文化的元素与视角，使孩子们的作品更加丰富多彩、具有时代感和国际感。例如：“井底之蛙”这个成语，虽然讲述的是一只井底之蛙的狭隘视野，但也可以引申为不同文化背景下的交流与理解。在教学中，教师可以引导孩子们思考：如果我们把“井底之蛙”放在不同的文化背景下，它会有怎样的新寓意？随后，幼儿可以尝试创作一幅幅融合了不同文化元素的作品，如将中国传统水墨画与西方油画技法相结合，创作出具有独特风格的“井底之蛙”。这样的创作过程，不仅拓宽了孩子们的国际视野，还让他们更加珍视和传承本土文化，实现了国际视野与本土文化的和谐共生。

成语故事教学以其独特的魅力，为艺术领域注入了新的活力与深度，有着不可替代的独特价值。这种教学方式不仅丰富了幼儿艺术教育的内涵，还促进了艺术与其他学科的融合，我们应继续深入挖掘和利用成语故事这一宝贵资源，为培养具有创新精神、艺术素养和国际视野的未来人才贡献力量。

第三章　构建幼儿园成语故事教学适宜性体系

并非所有的成语故事都适合幼儿，要做好成语故事与幼儿园教育的融合，为儿童提供适合其年龄特点、适合其个别差异性的成语故事教学实践系统。首先，需要对《幼儿园教育指导纲要（试行）》《3 ～ 6 岁儿童学习与发展指南》等学前教育的指导性文件进行认真学习，真正了解儿童发展的实际需要。其次，要围绕幼儿的全面发展，从五大领域教育内容与要求出发，挑选出符合幼儿成长发展需要的成语故事，构建幼儿园成语故事教学适宜性体系，作为实施成语故事与幼儿园教育融合的基础。

一、构建幼儿园成语故事教学适宜性体系的原则

构建幼儿园成语故事教学适宜性体系，其中适宜性包括两个层面的含义：一是年龄的适宜性，二是个体的适宜性。要真正建立幼儿园成语故事教学适宜性体系需要把握几个原则：

（一）坚持动态性原则

建立幼儿园成语故事教学适宜性体系要充分考虑儿童的年龄特点、认知发展水平、兴趣需求等，同时兼顾地区、文化、环境等方面的差异，在对儿童充分观察和了解的基础上，选取符合儿童“最近发展区”需要与日常生活关联的成语，借助成语故事的媒介力量，帮助儿童有效提升现有发展水平。所以，幼儿园成语故事适宜性体系不是一成不变的，而是要坚持以儿童为中心，根据不同的教育对象的需要作出合理的调整。

（二）坚持系统性原则

贯彻系统性原则要注意三个方面：其一是循序渐进，就要按照儿童的认识规律逐步进行，从易到难、从少到多、从单一到复合，逐步发展掌握提高；其二是以幼儿园五大领域（健康、语言、社会、科学、艺术）的教学目标，系统地筛选、改编和设计成语故事教学内容，确保教学内容的适宜性和系统性；其三是整体性思维，把对儿童实施成语故事教学视为一个系统，在总系统和子系统下确立各分系统，如：在科学领域下面，根据指标建立

帮助儿童学习数学的成语专题，以系统整体和局部目标的优化为准绳，使系统逐步达到完整、平衡，从而实现整体大于局部之和的教育效果。

（三）坚持经典性与时代性相结合的原则

确保所选成语故事既具有深厚的文化底蕴和教育价值，又能与当代社会背景、幼儿生活经验相契合，从而激发幼儿的学习兴趣，增强故事的吸引力和教育意义。经典成语故事经过时间的洗礼，被广泛传播和传颂，具有较高的社会认知度。幼儿在日常生活中可能会通过家庭、社会等多种渠道接触到这些故事或相似的场景，因此选择经典成语故事作为教学内容，有助于幼儿更好地理解和接受。时代性要求所选择的成语故事能够与当代幼儿的生活经验相契合，反映现代社会的价值观和生活方式。这样的故事更容易引起幼儿的共鸣，激发他们的学习兴趣和探索欲望，还能帮助幼儿更好地理解和接受传统文化中的智慧和价值观念。

（四）坚持正面价值观导向的原则

幼儿时期是个体性格、价值观形成的关键时期，他们如同一张白纸，对外界的信息和刺激具有高度敏感性，其自身具有高度的可塑性。因此，在这个阶段，外界向他们传递什么样的价值观，将直接影响到他们未来的人生观、世界观和价值观。成语故事作为传统文化的瑰宝，蕴含着丰富的道德智慧和人生哲理，是向幼儿传递正面价值观的重要载体。在筛选幼儿园适宜教学的成语故事时，坚持正面价值观导向的原则是至关重要的。它不仅关乎幼儿教育的质量和效果，更关系到幼儿人格的塑造和未来的成长发展。因此，在筛选成语故事时，应确保所选故事能够传递积极向上的价值观念，为幼儿的健康成长提供有力保障。

总之，在筛选成语故事时，应坚持动态性原则、系统性原则、经典性与时代性相结合的原则、正面价值观导向的原则，努力寻找它们之间的平衡点，不可偏废，从而更好地满足幼儿园教学的需要。

二、构建幼儿园成语故事教学适宜性体系的策略和方法

（一）围绕五大领域目标，精准构建适宜性体系

从经典成语故事集、儿童读物、网络资源等多种渠道广泛收集成语故事。根据筛选原则，对收集到的成语故事进行逐一评估，按照五大领域的相关指标及幼儿发展阶段的典型表现，挑选出适合幼儿学习和理解的成语故事。将筛选出来的成语故事按照五大领域的标准进行分类整理，形成体系化的教学内容。同时要注意建立幼儿园成语故事教学资源库，包括故事文本、教学课件、教具材料、活动方案等，方便教师查阅和使用，可见图 3-1。

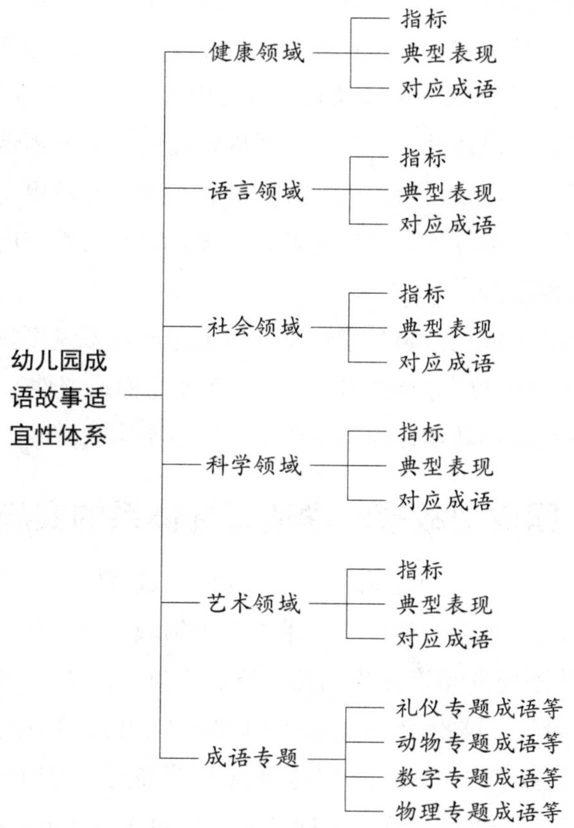

图 3-1　幼儿园成语故事适宜性体系结构图

（二）深入解析成语故事，精准把握教育内涵

为了完善“幼儿园成语故事适宜性体系”，提升教学质量、效果，教育者有必要了解掌握每个筛选成语的释义和寓意以及典故，要收集经典的成语故事作为教育的素材。要用好用活这些素材，就必须深入地研究成语，准确把握他们的字面意思、喻指乃至哲学内涵，比如：拔苗助长，意思是把禾苗拔起来，帮助其成长；比喻违反事物的发展规律，急于求成，最后事与愿违。这个成语的哲学内涵就是：发挥主观能动性，必须以尊重客观规律为基础。再如：画蛇添足，原意为画蛇时给蛇添上脚，后比喻一个人做了一件事，不但无益，反而不合适，也比喻虚构事实，无中生有，多此一举。这个成语的哲学内涵就是：客观事物及其规律原本怎样，人们就应该如实地反映它，决不能主观任意地歪曲。做多余的事，不仅没有锦上添花，反而弄巧成拙。

（三）围绕幼儿全面发展，精准构建成语故事专题

当有了大量经过筛选的成语，“幼儿园成语故事适宜性体系”就有了一个基础，接着

需要的就是围绕幼儿发展目标，在五大领域框架范围内来进行“成语专题”建设，如：数字专题、十二生肖专题、动物专题、声音专题、物理现象专题，等等。这样可以丰富教育的内容，实现教育内容的综合化，帮助幼儿与教育内容之间更好地建立起有意义的连接。通过“成语专题”建设，可以使幼儿在同一时段内，接受不同成语带来的信息刺激；也可以在不同时段内，接受同一类成语带来的持续的信息刺激，能够更有效地调动幼儿的学习兴趣和参与学习的积极性，培养幼儿的探究意识，强化幼儿对教育内容的理解，有助于幼儿对知识和文化的整体性获得。

综上所述，构建幼儿园成语故事教学适宜性体系是一项系统而复杂的工作，需要综合考虑多个方面的因素，确保教学内容的适宜性、有效性和系统性。这一体系的构建和实施，可以为“幼儿园成语故事教学课程体系构建”打下坚实的基础。

三、构建幼儿园成语故事教学适宜性体系的实施建议

《幼儿园教育指导纲要（试行）》指出：“幼儿园的教育内容是全面的、启蒙性的，可以相对划分为健康、语言、社会、科学、艺术等五个领域，也可作其他不同的划分。各领域的内容相互渗透，从不同的角度促进幼儿情感、态度、能力、知识、技能等方面的发展。”《3～6岁儿童学习与发展指南》以为幼儿后续学习和终身发展奠定良好素质基础为目标，以促进幼儿体、智、德、美各方面的协调发展为核心，提出了3～6岁各年龄段儿童学习与发展目标和相应的教育建议。目标部分分别对3～4岁、4～5岁、5～6岁三个年龄段末期幼儿应该知道什么、能做什么，大致可以达到什么发展水平提出了合理期望，指明了幼儿学习与发展的具体方向；教育建议部分列举了一些能够有效帮助和促进幼儿学习与发展的教育途径与方法。构建“幼儿园成语故事教学适宜性体系”要以《幼儿园教育指导纲要（试行）》和《3～6岁儿童学习与发展指南》这两份指导性文件为基础，运用构建幼儿园成语故事教学适宜性体系的原则、策略和方法进行筛选，确保成语故事教学活动既符合幼儿身心发展的规律，又能有效促进幼儿在健康、语言、社会、科学、艺术等多个领域的全面发展。

（一）在健康领域的构建实施

“健康是指人在身体、心理和社会适应方面的良好状态。幼儿阶段是儿童身体发育和机能发展极为迅速的时期，也是形成安全感和乐观态度的重要阶段。发育良好的身体、愉快的情绪、强健的体质、协调的动作、良好的生活习惯和基本生活能力是幼儿身心健康的重要标志，也是其他领域学习与发展的基础。”

在构建幼儿园成语故事教学适宜性体系的过程中，健康领域的教育不容忽视，它不仅是幼儿全面发展的基石，也是其他各领域学习与发展的前提。通过成语故事这一富有文化

底蕴的教学形式，我们可以巧妙地融入健康领域的教育目标，促进幼儿在身体、心理和社会适应三方面的良好发展。

第一，身体发育与动作协调。选择具有动作元素的成语故事：如“闻鸡起舞”“百步穿杨”等，通过故事讲述引导幼儿模仿故事中人物的动作，如简单的舞蹈动作、投掷游戏动作等，既增加了活动的趣味性，又锻炼了幼儿的大肌肉群，促进了身体协调性和平衡感的发展。

结合体育活动：将成语故事情境融入户外或室内体育活动中，如设置“龟兔赛跑”的游戏，让幼儿在角色扮演中体验跑步的乐趣，同时理解坚持不懈的重要性，培养幼儿的体育兴趣和耐力。

第二，情绪管理与社会交往。情感共鸣与情绪鉴别：选取蕴含情感教育的成语故事，如“孔融让梨”强调谦让与分享，通过故事讨论帮助幼儿理解并识别不同情绪，学会在人际交往中表达自己的感受，培养积极向上的情绪管理能力。

团队合作与社交技能：利用成语故事中的团队合作情节，如“众志成城”“齐心协力”，组织幼儿进行小组活动或游戏，如共同完成一项手工任务或解决一个难题，从而增强幼儿的合作意识和社会交往能力。

第三，生活习惯与自我照顾。融入日常行为规范：将成语故事中的正面行为作为幼儿日常行为的典范，如“日出而作，日落而息”“细嚼慢咽”等，通过故事讲解和角色扮演，引导幼儿形成良好的生活习惯和自理能力。

健康饮食习惯：选取与饮食相关的成语故事，如“食不言，寝不语”，结合故事情境引导幼儿理解并实践健康的饮食习惯，如吃饭时保持安静、不挑食等。

第四，安全意识与自我保护。安全教育融入成语故事：选取或改编包含安全教育元素的成语故事，如通过“亡羊补牢”的故事教育幼儿认识到犯错误后及时改正的重要性，同时引申到日常生活中的安全隐患防范，如不玩火、不触碰电器等。

模拟演练与应对策略：结合成语故事中的情境，设计简单的安全模拟演练，如“狼来了”的故事可以引导幼儿学习如何辨别真实危险并正确寻求帮助。

所以，在健康领域的构建实施中，成语故事教学不仅是一个传授知识的平台，更是一个促进幼儿身心全面发展的有效途径。通过精心筛选、归纳和设计，我们可以将成语故事的丰富内涵与健康领域的教育目标紧密结合，从身心状况、动作发展、生活习惯与生活能力三个方面来展开。

1. 身心状况

（1）目标 1：具有健康的体态。

①发展目标内容详见表 3-1。

表 3-1　3 ～ 6 岁儿童身体发展目标

3～4 岁	4～5 岁	5～6 岁
1. 身高和体重适宜。参考标准： 2. 男孩： 3. 身高：94.9～111.7 厘米 4. 体重：12.7～21.2 千克 5. 女孩： 6. 身高：94.1～111.3 厘米 7. 体重：12.3～21.5 千克 8. 在提醒下能自然坐直、站直。	1. 身高和体重适宜。参考标准： 2. 男孩： 3. 身高：100.7～119.2 厘米 4. 体重：14.1～24.2 千克 5. 女孩： 6. 身高：99.9～118.9 厘米 7. 体重：13.7～24.9 千克 8. 在提醒下能保持正确的站、坐和行走姿势。	1. 身高和体重适宜。参考标准： 2. 男孩： 3. 身高：106.1～125.8 厘米 体重：15.9～27.1 千克 4. 女孩： 5. 身高：104.9～125.4 厘米 体重：15.3～27.8 千克 6. 经常保持正确的站、坐和行走姿势。

②《3 ～ 6 岁儿童学习与发展指南》教育建议。

A. 为幼儿提供营养丰富、健康的饮食。如：参照《中国孕期、哺乳期妇女和 0 ～ 6 岁儿童膳食指南》，为幼儿提供谷物、蔬菜、水果、肉、奶、蛋、豆制品等多样化的食物，均衡搭配。烹调方式要科学，尽量少煎炸、烧烤、腌制。

B. 保证幼儿每天睡 11 ～ 12 小时，其中午睡一般应达到 2 小时左右。午睡时间可根据幼儿的年龄、季节的变化和个体差异适当减少。

C. 注意幼儿的体态，帮助他们形成正确的姿势。提醒幼儿要保持正确的站、坐、走姿势；发现有八字脚、罗圈腿、驼背等骨骼发育异常的情况，应及时就医矫治。桌、椅和床要合适。椅子的高度以幼儿写画时双脚能自然着地、大腿基本保持水平状为宜；桌子的高度以写画时身体能坐直，不驼背、不耸肩为宜；床不宜过软。

D. 每年为幼儿进行健康检查。

③推荐成语。

如在用餐或涉及美食场景时便可用相关成语加上生动有趣的动作进行表达教学。

“垂涎欲滴”，释义：嘴馋得口水都快要流下来了。形容贪馋的样子。现多形容见别人的东西眼红，妄图侵夺的丑态。出处，唐代柳宗元《河东先生集 • 招海贾文》：“更笑叠怒，垂涎闪舌兮。”

“五味俱全”，释义：原指各种调味齐全。后指各种滋味、感受都有。出处，《礼记 • 礼运》：“五味六和，十二食，还相为质也。”

“回味无穷”，释义：吃后余味不尽。比喻事后越想越觉得意味深长。出处，宋代王禹偁《橄榄》诗：“良久有回味，始觉甘如饴。”

“津津有味”，释义：指品味鲜美食物时的滋味，也可指对某种事物或活动感到非常有兴趣和满足。形容人对某种事物或活动的投入程度和满足感。出处，明代朱之瑜《朱舜水集·答野节书之十七首》："佳作愈。读愈觉津津有味。可见理胜之文。大胜他人词致美好也。"

"细嚼慢咽"，释义：细细咀嚼后再慢慢咽下。形容吃东西咀嚼充分而不急促。出处，明代吴承恩《西游记》第二四回，"八戒道：'哥哥，吃的忙了些，不象［像］你们细嚼细咽，尝出些滋味。'"

"病从口入"，释义：许多疾病多是由于吃东西不小心造成的。比喻应该注意饮食卫生。出处，晋代傅玄《口铭》："病从口入，祸从口出。"

如在孩子们午睡起床时可用：

"睡眼惺忪"，形容刚睡醒、睡意未消时两眼迷糊的样子。出处，鲁迅《故事新编·采薇》："所遇见的不过是睡眼惺忪的女人，在井边打水。"

"昏昏欲睡"，释义：头脑昏昏沉沉的，想要睡觉。形容疲劳困倦或精神不振的样子。出处，清代蒲松龄《聊斋志异·贾奉雉》："是秋入闱复落，邑邑不得志，颇思郎言，遂取前所指示者强读之，未至终篇，昏昏欲睡，心惶惑无以自主。"

"辗转反侧"，释义：指翻来覆去，睡不着觉。形容心里有所思念或心事重重。出处，《诗经·周南·关雎》："悠哉悠哉，辗转反侧。"

"昂首阔步"，释义：抬着头，迈着大步。原形容态度傲慢，瞧不起人。现多形容精神抖擞，意气风发。出处，老舍《鼓书艺人》二十四："新郎昂首阔步，在他身边迈着鸭子步，为的是显摆他那马靴和银马刺。"

"正襟危坐"，释义：整理好衣襟，端正地坐着。形容严肃恭敬的样子。出处，《史记·日者列传》："宋忠、贾谊瞿然而悟，猎缨正襟危坐。"

"神采飞扬"，释义：脸上的神态焕发有神。形容精神旺盛，容光焕发。出处，丁玲《梦珂》："她居然很能够安逸的，高贵的，走过去握那少年导演的手，又用那神采飞扬的眼光去照顾一下全室的人。"

"英姿飒爽"，释义：英俊威武、矫健豪迈的样子。形容风姿威武豪迈、精神焕发的仪态。现多用于女性。出处，唐代杜甫《丹青引赠曹将军霸》："褒公鄂公毛发动，英姿飒爽来酣战。"

"精神焕发"，释义：精神振作，神采奕奕的样子。形容精神振奋，情绪饱满。出处，清代蒲松龄《聊斋志异·莲香》："生觉丹田火热，精神焕发。"

"身强力壮"，释义：身体强壮，力气很大。形容身体强健，精力旺盛。出处，《水浒传》一四回："［晁盖］最爱刺枪使棒，亦自身强力壮，不娶妻室，终日只是打熬筋骨。"

"安步当车"，释义：指不慌不忙地行走，就当乘车一样。借指人能安于贫贱自行其乐。现在也多用于表示不乘车而从容不迫地步行。出处，《战国策·齐策四》："晚食以当肉，安步以当车，无罪以当贵，清静贞正以自虞。"

“茁壮成长”，释义：指健康地成长。出处，《孟子·万章下》：“尝为乘田矣，曰：‘牛羊茁壮长而已矣。’”

④经典成语故事。

【闻过则喜】

释义：听到有人批评自己的过失，就心里高兴。形容一个人能虚心接受别人的批评意见。

出处，《孟子·公孙丑上》：“子路人告之以有过则喜。”

人生哲理：闻过则喜是一种修养，是一种胸怀，人非圣贤孰能无过，如果不能正确对待自身的“过”与“非”，那么这些错误的思想观念就会限制自己的进步和发展。

故事内容：春秋时期，有个人叫高缭，他为人谨慎，在齐国丞相晏子手下做了三年的官，从来没有犯过错，但晏子却无缘无故把他辞退了。这是为什么呢？晏子说：“我是一个不中用的人，正如一块弯弯曲曲的木头，必须用墨斗来弹，用斧头来削，用刨子来刨，才能做成一件有用的器具。每个人都会有自己的毛病和缺点，但是如果别人不给予提示的话，自己是看不到的。但是高缭呢，他在我身边足足三年，看见我的过错，却从来不说，这对我有什么好处？所以，我把他辞退了。可见，晏子喜欢人指出他的过失，他认为，指出上司的过失，是手下的责任，否则是没有尽到自己的责任，是毫无用处的。

晏子善于倾听别人的批评，他也非常善于批评，有广博的知识，善用比喻，注意语言的艺术，批评的方式和态度，注意当时的环境，灵活应对。

这则“故事”表明，指出人的过失其实是对人最大的帮助。

【气宇轩昂】

释义：指风度气概高敞豁达。形容人精神饱满昂扬，气度不凡。也作“器宇轩昂”。

出处，明代冯梦龙《醒世恒言》：“生得丰姿潇洒，气宇轩昂，飘飘有出尘之表。”

人生哲理：每个人都将面临自己的挑战和困难，但正是这些挑战和困难，提供了成长和变化的机会，让我们充分认识自我，勇敢面对现实，从而实现从胆小懦弱到果敢无畏、气宇轩昂的转变。

故事内容：公元208年七月，刘备兵败当阳，奔往夏口。十月，曹操自江陵顺江东下。刘备派诸葛亮去江东孙权处，共商联合抗曹的大事。诸葛亮到达柴桑后，鲁肃立即去见孙权，告诉他诸葛亮到来的消息。孙权光听说过诸葛亮的大名，却没见过他本人。虽说博望烧屯，火焚新野布置得十分出色，但诸葛亮毕竟只有二十七八岁，这么大的战争，刘备只派他一个人来“联合”抗曹，够分量么？东吴也是谋士如云，能不能比得上他呢？孙权听完了鲁肃的汇报，不冷不热地说了一句：“叫他先见识见识我们东吴的才俊！”并事先知会了东吴的谋士们在外厅等候。诸葛亮泰然自若地跟着鲁肃进去了，一一做过介绍后，坐了下来。东吴的一班谋士开始仔细打量诸葛亮。张昭（字子布，孙权的首席谋士）等人见诸葛亮丰神秀逸，气概非凡，料到此人必来游说。于是，便展开了一场激烈的舌战。结果，诸葛亮气宇轩昂，在他时而谈笑风生，时而义正词严的回击下，东吴的一班谋士一一败下阵去，从而赢得东吴的信任。这就是历史上著名的“舌战群儒”的故事。从此以后孙刘联盟形成，共同对抗北方的曹操，打赢了“赤壁之战”，是三国历史的一个十分重要的事件。

（2）目标 2 情绪安定愉快。

①发展目标内容详见表 3-2。

表 3-2 3 ～ 6 岁儿童情绪发展目标

3～4 岁	4～5 岁	5～6 岁
1. 情绪比较稳定，很少因一点小事而哭闹不止。 2. 有比较强烈的情绪反应时，能在成人的安抚下逐渐平静下来。	1. 经常保持愉快的情绪，不高兴时能较快缓解 。 2. 有比较强烈情绪反应时，能在成人的提醒下逐渐平静下来。 3. 愿意把自己的情绪告诉亲近的人，一起分享快乐或求得安慰。	1. 经常保持愉快的情绪。知道引起自己某种情绪的原因，并努力缓解。 2. 表达情绪的方式比较适度，不乱发脾气。 3. 能随着活动的需要转换情绪和注意。

②《3 ～ 6 岁儿童学习与发展指南》教育建议。

A. 营造温暖、轻松的心理环境，让幼儿形成安全感和信赖感。如：保持良好的情绪状态，以积极、愉快的情绪影响幼儿。以欣赏的态度对待幼儿。注意发现幼儿的优点，接纳他们的个体差异，不简单与同伴做横向比较。幼儿做错事时要冷静处理，不厉声斥责，更不能打骂。

B. 帮助幼儿学会恰当表达和调控情绪。成人用恰当的方式表达情绪，为幼儿做出榜样。如生气时不乱发脾气，不迁怒于人。成人和幼儿一起谈论自己高兴或生气的事，鼓励幼儿与人分享自己的情绪。允许幼儿表达自己的情绪，并给予适当的引导。如幼儿发脾气时不硬性压制，等其平静后告诉他什么行为是可以接受的。发现幼儿不高兴时，主动询问情况，帮助他们化解消极情绪。

③推荐成语。

“安心乐意”，释义：原指心情安宁，情绪愉快。后多指内心情愿，十分愉快。出处，清代曹雪芹《红楼梦》第一百十四回：“我看二嫂子如今倒是安心乐意地孝敬我妈妈，比亲媳妇还强十倍呢。”

“不紧不慢”，释义：形容心情平静，行动从容。出处，清代李汝珍《镜花缘》第十九回：“相形之下，走也不好，不走也不好；紧走也不好，慢走也不好，不紧不慢也不好；不知怎样才好！”

“怡然自得”，释义：愉快安适的样子，形容高兴而满足的神情。出处，《列子·黄帝》：“黄帝既寤，怡然自得。”

“心平气和”，释义：心情平静，态度温和。指不急躁，不生气。出处，宋代苏轼《菜羹赋》：“先生心平而气和，故虽老而体胖。”

“喜笑颜开”，释义：心里高兴，满面笑容。形容心情愉悦。出处，清代李汝珍《镜花缘》第九十九回：“穿过牌楼，人来人往，莫不喜笑颜开。”

“手舞足蹈”，释义：指两手挥舞，双脚跳动。形容非常高兴的样子。形容非常高兴的样子。出处，《诗经·周南·关雎·序》：“永［咏］歌之不足，不知手之舞之，足之蹈之也。”

“眉飞色舞”，释义：指脸上的表情。双眉挑动，神色飞扬。形容非常高兴得意的样子。出处，清代李宝嘉《官场现形记》第三十二回：“余荩臣一听‘明保’二字，正是他心上最为关切之事，不禁眉飞色舞。”

“喜气洋洋”，释义：洋洋，得意的样子。形容非常高兴。出处，宋代范仲淹《岳阳楼记》的“登斯楼也，则有心旷神怡，宠辱皆忘，把酒临风，其喜洋洋者矣。”

“泰然自若”，释义：毫不在意像平常一样。形容碰上意外、严重或紧急的情况，能沉着镇静，不慌不忙。出处，《金史·颜盏门都传》中的“有敌忽来，虽矢石至前，泰然自若”。

“心花怒放”，释义：指内心高兴得像花儿盛开一样。形容喜悦兴奋到极点。出处，清代李宝嘉《文明小史》第六十回：“平中丞此时喜得心花怒放，连说：‘难为他了，难为他了。’”

“赏心悦目”，释义：指看到美好的景色而心情愉快。形容看了美好的景象或形象而使人心情欢畅、愉快。出处，《宋史·范镇传》：“凡可以荡心悦目，不宜有加于旧。”

“和颜悦色”，释义：指温和高兴的脸色。形容态度和善可亲。出处，《论语·季氏》：“友便辟，友善柔、友便佞，损也。”邢昺疏：“善柔，谓面柔，和颜悦色以诱人者也。”

“春风得意”，释义：在春风轻拂中洋洋自得。旧指读书人考中后的得意心情，后也形容事情办成功，达到目的时那种得意洋洋的情态。出处，唐代孟郊《登科后》诗：“春风得意马蹄疾，一日看尽长安花。”

“欢呼雀跃”，释义：指高兴得像麻雀一样跳跃。形容非常欢乐。出处，庄周《庄子·在宥》：“鸿蒙方将拊髀雀跃而游。”

“皆大欢喜”，释义：指人人满意；全都高兴。出处，《金刚经·应化非真分》：“闻佛所说，皆大欢喜，信受奉行。”

“乐不可支”，释义：快乐得不能支撑。形容快乐到了极点。出处，汉代班固《东观汉记·张堪传》：“桑无附枝，麦穗两歧，张君为政，乐不可支。”

“不疾不徐”，释义：指不快不慢，形容速度或节律适中，均衡自然。出处，宋代黄庭坚《王纯中墓志铭》：“君调用财力，不疾不徐，劳民劝功，公私以济。”

“闷闷不乐”，释义：心情抑郁不舒畅。形容心事重重，烦闷不快的样子。明代罗贯中的《三国演义》第十八回：“意欲弃布他往，却又不忍；又恐被人嗤笑。乃终日闷闷不乐。”

“垂头丧气”，释义：耷拉着脑袋，神情沮丧。形容因失败或不顺利而情绪低落、萎靡不振的样子。出处，唐代韩愈《送穷文》：“主人于是垂头丧气，上手称谢。”

“痛哭流涕”，释义：指非常悲痛伤心地大哭。形容伤心到了极点。出处，《汉书·贾谊传》：“臣窃惟事势，可为痛哭者一，可为流涕者二，可为长太息者六。”

“平心静气”，释义：心情平和，态度冷静，不鲁莽行事。出处，宋代吕本中《官箴》：“又如监司郡守严刻过当者，须平心定气与之委曲详尽，使之相从而后已。

④经典成语故事。

【笑口常开】

释义：指一个人经常微笑或者总是带着笑容。形容人十分乐观、快乐，无忧无虑。

出处，刘斯奋《白门柳·秋露危城》第十章：“书坊老板那张笑口常开的圆脸，在他眼前变得清晰起来。”

人生哲理：笑口常开描述的是一个人的性格，同时也反映出对生活充满了积极的态度和信心。一个笑口常开的人不仅可以让周围的人感到愉快，还能够给自身带来积极的心理影响，提升自己的心情和情感状态。

故事内容：笑一笑十年少，愁一愁白了头。有这样一个故事，古代名医华佗，一天路过一个村庄，遇见一对小姐妹，双眼红肿如桃，华佗得知由于姐妹俩思念死去的双亲，日夜不停地哭，以至于身染重疾。华佗深表同情，告诉她们：“你们只要每日在足心抓七七四十九下，不要半个月，保证治好你俩的病。不过，要当心，抓多了不灵，抓少了也不行。”说完就走了。姐姐不相信，没有按照华佗的嘱咐去抓，两眼红肿不消。妹妹则一有空就抓起来，谁知手指一触到足心就发痒，忍不住要笑。每天如此不停地抓呀、笑啊，果然，不出半个月，眼疾就痊愈了。

（3）目标 3 具有一定的适应能力。

①发展目标内容详见表 3-3。

表 3-3　3 ～ 6 岁儿童适应能力发展目标

3～4 岁	4～5 岁	5～6 岁
1. 能在较热或较冷的户外环境中活动。 2. 换新环境时情绪能较快稳定，睡眠、饮食基本正常。 3. 在帮助下能较快适应集体生活。	1. 能在较热或较冷的户外环境中连续活动半小时左右。 2. 换新环境时较少出现身体不适。 3. 能较快适应人际环境中发生的变化。如换了新老师能较快适应。	1. 能在较热或较冷的户外环境中连续活动半小时以上。 2. 天气变化时较少感冒，能适应车、船等交通工具造成的轻微颠簸。 3. 能较快融入新的人际关系环境。如换了新的幼儿园或班级能较快适应。

②《3 ～ 6 岁儿童学习与发展指南》教育建议。

A. 保证幼儿的户外活动时间，提高幼儿适应季节变化的能力。幼儿每天的户外活动时间一般不少于两小时，其中体育活动时间不少于 1 小时，季节交替时要坚持。气温过热或过冷的季节或地区应因地制宜，选择温度适当的时间段开展户外活动，也可根据气温的变化和幼儿的个体差异，适当减少活动的时间。

B. 经常与幼儿玩拉手转圈、秋千、转椅等游戏活动，让幼儿适应轻微的摆动、颠簸、旋转，促进其平衡机能的发展。

C. 锻炼幼儿适应生活环境变化的能力。如：注意观察幼儿在新环境中的饮食、睡眠、游戏等方面的情况，采取相应的措施帮助他们尽快适应新环境。经常带幼儿接触不同的人际环境，如参加亲戚朋友聚会，多和不熟悉的小朋友玩，使幼儿较快适应新的人际关系。

③推荐成语。

“随遇而安”，释义：处在任何环境中，都能安然自得，感到满足。形容能顺应环境，不计较得失，心态平和。出处，清代刘献廷《广阳杂记》：“随寓而安，斯真隐矣。”

“既来之，则安之”，释义：原意是已经使他来了，就要使他安心。后多泛用以表示既然来了，就要安心下来。出处，《论语・季氏》，原文为：“夫如是，故远人不服，则修文德以来之。既来之，则安之。”

“不慌不忙”，释义：指不慌张；不忙乱。形容态度镇定，或办事稳重、踏实。出处，明代冯梦龙《醒世恒言》：“只见翠翘不慌不忙地答道。”

“随机应变”，释义：随着情况的变化，采取相应措施，灵活地做出反应。形容灵活机敏。出处，《旧唐书·郭孝恪传》：“世充日踧月迫，力尽计穷，悬首面缚，翘足可待。建德远来助虐，粮运阻绝，此是天丧之时。请固武牢，屯军汜水，随机应变，则易为克殄。”

“泰然处之”，释义：形容遇事镇定自如。也指对事不放在心上；采取无所谓的态度。出处，《续资治通鉴·元顺帝至正十七年》：“而陛下乃泰然处之，若承平无事，此事安逸所以为根本之祸者也。”

“处变不惊”，释义：指在面对突发变故或困难时保持冷静镇定，不慌不忙地应对。形容遇事沉着冷静。出处，刘绍棠《村妇》卷一：“汉根的金童跟阿斗不大相同，黑更半夜，生死关头，竟满脸憨笑，咿呀哼哈，自言自语，一声也不啼哭，整个儿是一副处变不惊的大将风度。”

“得心应手”，释义：心里怎么想，手就能怎么做，比喻技艺纯熟或做事情非常顺利。出处，《庄子·天道》：“斫轮，徐则甘而不固，疾则苦而不入。不徐不疾，得之于手而应于心，口不能言，有数存焉于其间。”

“顺其自然”，释义：指顺应事物的自然发展趋势，不勉强从事。强调顺应事物的本然规律，不去人为地干涉或强迫事物发展。出处，五代何溥《灵城精义》：“骨脉配合何如合则顺其自然而以正合。”

“顺理成章”，释义：原指写文章遵循条理，就能写好。后多指说话、做事合乎情理。也比喻随着某种情况的发展而当然产生的结果。出处，《朱子全书》：“文者，顺理而成章之谓。”

“能屈能伸”，释义：能弯曲也能伸直，指人能适应各种境遇，在失意时能忍耐，在得志时能施展抱负。出处，《周易·系辞下》：“尺蠖之屈，以求信也；龙蛇之蛰，以存身也。”

“入乡随俗”，释义：到哪个地方就顺从哪个地方的习俗。常用以指随遇而安。出处，《庄子·山木》：“入其俗，从其令。”

“如鱼得水”，释义：像鱼儿得到水一样。比喻碰到跟自己很投合的人或对自己很适合的环境。出处，《三国志·蜀书·诸葛亮传》：“孤之有孔明，犹鱼之有水也。”

“高朋满座”，释义：高贵的朋友坐满了席位。形容宾客众多，交际广泛，宾客盈门。出处，唐代王勃《秋日登洪府滕王阁饯别序》：“千里逢迎，高朋满座。”

“胜友如云”，释义：指好朋友像云一样汇聚在一起。形容许多良友人才聚集一处。出处，唐代王勃《秋日登洪府滕王阁饯别序》：“十旬休暇，胜友如云。千里逢迎，高朋满座。”

“从容不迫”，释义：不慌不忙，沉着镇定。出处，《旧唐书·刘世龙传》：“而思礼以为得计，从容自若，尝与相忤者，必引令枉诛。”

“一成不变”，释义：一经形成，不再改变。指守旧不变或固守陈法。形容一点没有变化。出处，《礼记·王制》：“刑者，侀也。侀者，成也。一成而不可变，故君子尽心焉。”

“不合时宜”，释义：不适合时代形势的需要。也指不合世俗习尚。出处，《汉书·袁帝纪》：“皆违经背古，不合时宜。”

“傲雪凌霜”，释义：形容不畏霜雪严寒，外界条件越艰苦越有精神。比喻经过长期磨炼，面对冷酷迫害或打击毫不示弱、无所畏惧。出处，宋代杨无咎《柳梢青》：“傲雪凌霜，平欺寒力，搀借春光。”

“钢筋铁骨”，指筋骨像钢铁打铸的一般，形容身体健壮有力或意志坚强不屈。出处，曹禺《半日的“旅行”》：“在一间放着垫子和各种各样举重器械的房间里，我遇见了一群钢筋铁骨的青年。”

“日新月异”，释义：每天都在更新，每月都有不同。形容发展迅速，变化很快。出处，《礼记·大学》：“苟日新，日日新，又日新。”

④经典成语故事。

【守株待兔】

宋人有耕者。田中有株。兔走触株，折颈而死。因释其耒而守株，冀复得兔。兔不可复得，而身为宋国笑。

释义：守在树桩旁，等待再有撞死在树桩上的兔子。比喻死守狭隘经验，不知道变通或心存侥幸，想不劳而获。

出处，《韩非子·五蠹》记载：战国时宋国有一个农民，看见一只兔子撞在树根上死了，便放下锄头在树根旁等待，希望再得到撞死的兔子。

人生哲理：这个故事告诫我们不要把一件偶然发生的事情，看成是会不断发生的事情，对意外的收获不要存有侥幸心理；更不要把生活的希望寄托于不劳而获和好运气，只有通过勤勤恳恳劳动才能过上好日子。

故事内容：宋国有个农夫种着几亩地，他的地头上有一棵大树。一天，他在地里干活，忽然看见一只兔子箭一般地飞奔过来，猛的撞在那棵大树上，一下子把脖子折断了，蹬蹬腿就死了。这个农夫飞快地跑过去，把兔子捡起来，高兴地说：“这真是一点劲没费，白捡了个大便宜，回去可以美美地吃上一顿了。”他拎着兔子一边往家走，一边得意地想：“我的运气真好，没准明天还会有兔子跑来，我可不能放过这样的便宜。”

第二天，他到地里，也不干活，只守着那棵大树，等着兔子撞过来。结果，等了一天什么也没等到。他却不甘心，从此，天天坐在那棵大树下等着兔子来撞晕。他等呀等呀，直等到地里的野草长得比庄稼都高了，连个兔子影也没有再见到。最后被宋国人传为笑柄。

“守株待兔”的成语就是从这个故事来的。人们用它来比喻不想努力，而希望获得成功的侥幸心理。

2. 动作发展

（1）目标 1 具有一定的平衡能力，动作协调、灵敏。

①发展目标内容详见表 3-4。

表 3-4　3 ～ 6 岁儿童动作发展目标

3～4 岁	4～5 岁	5～6 岁
1. 能沿地面直线或在较窄的低矮物体上走一段距离。 2. 能双脚灵活交替上下楼梯。 3. 能身体平稳地双脚连续向前跳。 4. 分散跑时能躲避他人的碰撞。 5. 能双手向上抛球。	1. 能在较窄的低矮物体上平稳地走一段距离。 2. 能以匍匐、膝盖悬空等多种方式钻爬。 3. 能助跑跨跳过一定距离，或助跑跨跳过一定高度的物体。 4. 能与他人玩追逐、躲闪跑的游戏。 5. 能连续自抛自接球。	1. 能在斜坡、荡桥和有一定间隔的物体上较平稳地行走。 2. 能以手脚并用的方式安全地爬攀登架、网等。 3. 能连续跳绳。 4. 能躲避他人滚过来的球或扔过来的沙包。 5. 能连续拍球。

②《3 ～ 6 岁儿童学习与发展指南》教育建议。

A. 利用多种活动发展身体平衡和协调能力。如：走平衡木，或沿着地面直线、田埂行走。玩跳房子、踢毽子、蒙眼走路、踩小高跷等游戏活动。

B. 发展幼儿动作的协调性和灵活性。如：鼓励幼儿进行跑跳、钻爬、攀登、投掷、拍球等活动。玩跳竹竿、滚铁环等传统体育游戏。

C. 对于拍球、跳绳等技能性活动，不要过于要求数量，更不能机械训练。

D. 结合活动内容对幼儿进行安全教育，注重在活动中培养幼儿的自我保护能力。

③推荐成语。

“眼明手快”，释义：眼睛敏锐；动作敏捷迅速。形容能发现问题，迅速做出反应和及时处理。出处，元代无名氏《盆儿鬼》第三折：“想起俺少时节，眼明手捷，体快身轻。”

“身手敏捷”，释义：本领不同寻常。形容本领、技艺高强。出处，唐代白行简《李娃传》：“知命之年，有一子，始弱冠矣，隽朗有辞藻，迥然不群，深为时辈推伏。

“身轻如燕”，释义：身体轻盈得像燕子一样。形容身体极为轻便灵活。出处，《汉书 • 外戚传 • 孝成赵皇后》：“孝成赵皇后，本长安宫人。初生时，父母不举，三日不死，乃收养之。及壮，属阳阿主家，学歌舞，号曰飞燕。”

“动如脱兔”，释义：行动时像逃跑的兔子一样敏捷迅速。形容行动十分迅速。出处，春秋时期孙武《孙子·九地》："是故始如处女，敌人开户；后如脱兔，敌不及拒。"

"四平八稳"，释义：原形容说话做事稳当。现多含有做事只求不出差错；缺乏积极创新精神的意思。出处，明代施耐庵《水浒传·锦豹子小径逢戴宗，病关索长街遇石秀》："戴宗、杨林看裴宣时，果然好表人物，生得面白肥胖，四平八稳，心中暗喜。"

"健步如飞"，脚步矫健有力，走起来像飞一样。形容身体矫健，行走速度极快。出处，清代蒲松龄《聊斋志异·凤阳士人》："丽人牵坐路侧，自乃捉足，脱履相假，女喜着之，幸不凿枘，复起从行，健步如飞。"

"大步流星"，释义：形容步子迈得大，走得飞快。出处，周立波《暴风骤雨》第二部二四："听到叫他名字，他大步流星地迈过去，把它牵上。"

"迅雷不及掩耳"，释义：形容雷声来得非常快，连捂耳朵都来不及。比喻来势凶猛，使人来不及防备。出处，《六韬·龙韬·军势》："疾雷不及掩耳，迅电不及瞑目。"

"手到擒来"，释义：一动手就把对方捉来。形容做事很有把握或非常容易就能成功。出处，元代康进之《李逵负荆》第四折："这是揉着我山儿的痒处，管教他瓮中捉鳖，手到拿来。"

"步调一致"，释义：步调，行进的步伐。比喻行动和谐一致。出处，毛泽东《整顿党的作风》："在这种种方面，都应该提高共产主义精神，防止宗派主义倾向，使我们的党达到队伍整齐，步调一致的目的，以利战斗。"

"左右开弓"，释义：原指左右两手都能拉弓射箭。形容射箭技能高超。后指左右两手都能开枪射击。形容开枪射击技术高超。也用来比喻两手轮流做同一动作，或一只手左边一下右边一下做同一动作。出处，元代白朴《梧桐雨》楔子："臣左右开弓，一十八般武艺，无有不会。"

"龙腾虎跃"，释义：像龙在飞腾，像虎在跳跃。形容行动灵活矫健。也形容热烈活跃的场面。出处，唐代严从《拟三国名臣赞序》："圣人受命，贤人受任，龙腾虎跃，风流云蒸，求之精微，其道莫不咸系乎天者也。"

④经典成语故事。

【百步穿杨】

释义：指能在百步以外射中杨柳的叶子，形容箭法或枪法十分高明。

出处，西汉司马迁《史记·周本纪》："楚有养由基者，善射者也，去柳叶百步而射之，百发而百中之。"

人生哲理：任何过硬的本领都是练出来的。只有肯下功夫，勤学苦练，反复实践，才能做到熟能生巧。

故事内容：楚国有一位名叫养由基的射手，他箭术高超，能在百步之外射中柳叶，且每发箭皆能命中目标。这一传奇般的技艺，被后人传颂为“百步穿杨”，用于形容射箭或射击技术极为精湛，每次出手都能命中目标。

楚国有一名叫养由基的射箭高手，从小学习射箭，箭法十分高超。同时，还有一个名叫潘党的勇士，也非常擅长射箭。两人一直都听闻对方高超的射箭技术，就想找个机会比试。终于有一天，他们找了个场地来比赛，许多人都赶来围观这两大射手的对决。

首先上场的是潘党，他将箭靶放置于离自己五十步的地方，然后只听得“嗖嗖嗖”的三声，一连三箭，箭箭射中靶心，人们纷纷为其喝彩，他也非常得意，想看之后养由基会如何应战。他环顾了一下四周说道：“五十步距离外射中靶心还不算什么，还是比比看谁能射中一百步之外的杨树叶吧。”

说着，他走向一旁的杨树，在一片叶子中心位置涂上了红色来代表靶心。然后他走到离那棵杨树一百步远的地方，开弓便射，“嗖”的一声，箭飞了出去，树叶应声落地。

围观的人捡起了那片叶子来看，发现中箭的地方正是树叶的中心位置。在场的人看到这样精准的射箭技法，直言不敢相信自己的眼睛。可潘党不服，不相信养由基的射术能到达这样的地步，认为只是运气好而已，便又选了三片树叶，标上不同的记号，表示如果养由基还能够依次射中这三片树叶，就相信他有百步穿杨的本领。养由基不由分说，按潘党的要求，他举弓便射箭，每一箭都精准地穿过了那三片杨树叶。潘党目瞪口呆，自叹不如养由基的箭术，表示心服口服。

（2）目标 2 具有一定的力量和耐力。

①发展目标内容详见表 3-5。

表 3-5　3 ～ 6 岁儿童力量、耐力发展目标

3～4 岁	4～5 岁	5～6 岁
1. 能双手抓杠悬空吊起 10 秒左右。 2. 能单手将沙包向前投掷 2 米左右。 3. 能单脚连续向前跳 2 米左右。 4. 能快跑 15 米左右。 5. 能行走 1 千米左右（途中可适当停歇）。	1. 能双手抓杠悬空吊起 15 秒左右。 2. 能单手将沙包向前投掷 4 米左右。 3. 能单脚连续向前跳 5 米左右。 4. 能快跑 20 米左右。 5. 能连续行走 1.5 千米左右（途中可适当停歇）。	1. 能双手抓杠悬空吊起 20 秒左右。 2. 能单手将沙包向前投掷 5 米左右。 3. 能单脚连续向前跳 8 米左右。 4. 能快跑 25 米左右。 5. 能连续行走 1.5 千米以上（途中可适当停歇）。

②《3 ～ 6 岁儿童学习与发展指南》教育建议。

A. 开展丰富多样、适合幼儿年龄特点的身体活动，如走、跑、跳、攀、爬等，鼓励幼儿坚持下来，不怕累。

B. 日常生活中鼓励幼儿多走路、少坐车；自己上下楼梯、自己背包。

③推荐成语。

“步履如飞”，释义：形容脚步轻盈，走路快速如飞。出处，明代归有光《弘玄先生自序赞》：“弘玄先生老而贫，日以著述为事，出无舆从，一童子挟书自随，步履如飞。”

“一马当先”，释义：原指作战时驱马冲锋在前。后泛指起带头作用。出处，明代施耐庵《水浒传》第九十六回：“即便勒兵列阵，一马当先，驰下山来，犹如天崩地塌之势。”

“横冲直撞”，释义：形容任意冲闯，毫无顾忌。出处，明代李贽《续焚书・与友人论文》：“凡作文皆从外边攻进里去，我谓文章只就里面攻打出来，就他城池，食他粮草，统率他兵马，直冲横撞，搅得他粉碎，故不费一毫气力而自然有余也。”

“匍匐而行”，释义：蹑手蹑脚地走动或慢慢地走动。出处，明代宗臣《报刘一丈书》：“幸主者出，南面召见，则惊走匍匐阶下。”

“蹑手蹑脚”，释义：指轻手轻脚。形容行动小心，没有声音。也形容鬼鬼祟祟的样子。出处，清代曹雪芹《红楼梦》第九回：“周瑞家的会意，忙着蹑手蹑脚的往东边屋里来，只见奶奶拍着大姐儿睡觉呢。”

“金鸡独立”，释义：指独腿站立的一种武术姿势。后也指用一足站立。出处，清代李汝珍《镜花缘》第七十四回：“我是‘金鸡独立’，要一足微长。”

“拔山举鼎”，释义：拔起高山，举起大鼎。形容力大无比。出处，《秦并六国平话》卷下：“籍是时年方二十四，力敌万夫，有拔山举鼎之威。”

“螳臂当车”，释义：螳螂举起前腿想挡住车子前进。比喻不自量力地去做办不到的事情，必然招致失败。出处，《庄子・人间世》：“汝不知夫螳螂乎，怒其臂以当车辙，不知其不胜任也。”

“以卵击石”，释义：拿蛋去碰石头。比喻不估计自己的力量，自取灭亡。出处，《荀子・议兵》：“经桀作尧，譬之若以卵投石，以指绕沸。”

“旗鼓相当”，释义：古时候打仗时发号令的旗帜和战鼓。比喻双方实力不相上下。出处，《后汉书・隗嚣传》：“如令子阳到汉中、三辅，愿因将军兵马，鼓旗相当。”

“连蹦带跳”，释义：又蹦又跳精力充沛。出处，清代石玉昆《三侠五义》第二十四回：“他这驴一见，便将前蹄扬起，连蹦带跳。”

“流星赶月”，释义：像流星追赶月亮一样。形容速度极快。比喻彼此追逐，行动迅速。出处，明代吴承恩《西游记》第四十四回：“那一顿如流星赶月，风卷残云，吃得罄尽。”

“跋山涉水”，释义：翻山越岭，蹚水过河。形容旅途艰苦。出处，《左传・襄公二十八年》：“必使而君弃而封守，跋涉山川，蒙犯霜露，以逞君心。”

“翻山越岭”，释义：爬过许多山岭。形容长途跋涉，旅途辛苦。出处，姚雪垠《李自成》第一卷第六章："他的腿脚好，只要肚子里填饱了瓤子，翻山越岭，跟年轻人一样。"

"量力而行"，释义：先衡量自己的力量再行动，不做力所不及的事。出处，《左传·昭公十五年》："力能则进，否则退，量力而行。"

"生龙活虎"，释义：富有生气的、充满活力的龙和虎。比喻活泼、矫健，充满生气与活力。出处，清代吴趼人《痛史》第五回："城外元兵虽多，却被张世杰一马在前，宗仁、宗义在后，如生龙活虎一般，杀入阵去。"

"活蹦乱跳"，释义：欢蹦乱跳，活泼、欢乐，生气勃勃的样子。出处，曹禺《日出》第四幕："我一定可以把小东西还是活蹦乱跳地找回来。"

"坚持不懈"，释义：坚持到底，毫不松懈。出处，《清史稿·刘体重传》："遇大雨，贼决河自卫。煦激励兵团，坚持不懈，贼穷蹙乞降，遂复濮州。"

"持之以恒"，释义：长期坚持实行，不间断，也不松懈。出处，清代曾国藩《家训喻纪泽》："尔之短处，在言语欠钝讷，举止欠端重，看书不能深入，而作文不能峥嵘。若能从此三事上下一番苦功，进之以猛，持之以恒，不过一二年，自尔精进而不觉。"

"坚韧不拔"，释义：形容意志坚强，决不动摇。出处，宋代苏轼《晁错论》："古之立大事者，不惟有超世之才，亦必有坚忍不拔之志。"

④经典成语故事。

【闻鸡起舞】

释义：原意为听到鸡叫就起来舞剑，后比喻有志报国的人及时奋起。

出处，《晋书·祖逖传》："中夜闻荒鸡鸣，蹴琨觉，曰：'此非恶声也。'因起舞。"

人生哲理：这个故事告诉我们做事情要持之以恒，坚持不懈，只有刻苦努力，才有可能实现自己的梦想。

故事内容：晋代有一位爱国志士名叫祖逖，他从小就勤练武术，钻研兵法，祖逖还有一个好朋友叫刘琨，两人都是有抱负的年轻人，希望国家可以越来越强大。

有天半夜，祖逖忽然被鸡鸣声吵醒，他把刘琨叫醒说："这鸡鸣声虽然很吵，但我们可以借此机会早些起床练习武艺。"刘琨欣然同意了。从此以后，他们每天听到鸡叫后就起床练剑，剑光飞舞，剑声铿锵。春去冬来，寒来暑往从不间断。功夫不负有心人，经过长期的刻苦学习和训练，他们终于成为能文能武的全才，既能写得一手好文章，又能带兵打胜仗。

闻鸡起舞的故事告诉我们：只有通过坚持不懈的努力，才有可能获得成功。

（3）目标 3 手的动作灵活协调。

①发展目标内容详见表 3-6。

表 3-6　3 ～ 6 岁儿童手的动作灵活协调发展目标

3～4 岁	4～5 岁	5～6 岁
1. 能用笔涂涂画画。 2. 能熟练地用勺子吃饭。 3. 能用剪刀沿直线剪，边线基本吻合。	1. 能沿边线较直地画出简单图形，或能边线基本对齐地折纸。 2. 会用筷子吃饭。 3. 能沿轮廓线剪出由直线构成的简单图形，边线吻合。	1. 能根据需要画出图形，线条基本平滑。 2. 能熟练使用筷子。 3. 能沿轮廓线剪出由曲线构成的简单图形，边线吻合且平滑。 4. 能使用简单的劳动工具或用具。

②《3 ～ 6 岁儿童学习与发展指南》教育建议。

A. 创造条件和机会，促进幼儿手的动作灵活协调。如：提供画笔、剪刀、纸张、泥团等工具和材料，或充分利用各种自然、废旧材料和常见物品，让幼儿进行画、剪、折、粘等美工活动。引导幼儿生活自理或参与家务劳动，发展其手的动作。如练习自己用筷子吃饭、扣扣子，帮助家人择菜叶、做面食等。幼儿园在布置娃娃家、商店等活动区时，多提供原材料和半成品，让幼儿有更多机会参与制作活动。

B. 引导幼儿注意活动安全。如：为幼儿提供的塑料粒、珠子等活动材料要足够大，材质要安全，以免造成异物进入气管、铅中毒等伤害。提供幼儿用安全剪刀。为幼儿示范拿筷子、握笔的正确姿势以及使用剪刀、锤子等工具的方法。提醒幼儿不要拿剪刀等锋利工具玩耍，用完后要放回原处。

③推荐成语。

“丝丝入扣”，释义：每根经线都毫不错乱地从筘齿间穿过。形容做得精细准确，毫无差错。比喻文章、艺术表演等细密合拍。出处，清代夏敬渠《野叟曝言》中的“此为丝丝入扣：‘暗中抛索，如道家所云三神山舟不得近，近者辄被风引回也。’”

“信手拈来”，释义：随手拿来。多形容写文作画时能熟练地运用各种丰富的材料。出处，宋代苏轼《次韵孔毅甫集古人句见赠》诗：“前身子美只君是，信手拈来俱天成。”

“手不释卷”，释义：手中不肯放下书籍。形容勤勉好学或读书入迷。出处，《三国志 • 吴书 • 吕蒙传》注引《江表传》：“光武当兵马之务，手不释卷。”

“手到擒来”，释义：一伸手就将敌人捉住。比喻做事毫不费力。出处，元代康进之《李逵负荆》第四折：“这是揉着我山儿的痒处，管教他瓮中捉鳖，手到拿来。”

“心灵手巧”，释义：指心和手都非常灵巧，形容能工巧匠在艺术构思和技艺手法方面的独特能力。出处，清代孔尚任《桃花扇 • 栖真》：“香姐心灵手巧，一捻针线，就是不同的。”

“大显身手”，释义：充分显示出本领和才能。形容某个人或团体在某个领域或某个活动中表现出色，赢得了众人的赞誉和尊重。出处，茹志娟《高高的白杨树》：“爱唱的人，就在舞台上痛痛快快唱吧！爱种棉花的，就在连成片的土地上大显身手吧！”

“眼明手快”，释义：眼睛明亮，手脚敏捷。形容能发现问题，迅速做出反应和及时处理。出处，元代无名氏《盆儿鬼》第三折：“想起俺少时节，眼明手捷，体快身轻。”

“拿手好戏”，释义：原指演员擅长的剧目。后也泛指最擅长的本领、技巧。出处，茅盾《子夜》十七：“制造空气是老赵的拿手好戏！他故意放出什么托拉斯的空气来；好叫人们起恐慌。”

“一气呵成”，释义：一口气做成。形容文章紧凑连贯。也比喻做事紧凑、不间断。出处，明代胡应麟《诗薮·近体中》：“若‘风急天高’，则一篇之中句句皆律，一句之中字字皆律，而实一意贯串，一气呵成。”

“行云流水”，释义：飘浮的云和流动的水。比喻自然流畅，无拘无束。出处，宋代苏轼《答谢民师书》：“所示书教及诗赋杂文，观之熟矣；大略如行云流水，初无定质，但常行于所当行，止于不可不止。”

“挥洒自如”，释义：形容写字、作画时运用笔墨自然流畅，不受拘束。也形容言谈举止从容不迫或处理事情干练。出处，唐代李颀《赠张旭》：“兴来洒素壁，挥笔如流星。”

“笔走龙蛇”，释义：笔墨运行或挥笔书写如龙蛇飞舞。形容书法作品笔势流动，矫健多姿。出处，唐代李白《草书歌行》：“恍恍如闻神鬼惊，时时只见龙蛇走。”

“信手涂鸦”，释义：字面义是指信手乱涂乱画，形容字写得很潦草，也常用作自谦之词。出处，唐代卢仝《示添丁》诗：“不知四体正困惫，泥人啼哭声呀呀。忽来案上翻墨汁，涂抹诗书如老鸦。”

“活灵活现”，释义：形容叙述、描绘、模仿等逼真、传神，使人感觉像真的一样。出处，明代冯梦龙《警世通言》卷五：“再说王氏闻丈夫凶信，初时也疑惑。被吕宝说得活灵活现，也信了。”

“精雕细琢”，释义：精心细致地雕刻，形容精心细致地修饰润色或工作认真细致。出处，巴金《随想录·后记》：“那么写什么呢？难道冥思苦想、精雕细琢、为逝去的旧时代唱挽吗？”

“挥毫落纸”，释义：用毛笔在纸上写字或作画。出处，唐代杜甫《饮中八仙歌》：“挥毫落纸如云烟。”

“工欲善其事，必先利其器”，释义：工匠想要使他的工作做好，一定要先让工具精良。比喻要做好一件事，准备工作非常重要。出处，《论语·卫灵公》：“工欲善其事，必先利其器。居是邦也，事其大夫之贤者，友其士之仁者。”

④经典成语故事。

【胸有成竹】

释义：原指画竹子要在心里有一幅竹子完整的形象。比喻处理事情之前已有完整的谋划打算。

出处，宋代苏轼《文与可画筼筜谷偃竹记》："故画竹，必先得成竹于胸中。"

人生哲理：掌握或发现将要或正在进行事件的规律或本质，对未来就具备了一定的预判能力。

故事内容：北宋时候，有一个著名的画家，名叫文同，他是当时画竹子的高手。

文同为了画好竹子，不管是春夏秋冬，也不管是刮风下雨，或是晴天阴天，他都常年不断地在竹林子里头钻来钻去。三伏天气，日头像一团火，烤得地面发烫。可是文同照样跑到竹林子对着太阳的那面，站在烤人的阳光底下，全神贯注地观察竹子的变化。他一会儿用手指头量一量竹子的节把有多长，一会儿又记一记竹叶子有多密。汗水湿透了他的衣衫，满脸都流着汗，可是他连用手抹也没抹一下，就跟没事儿似的。

有一回，天空刮起了一阵狂风。接着，电闪雷鸣，眼看着一场暴雨就要来临。人们都纷纷往家跑。可就在这时候，坐在家里的文同，急急忙忙抓过一顶草帽，往头上一扣，直往山上的竹林子里奔去。他刚走出大门，大雨就跟用盆泼水似地下开了。

文同一心要看风雨当中的竹子，哪里还顾得上雨急路滑！他撩起袍襟，爬上山坡，奔向竹林。他气喘吁吁地跑进竹林，没顾上抹一下流到脸上的雨水，就两眼一眨不眨地观察起竹子来了。只见竹子在风雨的吹打下，弯腰点头，摇来晃去。文同细心地把竹子受风雨吹打的姿态记在心头。

由于文同长年累月地对竹子作了细微的观察和研究，竹子在春夏秋冬四季的形状有什么变化；在阴晴雨雪天，竹子的颜色、姿势又有什么不同；在强烈的阳光照耀下和在明净的月光映照下，竹子又有什么不同；不同的竹子，又有哪些不同的样子，他都摸得一清二楚。所以画起竹子来，根本用不着画草图。

有个名叫晁补之的人，称赞文同说：文同画竹，早已胸有成竹了。后来"胸有成竹"就成了一句成语，用来比喻人们在办什么事情以前，早就打好了主意，心里有后来会发生的事，有个准谱儿了。

3. 生活习惯与生活能力

（1）目标 1 具有良好的生活与卫生习惯。

①发展目标内容详见表 3-7。

表 3-7　3 ～ 6 岁儿童生活习惯发展目标

3～4 岁	4～5 岁	5～6 岁
1. 在提醒下，按时睡觉和起床，并能坚持午睡。 2. 喜欢参加体育活动。 3. 在引导下，不偏食、挑食。喜欢吃瓜果、蔬菜等新鲜食品。 4. 愿意饮用白开水，不贪喝饮料。 5. 不用脏手揉眼睛，连续看电视等不超过 15 分钟。 6. 在提醒下，每天早晚刷牙、饭前便后洗手。	1. 每天按时睡觉和起床，并能坚持午睡。 2. 喜欢参加体育活动。 3. 不偏食、挑食，不暴饮暴食。喜欢吃瓜果、蔬菜等新鲜食品。 4. 常喝白开水，不贪喝饮料。 5. 知道保护眼睛，不在光线过强或过暗的地方看书，连续看电视等不超过 20 分钟。 6. 每天早晚刷牙、饭前便后洗手，方法基本正确。	1. 养成每天按时睡觉和起床的习惯。 2. 能主动参加体育活动。 3. 吃东西时细嚼慢咽。 4. 主动饮用白开水，不贪喝饮料。 5. 主动保护眼睛。不在光线过强或过暗的地方看书，连续看电视等不超过 30 分钟。 6. 每天早晚主动刷牙，饭前便后主动洗手，方法正确。

②《3 ～ 6 岁儿童学习与发展指南》教育建议。

A. 让幼儿保持有规律的生活，养成良好的作息习惯。如：早睡早起、每天午睡、按时进餐、吃好早餐等。

B. 帮助幼儿养成良好的饮食习惯。如：合理安排餐点，帮助幼儿养成定点、定时、定量进餐的习惯。帮助幼儿了解食物的营养价值，引导他们不偏食不挑食、少吃或不吃不利于健康的食品；多喝白开水，少喝饮料。吃饭时不过分催促，提醒幼儿细嚼慢咽，不要边吃边玩。

C. 帮助幼儿养成良好的个人卫生习惯。如：早晚刷牙、饭后漱口。勤为幼儿洗澡、换衣服、剪指甲。提醒幼儿保护五官，如不乱挖耳朵、鼻孔，看电视时保持 3 米左右的距离等。

D. 激发幼儿参加体育活动的兴趣，养成锻炼的习惯。如：为幼儿准备多种体育活动材料，鼓励他选择自己喜欢的材料开展活动。经常和幼儿一起在户外运动和游戏，鼓励幼儿和同伴一起开展体育活动。和幼儿一起观看体育比赛或有关体育赛事的电视节目，培养他对体育活动的兴趣。

③推荐成语。

“一干二净”，释义：形容十分干净。也表示无一剩余。出处，清代李汝珍《镜花缘》第十回：“他是‘一毛不拔’，我们是‘无毛不拔’，把他拔得一干二净，看他如何。”

“窗明几净”，释义：指窗户和小桌子擦得明亮干净，形容收拾得非常整洁、明亮、干净。出处，宋代苏辙《寄范文景仁》诗：“欣然为我解东阁，明窗净几舒华茵。”

“病从口入”，释义：许多疾病多是由于吃东西不小心造成的。比喻应该注意饮食卫生。出处，晋代傅玄《口铭》：“病从口入，祸从口出。”

“一尘不染”，释义：原为佛家用语，意思指极为洁净。也形容人的品格高尚，不受坏习气的侵蚀。出处，唐代释道世《法苑珠林》：“若菩萨在乾土山中经行，土不著足，随岚风来，吹破土山，令散为尘，乃至一尘不著佛身。”

“扫榻以待”，释义：意思是把坐卧用具打扫干净等待客人到来。表示恭敬迎候，热情欢迎客人。出处，《后汉书·徐穉传》：“蕃在郡不接宾客，唯穉来特设一榻，去则县（悬）之。”

“澡身浴德”，释义：洁净身心，沐浴于美德中。指加强道德修养，使身心保持纯洁。出处，《礼记·儒行》：“儒有澡身而浴德。”

“焕然一新”，释义：指光彩夺目，给人一种全新的感觉；形容光彩夺目，给人一种崭新感觉的新气象。出处，唐代张彦远《历代名画记·论鉴识收藏购求阅玩》：“其有晋宋名迹，焕然如新，已历数百年，纸素彩色未甚败。”

“冰清玉洁”，释义：像冰和玉一样纯洁明亮。比喻人品高尚纯洁，光明磊落。出处，汉代司马迁《与挚伯陵书》：“伏唯伯陵材能绝人，高尚其志，以善厥身，冰清玉洁，不以细行。”

“井然有序”，释义：意思是有条理，有次序；形容整齐不乱的样子。出处，清代王夫之《夕堂永日绪论外编》第二十六卷：“如尤公瑛《寡人之于国也》章文，以制产、重农、救荒分三事……井然有序。”

“洁身自爱”，释义：保持自身清白，不与他人同流合污。出处，《孟子·万章上》：“归洁其身而已矣。”

“粗茶淡饭”，释义：意思是粗劣的茶，简单的饭食，多形容生活简朴、清苦。出处，宋代黄庭坚《四休导士诗序》：“粗茶淡饭饱即休，补破遮寒暖即休，三平二满过即休，不贪不妒老即休。”

“四体不勤，五谷不分”，释义：四体，指人的两手两足；五谷，通常指稻、黍、稷、麦、菽。意思是不参加劳动，不能辨别五谷。形容脱离生产劳动，缺乏生产知识。出处，《论语·微子》：“丈人曰：‘四体不勤，五谷不分，孰为夫子？’”

“勤俭节约”，释义：勤劳而节俭，形容工作勤劳，生活节俭。出处，路遥《平凡的世界》第五卷第一章：“因而形成了既敢山吃海喝，又能勤俭节约的双重生活方式。”

“饥不择食”，释义：饥饿极了的时候，就不再挑拣什么东西，不管什么都吃。比喻需要急迫，顾不得选择。出处，宋代释普济《五灯会元》卷三十：“问：‘如何是和尚家风？’师曰：‘饥不择食。’”

“挑肥拣瘦”，释义：比喻挑挑拣拣，一味地挑选对自己有利的。出处，清代吴敬梓《儒林外史》：“像娘这样费心，还不讨他说个是，只要拣精拣肥，我也犯不着要效他这个劳。”

“酣然入梦”，释义：指很舒适地进入梦乡。出处，刘白羽《昆仑山的太阳・祁连雪》：“我深为看到平生难得一见的景象而心满意足，回到床上便酣然入睡。”

“百炼成钢”，释义：铁经过反复锤炼才能炼成钢。比喻人经过斗争生活的长期考验，能成为优秀的人才。出处，汉代陈琳《武军赋》：“铠则东胡阙巩，百炼精刚。”

“争先恐后”，释义：争着向前，唯恐落后。多指积极进取的精神。出处，清代张春帆《宦海》第十四回：“一个个争先恐后地直抢上来。”

“眉清目秀”，释义：眉，眉毛；清，清新；目，眼睛；秀，秀丽。形容人容貌清秀俊美。出处，元代无名氏《合同文字》第一折：“有个孩儿唤做安住，今年三岁，生得眉清目秀，是好一个孩儿也。”

“火眼金睛”，释义：原指《西游记》中孙悟空能识别妖魔鬼怪的眼睛。后用以形容人的眼光锐利，能够鉴别真伪。出处，元代杨景贤《西游记杂剧》第三本第九出：“这厮瞒神唬鬼，铜筋铁骨，火眼金睛。”

“炯炯有神”，释义：炯炯：光亮的样子。形容目光明亮有神采。出处，明代李开先《闲居集・九・泾野吕亚卿传》：“先生头颅圆阔，体貌丰隆，海口童颜，轮耳方面，两目炯炯有神，须虽整秀，异不多耳。”

“唇亡齿寒”，释义：嘴唇没有了，牙齿就会感到寒冷。比喻利害密切相关。出处，《左传・哀公八年》：“夫鲁，齐晋之唇，唇亡齿寒，君所知也。”

④经典成语故事。

【笨鸟先飞】

释义：行动笨拙的鸟要先飞。比喻能力差的人做事情害怕落后，比别人先动手（多用于自谦）。

出处，元代关汉卿《陈母教子》第一折：“我和你有个比喻：我似那灵禽在后，你这等坌（笨）鸟先飞。”

人生哲理：在追求梦想的路上，笨鸟先飞的信念能够让我们在人生的旅途中找到方向，勇往直前。遇到困难也不退缩，而是凭借勤奋、努力和勇气去追寻自己的梦想。

故事内容：古时候，有个文学家叫左思，他小时候不是一个聪明的孩子，读书很慢，字写得也不好，所以常常受到老师的批评。

这一天，因为一个句子弄不明白，左思多问了几遍，老师又批评了他。

左思很羞愧，他伤心地想：“为什么我不能像其他小朋友那么聪明呢？我的成绩那么差，怎样才能赶上去呢？”就在左思无精打采的时候，他忽然看见有一只蜗牛正慢吞吞地往墙上爬，左思盯着蜗牛看了很久，忽然高兴地叫了起来："这不就是我吗？我可以像它那样一点一点地爬上去，别人读一遍，我就读十遍，别人读十遍，我就读一百遍，只要勤奋，笨鸟也能飞得高，飞得远的。

左思是一个说到做到的好孩子，从此以后，他果然按自己的方法去做。

每天一大早，当别的小孩还在甜甜的梦乡里的时候，他就已经起床了，捧着书摇头晃脑地读了。他一天的时间用来读书、练字，而且到了深夜，别人都去睡觉了，他还捧着书在昏暗的油灯下如痴如醉地读啊写呀！

功夫不负有心人，勤奋的孩子热爱知识，知识也同样热爱着刻苦的人。经过长期的努力，左思的学业日渐突出，最后成为同窗中的佼佼者。

老师摸着左思的头又高兴又疑惑地问他："左思，是什么使你变聪明的呢？左思抬头看着老师毫不犹豫地回答："老师，笨鸟先飞，靠的是更多的勤奋啊！"

这个故事告诉我们只要刻苦学习，就能取得好成绩。人不是天生就笨，也不是天生就聪明。天才在于积累，聪明在于勤奋。只要功夫深，铁杵磨成针。左思是一个勤奋好学、说到做到的好榜样，我们要向他学习。

（2）目标 2 具有基本的生活自理能力。

①发展目标内容详见表 3-8。

表 3-8　3 ～ 6 岁儿童基本生活能力发展目标

3～4 岁	4～5 岁	5～6 岁
1. 在帮助下能穿脱衣服或鞋袜。 2. 能将玩具和图书放回原处。	1. 能自己穿脱衣服、鞋袜、扣纽扣。 2. 能整理自己的物品。	1. 能根据冷热增减衣服。 2. 会自己系鞋带。 3. 能按类别整理好自己的物品。

②《3 ～ 6 岁儿童学习与发展指南》教育建议。

A. 鼓励幼儿做力所能及的事情，对幼儿的尝试与努力给予肯定，不因做不好或做得慢而包办代替。

B. 指导幼儿学习和掌握生活自理的基本方法，如穿脱衣服和鞋袜、洗手洗脸、擦鼻涕、擦屁股的正确方法。

C. 提供有利于幼儿生活自理的条件。如：提供一些纸箱、盒子，供幼儿收拾和存放自己的玩具、图书或生活用品等。幼儿的衣服、鞋子等要简单实用，便于自己穿脱。

③推荐成语。

"力所能及"，释义：在自己能力范围内所能做到的。出处晋代羊祜《诫子书》："今之职位，谬恩之加耳，非吾力所能致也。"

"自力更生"，释义：依靠自己的力量，重新获得生命，比喻靠自己的力量从事建设或解决问题，把事情做好。出处，闻一多《组织民众与保卫大西南》："我们人民能以自力更生的方式强起来了。"

"养尊处优"，释义：处于尊贵的地位，过着优裕的生活。形容生活在富贵优裕的环境中（多含贬义）。出处，宋代苏洵《上韩枢密书》："天子者，养尊而处优，树恩而收名，与天下为喜乐者也。"

"娇生惯养"，释义：形容对子女过度的宠爱和纵容。出处，清代曹雪芹《红楼梦》第二九回："小门小户的孩子，都是娇生惯养惯了的，那里见过这个势派？"

"锦衣玉食"，释义：穿华丽衣服，吃珍贵食物。指过富足豪华的生活。出处，《魏书·常景传》："锦衣玉食，可颐其形。"

"自食其力"，释义：指依靠自己的能力而生活。出处，汉代班固《汉书·食货志》："今驱民而归之农，皆著于本，使天下各食其力。"

"聪明伶俐"，释义：形容小孩头脑机灵，记忆力和理解力强。出处，明代冯梦龙《醒世恒言·卖油郎独占花魁》："你是聪明伶俐的人，也须识些轻重。"

"未雨绸缪"，释义：指在没有下雨前，就要修缮好门窗。比喻事先作好准备，防患未然。出处，《诗经·豳风·鸱号》："迨天之未阴雨，彻彼桑土，绸缪牖户。"

"自强不息"，释义：自己努力上进，永不懈怠。形容一种积极的人生态度。出处，《周易·乾》："天行健，君子以自强不息。"

"知难而进"，释义：明知有困难，仍然勇往直前。形容不怕困难，不怕挫折，勇敢地挑战。出处，《左传·定公六年》："陈寅曰：'子立后而行，吾室亦不亡，唯居亦以我为知难而行也。'"

"心甘情愿"，释义：心里完全愿意，无半点勉强。出处，宋代王明清《摭青杂说·项四郎》："此事儿甘心情愿也。"

"自告奋勇"，释义：形容自己主动要求承担某项任务。出处，清代李宝嘉《官场现形记》第五十三回："这饶守原本只有这一个狮子国，因为上头提倡游学，所以他自告奋勇，情愿自备资斧，叫儿子出洋。"

"顶天立地"，释义：头顶云天，脚踏大地。形容形象高大，气概豪迈。出处，宋代释普济《五灯会元·道场无庵法全禅师》："汝等诸人；个个顶天立地。"

④经典成语故事。

【囊萤夜读】

释义：用白绢做成透光的袋子，将萤火虫装入袋中，借用萤火虫的微光来照着书本，然后夜以继日地学习。形容人在困境中自强不息，努力学习的精神。

出处，《晋书·车胤传》：“胤恭勤不倦，博学多通。家贫，不常得油。夏月，则练囊盛数十萤火以照书，以夜继日焉。”

人生哲理：“囊萤夜读”的故事述说了古人为获得知识和智慧与贫困作斗争的精神。这种刻苦读书的精神是值得后人敬重和学习的。也印证了唯物辩证法揭示的事物的内部矛盾（即内因）是事物自身运动的源泉和动力，是事物发展的根本原因。外部矛盾（即外因）是事物发展、变化的第二位的原因。内因是变化的根据，外因是变化的条件，外因是通过内因而起作用的道理。

故事内容：车胤，生于晋朝，本是富家子弟，后来家道中落，变得一贫如洗。可是，他在逆境中却能自强不息。车胤年轻时就很懂事，也吃苦耐劳。他因为白天要帮家人干活，就想利用漫漫长夜多读些书，好好充实自己；然而，他的家境清贫，根本没有闲钱买油点灯，有什么办法可以突破客观条件的限制呢？最初，他只得在夜间背诵书本内容，直到一个夏天的晚上，他看见几只萤火虫在飞舞，点点萤光在黑夜中闪动。于是，他想出了一个好法子：他捉来许多萤火虫，把它们放在一个用白绢缝制的小袋子里，因为白绢很薄，可以透出萤火虫的光，他把这个布袋子吊起来，就成了一盏“照明灯”。车胤不断苦读，终于成为著名的学者，后来还成了一名深得人心的官员，那时候，每逢举行什么集会或庆祝活动，如果车胤没有到场，大家还会觉得扫兴呢。

（3）目标 3 具备基本的安全知识和自我保护能力。

①发展目标内容详见表 3-9。

表 3-9　3～6 岁儿童安全知识及自我保护能力发展目标

3～4 岁	4～5 岁	5～6 岁
1. 不吃陌生人给的东西，不跟陌生人走。 2. 在提醒下能注意安全，不做危险的事。 3. 在公共场所走失时，能向警察或有关人员说出自己和家长的名字、电话号码等简单信息。	1. 知道在公共场合不远离成人的视线单独活动。 2. 认识常见的安全标志，能遵守安全规则。 3. 运动时能主动躲避危险。 4. 知道简单的求助方式。	1. 未经大人允许不给陌生人开门。 2. 能自觉遵守基本的安全规则和交通规则。 3. 运动时能注意安全，不给他人造成危险。 4. 知道一些基本的防灾知识。

②《3～6 岁儿童学习与发展指南》教育建议。

A. 创设安全的生活环境，提供必要的保护措施。如：要把热水瓶、药品、火柴、刀具等物品放到幼儿够不到的地方，阳台或窗台要有安全保护措施，要使用安全的电源插座等。在公共场所要注意照看好幼儿，幼儿乘车、乘电梯时要有成人陪伴，不把幼儿单独留在家里或汽车里等。

B. 结合生活实际对幼儿进行安全教育。如：外出时，提醒幼儿要紧跟成人，不远离成人的视线，不跟陌生人走，不吃陌生人给的东西；不在河边和马路边玩耍；要遵守交通规则等。帮助幼儿了解周围环境中不安全的事物，不做危险的事。如不动热水壶，不玩火柴或打火机，不摸电源插座，不攀爬窗户或阳台等。帮助幼儿认识常见的安全标识，如：小心触电、小心有毒、禁止下河游泳、紧急出口等。告诉幼儿不允许别人触摸自己的隐私部位。

C. 教给幼儿简单的自救和求救的方法。如：记住自己家庭的住址、电话号码、父母的姓名和单位，一旦走失时知道向成人求助，并能提供必要信息。遇到火灾或其他紧急情况时，知道要拨打 110、120、119 等求救电话。可利用图书、音像等材料对幼儿进行逃生和求救方面的教育，并运用游戏方式模拟练习。幼儿园应定期进行火灾、地震等自然灾害的逃生演习。

③推荐成语。

"居安思危"，释义：处于安定环境时，要想到可能出现的困难和危险。出处，《左传·襄公十一年》："居安思危，思则有备，有备无患。"

"有备无患"，释义：有了一定的准备，就能消除隐患。出处，同上。

"防患于未然"，释义：防止事故或祸害于尚未发生之时。出处，《周易·既济》："君子以思患而豫防之。"

"防微杜渐"，释义：祸患还没发生就加以防止，或刚刚开始时就加以遏制，不让它发展扩大。出处，晋代韦謏《启谏冉闵》："清诛屏降胡，以单于之号以防微杜渐。"

"千里之堤，溃于蚁穴"，释义：一个小小的蚂蚁洞，可以使千里长堤溃决。比喻小事不注意会造成大乱子。出处，《韩非子·喻老》："千丈之堤，以蝼蚁之穴溃；百尺之室，以突隙之烟焚。"

"安分守己"，释义：老实守规矩，不做违法或越轨的事。出处，宋代袁文《翁牖闲评》："彼安分守己，恬于进取者，方且以道义自居，其肯如此侥幸乎？"

"玩火自焚"，释义：玩弄火的人最后把自己烧死。比喻干坏事的人最后反害了自己。出处，《左传·隐公四年》："夫兵，犹火也，弗戢，将自焚也。"

"虎口余生"，释义：从老虎嘴边逃出生命。比喻经历了极大危险，侥幸得生。出处，《庄子·盗跖》："孔子曰：'然，丘所谓无病而自灸也，疾走料虎头，编虎须，几不免虎口哉。"

"闭门塞窦"，释义：关闭门窗，堵塞洞穴。多形容防范严密。出处，《宋史·儒林传四·蔡元定》："若有祸患更多，亦非闭门塞窦所能避也。"

"一丝不苟"，释义：指做事认真细致，一点儿不马虎。出处，清代吴敬梓《儒林外史》第四回："上司访知，见世叔一丝不苟，升迁就在指日。"

"安居乐业"，释义：安定地生活，愉快地从事自己的职业。出处，《老子》第八十章：

“民各甘其食，美其服，安其俗，乐其业，至老死不相往来。”

“无懈可击”，释义：没有什么漏洞、毛病可让人攻击的。形容十分完美、严密。出处，《孙子·计篇》：“攻其无备；出其不意。”曹操注：“击其懈怠；出其空虚。”

“萍水相逢”，释义：浮萍在水中偶然相逢。比喻素不相识的人偶然相遇相识。出处，唐代王勃《滕王阁序》：“萍水相逢，尽是他乡之客。”

“鞭长莫及”，释义：原意是指鞭子虽然很长，但也打不到马肚子上去。后比喻相隔太远，力量达不到。出处，《左传·宣公十五年》：“虽鞭之长，不及马腹。”

“粗心大意”，释义：形容做事不细心，随便马虎。出处，宋代朱熹《朱子语类·学四》：“去尽皮方见肉，去尽肉方见骨，终骨方见髓，使粗心大气不得。”

“胆大心细”，释义：指胆子大，同时考虑问题细致周全。出处，《旧唐书·孙思邈传》：“胆欲大而心欲小，智欲圆而行欲方。”

“安不忘危”，释义：处在平安的环境里要想到随时可能出现的危险。指要有忧患意识。出处，《周易·系辞下》：“是故君子安而不忘危，存而不忘亡，治而不忘礼，是以身安而国家可保也。”

④经典成语故事。

【亡羊补牢】

释义：丢失了羊以后修补羊圈。比喻出了差错以后，马上想法子补救，以防止出现更大的问题。

出处，《战国策·楚策》：“见兔而顾犬，未为晚也；亡羊而补牢，未为迟也。”

人生哲理：人无完人，难免犯错，吃一堑要长一智，面对教训，聪明的人直面困难做“亡羊补牢”的事情，傻瓜则是哭天抢地，一脸无奈，不思进取。

故事内容：从前有一个牧民，养了几十只羊，白天放牧，晚上赶进一个用柴草和木桩等物围起来的羊圈内。一天早晨，这个牧民去放羊，发现羊少了一只。原来羊圈破了个窟窿，夜间有狼从窟窿里钻了进来，把一只羊叼走了。

邻居劝告他说：“赶快把羊圈修一修，堵上那个窟窿吧。”他说：“羊都已经丢了，何必还去修羊圈呢？”就没有接受邻居的好心劝告。第二天早上，他去放羊时，发现又少了一只羊。原来夜里狼又从窟窿里钻进羊圈，又叼走了一只羊。这位牧民很后悔没有认真接受邻居的劝告，去及时采取补救措施。于是，他赶紧堵上那个窟窿，又从整体进行加固，把羊圈修得牢牢实实的。

从此，这个牧民的羊就再也没有被野狼叼走过了。

这个的故事告诉我们：犯了错误，遭到挫折，这是常见的现象。只要能认真吸取教训，及时采取补救措施，就可以避免继续犯错误，遭受更大的损失。

（二）在语言领域的构建实施

“语言是交流和思维的工具。幼儿期是语言发展，特别是口语发展的重要时期。幼儿语言的发展贯穿于各个领域，也对其他领域的学习与发展有着重要的影响：幼儿在运用语言进行交流的同时，也在发展着人际交往能力、理解他人和判断交往情境的能力、组织自己思想的能力。通过语言获取信息，幼儿的学习逐步超越个体的直接感知。”

在语言领域的构建实施中，成语故事作为中华文化的瑰宝，不仅富含深邃的哲理与丰富的情感，还以其精炼的语言形式和生动的情节，成为促进幼儿语言发展的重要资源。

第一，激发语言兴趣与表达欲望。选择富有趣味性和贴近幼儿生活的成语故事，如“狐假虎威”“井底之蛙”等，通过生动的讲述和形象的展示，激发幼儿对成语故事的兴趣，进而引发他们模仿和表达的欲望。

鼓励幼儿用自己的话复述故事，或是对故事进行改编和续编，以此锻炼幼儿的口语表达能力和创造性思维能力。

第二，丰富词汇量与语言结构。成语故事中包含大量精炼且富有表现力的词汇和短语，通过反复聆听和阅读，幼儿可以自然地吸收这些词汇，丰富自己的语言储备。

引导幼儿关注成语故事中的语言结构，如比喻、拟人等修辞手法，以及成语的固定搭配和语法规则，帮助幼儿逐步掌握规范的语言表达方式。

第三，提升语言理解与运用能力。在讲述成语故事时，注重情境的创设和情感的渲染，帮助幼儿深入理解故事的内容和寓意，提高他们的语言理解能力。

通过角色扮演、讨论交流等互动方式，让幼儿在实践中运用所学的语言知识和技能，提高语言运用能力，如沟通、协商、表达观点等。

第四，促进语言思维与认知能力的发展。成语故事往往蕴含着深刻的哲理和道德观念，通过引导幼儿思考和讨论故事中的问题和情节，可以激发他们的思维活力，培养他们的逻辑思维能力、批判性思维和创造性思维。

鼓励幼儿将成语故事中的道理应用到日常生活中，如通过“守株待兔”的故事教育幼儿不要抱有侥幸心理，要勤奋努力，从而培养他们的认知能力和社会适应能力。

第五，跨文化语言学习与传承。成语作为中华文化的重要组成部分，承载着丰富的历史和文化内涵。成语故事的教学，可以让幼儿了解中华文化的博大精深，增强他们的文化认同感和自豪感。

同时，也可以将成语故事与其他国家和地区的文化元素结合，进行跨文化的教学探索，拓宽幼儿的语言视野和文化视野。

在语言领域的构建实施中，成语故事教学是一种有效的教育手段，它不仅能够激发幼儿的语言兴趣，丰富他们的语言储备，还能提升他们的语言理解和运用能力，促进他们的语言思维与认知能力的发展，以及跨文化语言学习与传承。因此，在构建幼儿园成语故事教学适宜性体系时，应充分重视语言领域的实施建议，为幼儿的语言发展创造更加有利的条件。

1. 倾听与表达

（1）目标 1：认真听并能听懂常用语言。

①发展目标内容详见表 3-10。

表 3-10　3 ～ 6 岁儿童语言发展目标

3～4 岁	4～5 岁	5～6 岁
1. 别人对自己说话时能注意听并做出回应。 2. 能听懂日常会话。	1. 在群体中能有意识地听与自己有关的信息。 2. 能结合情境感受到不同语气、语调所表达的不同意思。 3. 方言地区或少数民族幼儿能基本听懂普通话。	1. 在集体中能注意听老师或其他人讲话。 2. 听不懂或有疑问时能主动提问。 3. 能结合情境理解一些表示因果、假设等相对复杂的句子。

②《3 ～ 6 岁儿童学习与发展指南》教育建议。

A. 多给幼儿提供倾听和交谈的机会。如：经常和幼儿一起谈论他感兴趣的话题，或一起看图书、讲故事。

B. 引导幼儿学会认真倾听。如：成人要耐心倾听别人（包括幼儿）的讲话，等别人讲完再表达自己的观点。与幼儿交谈时，要用幼儿听得懂的语言。对幼儿提要求和布置任务时要求他注意听，鼓励他主动提问。

C. 对幼儿讲话时，注意结合情境使用丰富的语言，以便于幼儿理解。如：说话时注意语气、语调，让幼儿感受语气、语调的作用。如对幼儿的不合理要求以比较坚定的语气表示不同意；讲故事时，尽量把故事人物高兴、悲伤的心情用不同的语气、语调表现出来。

根据幼儿的理解水平有意识地使用一些反映因果、假设、条件等关系的句子。

③推荐成语。

“洗耳恭听”，释义：洗净耳朵，恭恭敬敬地听着。形容十分专心、认真地听别人讲话。出处，元代郑廷玉《楚昭公》第四折：“请大王试说一遍，容小官洗耳恭听。”

“倾耳而听”，释义：形容专心、恭敬地听人讲话。出处，同上。

“拭目倾耳”，释义：擦亮眼睛看，侧过耳朵听。形容仔细看，注意听。出处，《汉书·张敞传》：“今天子以盛年初即位，天下莫不拭目倾耳，观化听风。”

“口传耳受”，释义：指通过口头传输知识，听者只凭借记忆接受知识。出处，宋代苏轼《范文正公文集序》：“此岂口传耳受，尝试为之，而侥幸其或成者哉。”

“耳听八方”，释义：耳朵同时察听各方面来的声音。形容灵敏机警。出处，清代钱彩《说岳全传》第十六回：“为将之道，须要眼观四处，耳听八方。”

“不耻下问”，释义：指不以向不如自己的人请教为耻。形容勤勉好学的态度。出处，《论语·公冶长》：“敏而好学，不耻下问。”

“目不斜视”，释义：眼睛不往旁边看。形容态度庄重严肃，遵守规矩，不随便乱看。出处，北齐颜之推《颜氏家训·教子》：“古者圣王有胎教之法，怀子三月，出居别宫，目不邪视，耳不妄听，音声滋味，以礼节之。”

“心无旁骛”，释义：形容人的一种精神状态，心中没有杂念。形容心思集中，专心致志。出处，冰心《谈信纸信封》：“有不少人像我一样，在写信的时候，喜欢在一张白纸，或者只带着道道的纸上，不受拘束地，心无旁骛地抒写下去的。”

“聚精会神”，释义：原有集思广益的意思，现常用以形容专心致志，精神高度集中。出处，汉代王褒《圣主得贤臣颂》：“明明在朝，穆穆列布，聚精会神，相得益章。”

“全心全意”，释义：形容专心一意，没有杂念。出处，茅盾《吹鼓集》：“体验生活的时候，就应该全心全意生活，把找题材的心思完全搁起来。”

“心无二用”，释义：指做事要专心，注意力必须集中。形容一心不能同时用在两件事情上。出处，汉代桓谭《新论·专学》：“使左手画方，右手画圆，令一时俱成，虽执规矩之心，回剟劂之手，而不能成者，由心不两用，则手不并运也。”

“全神贯注”，释义：形容全部精神、注意力高度集中。出处，叶圣陶《伊和他》：“他指着球里嵌着的花纹，相着伊又相着花纹，全神贯注的，十分喜悦地告诉伊。”

“虚怀若谷”，释义：胸怀像山谷一样深广。形容心胸开阔，非常虚心、大度。出处，《老子》：“敦兮其若朴，旷兮其若谷。”

“从善如流”，释义：听从好的意见就像流水一样迅速而自然。形容乐于接受别人意见。出处，《左传·成公八年》：“君子曰：从善如流，宜哉。”

④经典成语故事。

【高山流水】

释义：比喻知音难遇或乐曲高妙。

出处，《列子·汤问》：“伯牙鼓琴，志在登高山，钟子期曰：‘善哉，峨峨兮若泰山。’志在流水，曰：‘善哉，洋洋兮若江河。’”

人生哲理：人之相知，贵在知心。故事表达了朋友间相互理解、相互欣赏的真挚友情，以及知音难觅，珍惜知音的情感。

故事内容：春秋时代，有个叫俞伯牙的人，他精通音律，擅长弹琴技艺高超，是当时著名的琴师。俞伯牙年轻的时候聪颖好学，曾拜高人为师，琴技达到很高的水平，但他总觉得自己还不能出神入化地表现对各种事物的感受。所以俞伯牙一直对自己的琴艺不满意，他的老师知道他的想法后，就带他乘船到东海的蓬莱岛上，让他欣赏大自然的美丽景色，倾听大海的波涛声，感受自然界的壮丽，获得新的灵感。

伯牙举目眺望大海，只见波浪汹涌，浪花激溅，层层白浪由远及近，海鸟翻飞，鸣声入耳，天高海阔；再看四周，山林树木，郁郁葱葱，仿佛仙境一般。伯牙心中一种奇妙的感觉油然而生，耳边仿佛响起了大自然弹奏的和谐动听、美妙的音乐。他情不自禁地取琴弹奏，音随意转，把大自然的美妙融进了琴声，伯牙到达一种前所未有的境界，他的琴音由此包含自然万物。最后老师告诉他："你已经能够用琴出神入化地表现各种事物的感受了。

在一天夜晚，伯牙乘船游览，他面对清风明月，顿时思绪万千，于是又弹起琴来，琴声悠扬地飘荡在寂静的夜空。当他整个人弹琴渐入佳境之时，忽听岸上有人拍手叫绝。伯牙闻声走出船来，只见一个樵夫站在岸边。他知道此人是因为听懂了自己的琴音才拍手叫绝的，于是伯牙把樵夫视为知音，并当即请樵夫上船，兴致勃勃地为他演奏。

伯牙弹起赞美高山的曲调，樵夫说道："真好！雄伟而庄重，好像高耸入云的泰山一样！"当他弹奏表现奔腾澎湃的波涛时，樵夫又说："真好！宽广浩荡，好像看见滚滚的流水，无边的大海一般！"伯牙兴奋极了，拉着樵夫的手激动地说："知音！你真是我的知音。"

这个樵夫就是钟子期，十分擅长听音辨意，因为能够很好的理解伯牙的琴音琴意，被俞伯牙引为知己。他们二人这种不因身份地位产生差别的友谊，只因为对音乐有共同的理解，而这种超越世俗利益建立在共同兴趣爱好上的友谊一直都被人们所称赞和向往。

（2）目标 2 愿意讲话并能清楚地表达。

①发展目标内容详见表 3-11。

表 3-11　3 ～ 6 岁儿童表达能力发展目标

3~4 岁	4~5 岁	5~6 岁
1. 愿意在熟悉的人面前说话，能大方地与人打招呼。 2. 基本会说本民族或本地区的语言。 3. 愿意表达自己的需要和想法，必要时能配以手势动作。 4. 能口齿清楚地说儿歌、童谣或复述简短的故事。	1. 愿意与他人交谈，喜欢谈论自己感兴趣的话题。 2. 会说本民族或本地区的语言，基本会说普通话。少数民族聚居地区幼儿会用普通话进行日常会话。 3. 能基本完整地讲述自己的所见所闻和经历的事情。 4. 讲述比较连贯。	1. 愿意与他人讨论问题，敢在众人面前说话。 2. 会说本民族或本地区的语言和普通话，发音正确清晰。少数民族聚居地区幼儿基本会说普通话。 3. 能有序、连贯、清楚地讲述一件事情。 4. 讲述时能使用常见的形容词、同义词等，语言比较生动。

②《3 ～ 6 岁儿童学习与发展指南》教育建议。

A. 为幼儿创造说话的机会并体验语言交往的乐趣。每天有足够的时间与幼儿交谈。如谈论他感兴趣的话题，询问和听取他对自己事情的意见等。尊重和接纳幼儿的说话方式，无论幼儿的表达水平如何，都应认真地倾听并给予积极的回应。鼓励和支持幼儿与同伴一起玩耍、交谈，相互讲述见闻、趣事或看过的图书、动画片等。方言或少数民族地区应积极为幼儿创设用普通话交流的语言环境。

B. 引导幼儿清楚地表达。如：和幼儿讲话时，成人自身的语言要清楚、简洁。当幼儿因为急于表达而说不清楚的时候，提醒他不要着急，慢慢说；同时要耐心倾听，给予必要的补充，帮助他理清思路并清晰地说出来。

③推荐成语。

“谈笑风生”，释义：指有说有笑，兴致高。形容谈话谈得高兴而有风趣。出处，宋代辛弃疾《念奴娇 · 赠夏成玉》词：“遐想后日蛾眉，两山横黛，谈笑风生颊。”

“各抒己见”，释义：每个人充分发表自己的见解。多用于讨论或写文章等。出处，唐代李翱《李文权文集 · 陵庙日时朔祭议》：“先儒穿凿，各伸己见，皆托古圣贤之名以信其语，故其所记各不同也。”

“口若悬河”，释义：嘴里的话像瀑布一样不停地奔流倾泻。形容口才好，说话滔滔不绝。出处，南朝宋刘义庆《世说新语 · 赏誉》：“郭子玄语议如悬河泻水，注而不竭。”

“滔滔不绝”，释义：指说话像流水一般不间断，形容话很多，说起来没个完。出处，五代后周王仁裕《开元天宝遗事 · 走丸之辩》：“张九龄善谈论，每与宾客议论经旨，滔滔不竭，如下阪走丸也。”

“侃侃而谈”，释义：指人理直气壮、从容不迫地说话。古时候用来形容人善于交谈，有风度。出处，《论语 · 乡党》：“朝，与下大夫言，侃侃如也。”

“直言不讳”，释义：指直率地讲话，毫不隐讳。形容一个人说话毫无隐瞒。出处，《晋书 · 刘隗传》：“臣鉴先征，窃惟今事，是以敢肆狂瞽，直言无讳。”

“推心置腹”，释义：意思是将自己的心放入别人的腹中。比喻真心实意地对待别人。出处，《后汉书 · 光武帝本纪》：“萧王推赤心置人腹中，安得不投死！”

“促膝谈心”，释义：两人对坐而膝盖靠近。形容亲近地坐在一起谈心里话。出处，唐代田颖《揽云台记》：“即有友人，不过十余知音之侣，来则促膝谈心，率皆圣贤之道，不敢稍涉异言。”

“直抒胸臆”，释义：直率地表达内心想法。出处，明代胡震亨《唐音癸签》第十回：“杜公七律，正以其负力之大，寄悰之深，能直抒胸臆，广酬事物之变而无碍。”

“善解人意”，释义：善于理解别人的心意。指善于站在他人的角度思考问题，体谅、理解他人的心情。出处，清代褚人获《隋唐演义》第八十七回：“他总不离杨妃左右，最能言语，善解人意，聪慧异常，杨妃爱之如宝，呼为雪衣女。”

“津津乐道”，释义：很有兴趣地说个不停。出处，清代颐琐《黄绣球》第七回：“这位莱恩女杰，他才学固然卓越，但他也只从口讲指画入手，每遇乡愚，津津乐道。”

“妙语连珠”，释义：形容巧妙风趣的话一句接一句。出处，路遥《平凡的世界》第二卷第54章：“他出口成章，妙语连珠，常常使众人大饱耳福。”

“引经据典”，释义：引用经典著作中的语句、道理或事实，作为说话、写文章的依据。出处，《后汉书·荀爽传》：“爽皆引据大义，正之经典。”

“旁征博引”，释义：指说话、写文章引用材料作为依据或例证。出处，鲁迅《中国小说史略·清之人情小说》：“宝钗妙玉则从徐说，旁征博引，用罚甚勤。”

④经典成语故事。

【刮目相看】

释义：擦亮眼睛，重新看待。形容对变化大、进步快的人或事物不能再用老眼光看待。

出处，《三国志·吴志·吕蒙传》注引《江表传》：“士别三日，即更刮目相待。”

人生哲理：世界不是一成不变的，当人们分开一段时间后，再见面的时候就不能拿老眼光看待了，因为事物是变化发展的，我们应该用发展的眼光去看待事物。

故事内容：三国的时候，孙权手下有一位名将叫吕蒙。因为小时候家里贫穷，没有机会上学，读的书很少，所以学识浅薄，见识也不广。

有一次，孙权对吕蒙说：“你现在担任的官职很重要，应该多读点书，增长自己的见识，这样才能把自己的事情做好。”吕蒙听了，很为难地说道：“军中事务繁忙，恐怕没有时间读书了

孙权听了，开导说：“我又不是要你研究儒家经典，去当老师。只不过希望你粗略地阅读，了解历史就够了。你说军务繁多，没有时间，谁能比我事务还多？我经常读书，自认为有很大的好处。吕蒙听了孙权的话，受到了很大的启发。从此他开始抓紧时间读书。

后来，鲁肃路过寻阳，跟吕蒙谈论，不由大吃一惊，说：“你今天的才干谋略，已不是当年吴郡时代的那个阿蒙了。”

吕蒙笑笑，说道：“君子分别几天，就要用新的眼光看待。兄长你为什么这么晚才看到事物的变化啊！”于是鲁肃拜见吕蒙的母亲，与吕蒙结为朋友才分别。以后，鲁肃便常常和吕蒙一起商讨国家大事，他非常重视吕蒙给他提的一些建议，对吕蒙的学识和才能也非常赏识，非常佩服。

后来，孙权赞扬吕蒙时说道：“天下有几个人到了老年还能像吕蒙那样坚持读

书学习，自强不息呢？一个人有了荣华富贵之后，更要看重节义，认真学习，不断加强自身的修养，而不能沉溺于财富之中，这样就不容易堕落。吕蒙的这种行为真是我们的榜样啊！”

这就是“刮目相看”的故事。成语“吴下阿蒙”也由此故事而来。

（3）目标 3 具有文明的语言习惯。

①发展目标内容详见表 3-12。

表 3-12　3 ～ 6 岁儿童语言习惯发展目标

3～4 岁	4～5 岁	5～6 岁
1. 与别人讲话时知道眼睛要看着对方。 2. 说话自然，声音大小适中。 3. 能在成人的提醒下使用恰当的礼貌用语。	1. 别人对自己讲话时能回应。 2. 能根据场合调节自己说话声音的大小。 3. 能主动使用礼貌用语，不说脏话、粗话。	1. 别人讲话时能积极主动地回应。 2. 能根据谈话对象和需要，调整说话的语气。 3. 懂得按次序轮流讲话，不随意打断别人。 4. 能依据所处情境使用恰当的语言。如在别人难过时会用恰当的语言表示安慰。

②《3 ～ 6 岁儿童学习与发展指南》教育建议。

A. 成人注意语言文明，为幼儿做出表率。如：与他人交谈时，认真倾听，使用礼貌用语。在公共场合不大声说话，不说脏话、粗话。幼儿表达意见时，成人可蹲下来，眼睛平视幼儿，耐心听他把话说完。

B. 帮助幼儿养成良好的语言行为习惯。如：结合情境提醒幼儿一些必要的交流礼节。如对长辈说话要有礼貌，客人来访时要打招呼，得到帮助时要说谢谢等。提醒幼儿遵守集体生活的语言规则，如轮流发言，不随意打断别人讲话等。提醒幼儿注意公共场所的语言文明，如不大声喧哗。

③推荐成语。

“彬彬有礼”，释义：用于形容文雅而有礼貌。出处，清代李汝珍《镜花缘》第八十三回：“唤出他两个儿子，兄先弟后，彬彬有礼。”

“知书达理”，释义：指形容有知识，懂礼貌。出处，元代无名氏《冯玉兰》第一折：“只我这知书达理当恭谨，怎肯着出乖露丑遭谈论。”

“尊老爱幼”，释义：尊敬长辈，爱护幼小。形容人的品德良好。出处，《孟子 • 梁惠王上》：“老吾老，以及人之老；幼吾幼，以及人之幼。”

“温文尔雅”，释义：态度温和有礼，举止文雅端庄。形容人态度温和，举止斯文。出处，清代蒲松龄《聊斋志异·陈锡九》："此名士之子，温文尔雅，乌能作贼？"

"婉婉有仪"，释义：形容温顺而有礼貌的样子。出处，唐代韩愈《档喃缑氏主簿唐充妻卢氏墓志铭》："夫人本宗氏族之后，率其先猷，令德是茂，爰旧得家，九子一田，婉婉有仪，静以和命。"

"谦谦君子"，释义：指谦虚有礼，品格高尚的人。出处，《周易·谦》"谦谦君子，卑以自牧也"

"与人为善"，释义：原指与人一起做好事。现指善意对待人，帮助人。出处，《孟子·公孙丑上》："取诸人以为善，是与人为善者也。故君子莫大乎与人为善。"

"敬贤礼士"，释义：意思是指尊重品德高尚、学识出众的人。出处，《晋书·张轨传》："实子安逊，学尚明察，敬贤爱士，以秀才为郎中。"

"落落大方"，释义：指坦率开朗、举止潇洒自然。形容言谈举止自然大方、不拘谨。出处，清代石玉昆《三侠五义》第69回："杜雍却不推辞，将通身换了，更觉落落大方。"

"秩序井然"，释义：有条不紊、很有秩序的样子。出处，清代无垢道人《八仙全传》第17回："只好抹桌另起从头写来，方才有头有绪，秩序井然。"

"言之有物"，释义：指文章或言论有实际内容。出处，《周易 家人》："君子以言有物，而行有恒。"

"有的放矢"，释义：指对准靶子放箭。比喻说话、做事有明确的目标，针对性极强。出处，毛泽东《整顿党的作风》："马克思列宁主义理论和中国革命实际，怎样互相联系呢？拿一句通俗的话来讲，就是'有的放矢'。"

"你来我往"，释义：指来来回回，轮番出击；也指频繁交往。出处，明代施耐庵《水浒全传》第七十五回："见这李虞候，张干办在宋江面前指手画脚，你来我去，都有心要杀这厮，只是碍著宋江一个，不敢下手。"

"谦虚谨慎"，释义：指对人虚心恭敬，处事小心慎重。出处，《晋书·张宾载记》："封濮阳侯，任遇优显，宠冠当时，而谦虚敬慎，开襟下士。"

"不骄不躁"，释义：不骄傲，不急躁，指谦虚谨慎。出处，毛泽东《中共中央关于同国民党进行和平谈判的通知》："只要同志们对于军事政策（行动和作战）和团结人民的政策，不犯大错误，谦虚谨慎，不骄不躁，是完全有办法的。"

"轻言细语"，释义：声音轻柔、态度温和地说话。形容说话轻而柔和，不打扰别人。出处，丁玲《风雪人间》上卷："我们好像是久别重逢，彼此有说不完的话和藏在这些轻言细语后边的无限的担心。"

④经典成语故事。

【程门立雪】

释义：指学生恭敬求教，比喻尊师重教，诚心求学。

出处，宋・邵雍《河南程氏外书・侯子雅言》："游、杨初见伊川，伊川瞑目而坐，二人侍立，既觉，顾谓曰：'贤辈尚在此乎？日既晚，且休矣。'及出门，门外之雪深一尺。"

人生哲理：程门立雪传递了虔诚学子追求卓越而不断努力奋斗的态度，告诉我们求学就一定要坚持，万万不可半途而废；做人首先要尊重别人，只有尊重别人才会赢得别人尊重和重视；遇到困难要坚定信念迎难而上。

故事内容：我国北宋时期有个著名的学者名叫杨时。他年轻时非常好学，经常访师拜友，向别人请教问题。有一年冬天，杨时在学习中遇到了不明白的问题，就和同学游酢一起去向当时著名的理学家程颐求教。当他们来到程家时，恰巧程老师正在睡午觉。为了不打扰老师，他们就在大门口静静地站立等候。这天，天气很糟，阴沉沉的天空飘起了雪花，雪花落在他们的头上、身上，一丝丝凉意袭来，他们怕吵醒老师，仍不肯进屋，就一直这样站在门外的雪地里。雪越下越大，天也越来越冷，他们的手脚都冻得生疼，可是他们谁也不活动活动，跺跺脚，搓搓手。

就这样，他们不知在雪地里站了多长时间。程颐终于醒了。他打开门出来赏雪，却看见两位学生正恭恭敬敬地站在门外，都要成雪人了。程颐大吃一惊，问道："看你们身上和脚下的雪，就知道你们已经来很久了，为什么不进屋呢？"杨时连忙上前施礼，对程颐说明来意，"我们是来向老师请教问题的，中午到时您在睡午觉，我们怕吵醒您，没敢进门。"程颐听了大受感动，连忙请二人进屋。二人这才进屋，向老师请教问题。后来，"程门立雪"的故事广为传颂。

2. 阅读与书写准备

（1）目标 1　喜欢听故事，看图书。

①发展目标内容详见表 3-13。

表 3-13　3 ～ 6 岁儿童阅读发展目标

3～4 岁	4～5 岁	5～6 岁
1. 主动要求成人讲故事、读图书。 2. 喜欢跟读韵律感强的儿歌、童谣。 3. 爱护图书，不乱撕、乱扔。	1. 反复看自己喜欢的图书。 2. 喜欢把听过的故事或看过的图书讲给别人听。 3. 对生活中常见的标识、符号感兴趣，知道它们表示一定的意义。	1. 专注地阅读图书。 2. 喜欢与他人一起谈论图书和故事的有关内容。 3. 对图书和生活情境中的文字符号感兴趣，知道文字表示一定的意义。

②《3 ～ 6 岁儿童学习与发展指南》教育建议。

A. 为幼儿提供良好的阅读环境和条件。如：提供一定数量、符合幼儿年龄特点、富有童趣的图画书。提供相对安静的地方，尽量减少干扰，保证幼儿自主阅读。

B. 激发幼儿的阅读兴趣，培养阅读习惯。如：经常抽时间与幼儿一起看图书、讲故事。提供童谣、故事和诗歌等不同体裁的儿童文学作品，让幼儿自主选择和阅读。当幼儿遇到感兴趣的事物或问题时，和他一起查阅图书资料，让他感受图书的作用，体会通过阅读获取信息的乐趣。

C. 引导幼儿体会标识、文字符号的用途。如：向幼儿介绍医院、公用电话等生活中的常见标识，让他知道标识可以代表具体事物。结合生活实际，帮助幼儿体会文字的用途。如买来新玩具时，把说明书上的文字念给幼儿听，了解玩具的玩法。

③推荐成语。

“开卷有益”，释义：指打开书本阅读；后来通常表示读书总会有所收益。出处，晋代陶潜《与子俨等疏》：“开卷有得，便欣然忘食。”

“手不释卷”，释义：手里的书舍不得放下；形容读书用功或读书入迷。出处，《三国志・吴书・吕蒙传》注引《江表传》：“光武当兵马之务，手不释卷。”

“博览群书”，释义：广泛阅读各种书籍；形容读书很多。出处，《周书・庾信传》：“庾信，字子山，南阳新野人也。……幼而俊迈，聪敏绝伦，博览群书，尤善《春秋左氏传》。”

“学富五车”，释义：肚里的学问多得可以装满五车书。形容读书极多，学识渊博。出处，《庄子・天下》：“惠施多方，其书五车。”

“牛角挂书”，释义：指将书挂在牛角上，骑着牛一边走一边看，比喻读书勤奋，学习刻苦。出处，《新唐书・李密传》：“闻包恺在缑山，往从之。以蒲鞯乘牛，挂《汉书》一帙角上，行且读。”

“韦编三绝”，释义：韦编，用熟牛皮绳把竹简编联起来；三，概数，表示多次；绝，断。编连竹简的皮绳断了三次。比喻读书勤奋。出处，《史记・孔子世家》：“孔子晚而喜《易》，序彖、系、象、说卦、文言。读《易》，韦编三绝。曰：‘假我数年，若是，我于

《易》，则彬彬矣。’”

“好学不倦”，释义：喜欢学习，不感厌倦。形容学习刻苦努力。出处，《史记·楚世家》：“昔我文公，狐季姬之了也，有宠于献公，好学不倦　。”

“读书种子”，释义：指酷爱读书之人或大学问家。形容在文化上能承先启后的读书人。出处，宋代周密《齐东野语·书种文种》：“山谷云：‘士大夫子弟，不可令读书种子断绝，有才气者出，便当名世矣。’”

“才高八斗”，释义：原是形容曹植文才出众，天下文才总共一石，他就占了八斗；后比喻才学极高。出处，《南史·谢灵运传》：“天下才共一石，曹子建独得八斗，我得一斗，自古及今共用一斗。”

“学而不厌”，释义：指学习没有厌倦满足的时候，比喻非常好学。出处，《论语·述而》：“默而识之，学而不厌，诲人不倦，何有于我哉？”

“学以致用”，释义：学习的目的是更好地在实际中应用。出处，李新《为有源头活水来》：“要结合实际工作和革命斗争的需要来学，学以致用，并且勤学苦学。”

④经典成语故事。

【专心致志】

释义：用心专注，精力集中。形容做事一心一意，非常认真。

出处，《孟子·告子上》：“今夫弈之为数，小数也，不专心致志，则不得也。”

人生哲理：学习必须专心致志，就是说要集中精神，一心一意地学，才能学好。如果不专心，那是什么也学不会的。从小培养“专注”和“恒心”十分重要，因为它关系到一个人今后的长远发展和事业的成功。

故事内容：孟子曾说，下棋在技艺中是比较容易的，可是如果不专心致志地学，也是学不好的。弈秋是古代有名的棋手，有两个人慕名而来，同时拜他为师，弈秋一心想把自己的棋艺传授给他们，讲课特别认真。一个学生专心致志地听他讲课，另一个学生表面上也在认真地听课，而实际上思想很不集中，他听到大雁从天空飞过，就一心想着如何张弓搭箭去射击它。

这样一起学了很长时间，虽然他们两人拜同一个老师，每天一起学习，可学的效果却大不一样，一个成了棋坛高手，一个却没学到什么本事。成语“专心致志”由此而来，形容一心一意，聚精会神。

（2）目标 2 具有初步的阅读理解能力。

①发展目标内容详见表 3-14。

表 3-14　3 ～ 6 岁儿童阅读理解能力发展目标

3～4 岁	4～5 岁	5～6 岁
1. 能听懂短小的儿歌或故事。 2. 会看画面，能根据画面说出图中有什么，发生了什么事等。 3. 能理解图书上的文字是和画面对应的，是用来表达画面意义的。	1. 能大体讲出所听故事的主要内容。 2. 能根据连续画面提供的信息，大致说出故事的情节。 3. 能随着作品的展开产生喜悦、担忧等相应的情绪反应，体会作品所表达的情绪情感。	1. 能说出所阅读的幼儿文学作品的主要内容。 2. 能根据故事的部分情节或图书画面的线索猜想故事情节的发展，或续编、创编故事。 3. 对看过的图书、听过的故事能说出自己的看法。 4. 能初步感受文学语言的美。

②《3 ～ 6 岁儿童学习与发展指南》教育建议。

A. 经常和幼儿一起阅读，引导他以自己的经验为基础理解图书的内容。如：引导幼儿仔细观察画面，结合画面讨论故事内容，学习建立画面与故事内容的联系。和幼儿一起讨论或回忆书中的故事情节，引导他有条理地说出故事的大致内容。在给幼儿读书或讲故事时，可先不告诉名字，让幼儿听完后自己命名，并说出这样命名的理由。鼓励幼儿自主阅读，并与他人讨论自己在阅读中的发现、体会和想法。

B. 在阅读中发展幼儿的想象和创造能力。如：鼓励幼儿依据画面线索讲述故事，大胆推测、想象故事情节的发展，改编故事部分情节或续编故事结尾。鼓励幼儿用故事表演、绘画等不同的方式表达自己对图书和故事的理解。鼓励和支持幼儿自编故事，并为自编的故事配上图画，制成图画书。

C. 引导幼儿感受文学作品的美。如：有意识地引导幼儿欣赏或模仿文学作品的语言节奏和韵律。给幼儿读书时，通过表情、动作和抑扬顿挫的声音传达书中的情绪情感，让幼儿体会作品的感染力和表现力。

③推荐成语。

“才智过人”，释义：才能和智慧超过一般人。出处，《宋史·李仕衡传》：“仕衡前后管什事二十年，虽才智过人，然素贪，家赀至累世万。”

“过目不忘”，释义：指的是看过一遍就不会忘记，形容记忆力极强，也形容给人的印象很深。出处，《晋书·苻融载记》：“耳闻则诵，过目不忘。”

“蛛丝马迹”，释义：意思从挂下来的蜘蛛丝可以找到蜘蛛的所在，从灶马爬过留下的痕迹可以查出灶马的去向，比喻事情所留下的隐约可寻的痕迹和线索。出处，清朝王家贲《别雅序》：“大开通同转假之门，泛滥浩博，几疑天下无字不可通用，而实则蛛丝马迹，原原本本，具在古书。”

“洞若观火”，释义：洞，透彻。观察事物清楚明白，就像看火一样。出处，《尚书·盘庚上》：“予若观火。”

“一叶知秋”，释义：从一片树叶的凋落可以知道秋天的到来。比喻从细微迹象可以看出事物发展的趋向和结局。出处，西汉刘安《淮南子·说山训》：“见一叶落而知岁之将暮。”

“明察秋毫”，释义：原本是形容人目光敏锐，任何细节都能看得清楚透彻，后多用来形容人能够洞察事理。比喻极细微的事物或现象。出处，《孟子·梁惠王上》：“明足以察秋毫之末，而不见舆薪，则王许之乎？”

“推陈出新”，释义：扬弃旧的，创造新的。多指在文化艺术方面去掉旧的糟粕，吸取其精华，创造出新的来。出处，清代戴延年《秋灯丛话·忠勇祠联》：“不特推陈出新，饶有别致。”

“别出心裁”，释义：别，另外；心裁，出于自心的创造设计。形容另想出一种与众不同的新主意。出处，明代李贽《水浒全书发凡》：“今别出心裁，不依旧样，或特标于目外，或叠采于回中。”

“天马行空”，释义：像神马在天空奔腾一样。形容行为豪放，不受约束；也形容言论空泛，不着边际。出处，元代刘廷振《萨天锡诗集序》：“其所以神化而超出于众表者，殆犹天马行空而步骤不凡。”

“泪流满面”，释义：意思指眼泪流得满脸都是。形容极为悲伤或十分感动。出处，明代罗贯中《三国演义》第一百十回：“言讫，以印绶付之，泪流满面。”

“忧心忡忡”，释义：忧愁不安的样子。形容心事重重、担心忧愁的样子。出处，《诗经·召南·草虫》：“未见君子，忧心忡忡。”

“愁眉苦脸”，释义：紧皱双眉，哭丧着脸。形容忧虑、愁苦的神色。出处，元代王实甫《西厢记》第三本第二折：“对人前巧语花言，背地里愁眉泪脸。”

“惊魂未定”，释义：受惊后心情还没有安定下来。出处，宋代苏轼《谢量移汝州表》：“只影自怜，命寄江湖之上；惊魂未定，梦游缧绁之中。”

“兴高采烈”，释义：形容兴致勃勃，情绪高涨。出处，南朝梁刘勰《文心雕龙·体性》：“步夜俊侠，故兴高而采烈。”

“欢天喜地”，释义：形容心情非常好，非常高兴。出处，元代王实甫《西厢记》第五本第四折：“我现将著夫人诰敕，县君名称，怎生待欢天喜地，两只手儿亲付与他。”

“百感交集”，释义：许多感想交织在一起。形容感触很多，心情复杂。出处，南朝宋刘义庆《世说新语·言语》：“见此茫茫，不觉百端交集，苟未免有情，亦复谁能遣此。”

“抛砖引玉”，释义：指抛出砖头，引来白玉。比喻用粗浅的、不成熟的意见或文章；引出别人高明的、成熟的意见或作品，常用作谦词。出处，宋代释道原《景德传灯录》卷十：“比来抛砖引玉，却引得个坠子。”

“畅所欲言”，释义：把心里要讲的话痛快地全部讲出来。出处，明代李清《三垣笔记·崇桢》：“熊司副开元请对，意在攻周辅延儒，故请屏人，诸臣请退，皆允之，惟延儒等请退，则谕止之，故开元不能畅所欲言。”

“独具慧眼”，释义：指眼力敏锐，见解高超。比喻具有与众不同的眼光和见识。出处，丰子恺《谈自己的画》：“只有孩子们保住天真，独具慧眼，其言行多足供我欣赏者。”

④经典成语故事。

【过目成诵】

释义：读一遍就能背诵出来。形容记忆力很强，聪敏过人。

出处，《宋史·刘恕传》：“恕少颖司，书过目即成诵。”

人生哲理：有“过目成诵”能力的人，大多是天生聪慧。但不加咀嚼式的记忆，犹如走马观花是毫无意义的，记忆是理解的基础，创造是理解的延续。

故事内容：王充是我国古代杰出的思想家、哲学家。他从小就很有志气，喜欢读书。可是他家境贫寒，根本就买不起书。王充喜欢逛书市，但是只看不买，因为他只需看上一遍就可以背诵如流。后来，他几乎把街市上的书市当成了自己的书房，整天在书铺里孜孜不倦地读书。不管是酷热严寒，还是刮风下雨，他每天都早早地来到书铺，帮店家干会儿零活，然后就捧着书读起来。

他读书专心致志，不知疲倦，有时连吃饭和休息都忘记了，店家也十分大方，将所有的书都借给他读，他读完了这家书铺所有的书，又跑到另一家书铺去读，读遍了街市上所有的书铺。他积累了大量的知识，后来花了三十多年的时间，完成了一部思想巨著《论衡》，为后世作出了很大贡献。

（3）目标 3 具有书面表达的愿望和初步技能。

①发展目标内容详见表 3-15。

表 3-15 3 ～ 6 岁儿童书面表达发展目标

3～4 岁	4～5 岁	5～6 岁
1. 喜欢用涂涂画画表达一定的意思。	1. 愿意用图画和符号表达自己的愿望和想法。 2. 在成人提醒下，写写画画时姿势正确。	1. 愿意用图画和符号来表现事物或故事。 2. 会正确书写自己的名字。 3. 写画时姿势正确。

②《3 ～ 6 岁儿童学习与发展指南》教育建议。

A. 让幼儿在写写画画的过程中体验文字符号的功能，培养书写兴趣。如：准备供幼儿随时取放的纸、笔等材料，也可利用沙地、树枝等自然材料，满足幼儿自由涂画的需要。鼓励幼儿将自己感兴趣的事情或故事画下来并讲给别人听，让幼儿体会写写画画的方式可以表达自己的想法和情感。把幼儿讲过的事情用文字记录下来，并念给他听，使幼儿知道说的话可以用文字记录下来，从中体会文字的用途。

B. 在绘画和游戏中做必要的书写准备，如：通过把虚线画出的图形轮廓连成实线等游戏，促进手眼协调，同时帮助幼儿学习由上至下、由左至右的运笔技能。鼓励幼儿学习书写自己的名字。提醒幼儿写画时保持正确姿势。

③推荐成语。

"入木三分"，释义：原形容书法笔力遒劲。后多用来比喻议论、见解或描写非常深刻。出处，唐代张怀瓘《书断・王羲之》："王羲之书祝版，工人削之，笔入木三分。"

"画蛇添足"，释义：画蛇时给蛇添上脚。比喻做了多余的事，非但无益，反而不合适，也比喻虚构事实，无中生有。出处，《战国策・齐策二》："蛇固无足，子安能为之足？"

"画地成图"，释义：在地上画图，说明地理形势。形容对地理情况十分熟悉。出处，《汉书・张安世传》："还谒大将军光，问千秋战斗方略，山川形势。千秋口对兵事，画地成图，无所忘失。"

"江淹梦笔"，释义：意思同"江郎才尽"，比喻才思减退。出处，元代白朴《恼煞人》套曲："宋玉悲秋愁闷，江淹梦笔寂寞，人间岂无成与破。"

"笔扫千军"，释义：形容文章写得雄劲有力，如同有横扫千军万马的气势。出处，唐代杜甫《醉歌行》诗："词源倒流三峡水，笔阵横扫千人军。"

"正襟危坐"，释义：指把衣襟整理好，端正地坐着。形容严肃恭敬的样子。出处，《史记・日者列传》："宋忠、贾谊瞿然而悟，猎缨正襟危坐。"

"铁杵成针"，释义：比喻只要有毅力和恒心，肯下苦功夫，任何事情都能成功。出处，明代郑之珍《目连救母・四・刘氏斋尼》："好似铁杵磨针，心坚杵有成针日。"

"感同身受"，释义：原指感激的心情如同亲身受到对方的恩惠一样（多用来代替别人表示感谢），现常被用于指虽未亲身经历，但感受就同亲身经历过一样。出处，《晚清文学丛钞・轰天雷》第二回："再者北山在京，万事求二兄代为照顾，感同身受。"

"意在笔先"，释义：指在动笔之前，先构思成熟。出处，晋代王羲之《题卫夫人笔阵图后》："夫欲书者，先干研墨，凝神静思，预想字形大小，偃仰平直振动，令筋脉相连，意在笔前，然后作字。"

"秉笔直书"，释义：本指史官写史不隐晦或夸诞。泛指写公正、真实地反映事物的本来面目，不弄虚作假。出处，清代曾朴《孽海花》第三十五回："我是秉笔直书，悬之国门，不能增损一字。"

“笔下生花”，释义：形容文章写得非常出色。比喻文人才思俊逸，写作的诗文极佳。出处，五代王仁裕《开元天宝遗事下》：“李太白少时梦所用之笔头上生花，后天才赡逸，名闻天下。”

“笔走龙蛇”，释义：笔墨运行或挥笔书写如龙蛇飞舞。形容书法作品笔势流动，矫健多姿。也形容文章文笔流畅，内容生动活泼。出处，唐代李白《草书歌行》：“时时只见龙蛇走，左盘右蹙如惊电。”

“心手相应”，释义：指手法熟练，心里怎么想，手就怎么做。形容技艺娴熟，随心所欲。出处，《南史·萧子云传》：“笔力劲骏，心手相应，巧逾杜度，美过崔寔，当与元常并驱争先。”

“眼疾手快”，释义：指眼快手也快。形容做事机警敏捷。出处，明代施耐庵《水浒传》第四十三回：“倘或被眼疾手快地拿了送官，如之奈何？”

④经典成语故事。

【以荻画地】

释义：荻，芦苇；用芦苇秆在沙地上写画，教给人写字和读书。比喻母亲教子有方。也用于形容人学习非常刻苦，在极其恶劣的环境下也能坚持学习。

出处，《文史通义·古文十弊》：“抑思善相夫者，何必尽识鹿车鸿案？善教子者，岂皆熟记画荻和丸？”

人生哲理：父母是儿童的第一任教师，家庭是人生成长的摇篮。同时，对于知识改变命运的信念，任何时候都不应放弃。

故事内容：相传在欧阳修四岁的时候，他的父亲就去世了，家里一下子变得非常贫困，上不起学，也没钱买书。他的母亲郑夫人承担起养家和教养子女的重任，有一天，郑夫人看到门口池塘里生长的芦苇，于是想到一个办法，就把芦苇秆当作笔，再把河畔的沙地当作纸，用芦苇秆在沙地里写字，手把手教欧阳修识字练字。

母亲还教他诵读许多古人的篇章，欧阳修都非常认真地学习，他养成了喜爱读书的习惯，家中条件差，就去城里读书人家里借书看，有时候还把借的书抄录下来，夜以继日地刻苦学习、努力读书，欧阳修最终成为一代名家，位列“唐宋八大家”之一，也是北宋著名的文学家、政治家。

（三）在社会领域的构建实施

幼儿社会领域的学习与发展过程是其社会性不断完善并奠定健全人格基础的过程。人际交往和社会适应是幼儿社会学习的主要内容，也是其社会性发展的基本途径。幼儿在与成人和同伴交往的过程中，不仅学习如何与人友好相处，也在学习如何看待自己、对待他人，不断发展适应社会生活的能力。良好的社会性发展对幼儿身心健康和其他各方面的发展都具有重要影响。

在构建幼儿园成语故事教学适宜性体系的过程中，社会领域的实施是至关重要的，因为它直接关系到幼儿社会性发展的完善与健全人格的形成。通过成语故事这一载体，我们可以巧妙地融入社会领域的教育目标，促进幼儿在人际交往和社会适应方面的学习与发展。

第一，增强人际交往能力。选择富含人际交往情节的成语故事，如“将心比心”“礼尚往来”等，通过故事讲述引导幼儿理解并学习尊重他人、关心他人、合作分享等社会交往技能。

组织角色扮演活动，让幼儿在模拟的情境中扮演故事中的角色，体验不同的人际交往场景，学会换位思考，增强同理心，提升解决冲突和协商的能力。

第二，培养自我认知与自我管理。利用成语故事中的人物形象和情节，引导幼儿进行自我反思，如通过“自知之明”的故事，帮助幼儿认识到自己的优点和不足，培养自信心和自我调节能力。

鼓励幼儿表达自己的想法和感受，学会自我表达和自我肯定，同时教育他们面对困难和挑战时要勇于担当，培养坚韧不拔的品格。

第三，提升社会规则意识与责任感。选取包含社会规则与道德规范的成语故事，如“诚实守信”“遵纪守法”等，通过故事讲述和讨论，引导幼儿理解并认同社会规则的重要性，培养他们的规则意识和法律意识。

引导幼儿认识到自己的行为对他人和社会的影响，培养他们的责任感和公民意识，如通过“一言既出，驷马难追”的故事，教育幼儿要言而有信，对自己的言行负责。

第四，促进多元文化理解与尊重。虽然成语故事主要源于中华文化，但在教学过程中可以适度引入其他文化的元素，通过对比和讨论，引导幼儿理解不同文化之间的差异和共通之处，培养他们的文化包容性和尊重多样性的态度。

鼓励幼儿分享自己家庭或社区中的传统故事和习俗，增进彼此之间的了解和友谊，促进幼儿跨文化交流与合作的能力。

第五，强化社会情感与道德价值观。成语故事中蕴含着丰富的道德情感和价值观念，如“知恩图报”“助人为乐”等，通过故事讲述和情感体验活动，激发幼儿的道德情感，培养他们的道德判断力和道德行为能力。

引导幼儿将成语故事中的道德观念内化为自己的行为准则，如通过“滴水之恩，当涌泉相报”的故事，教育幼儿要知恩图报，学会感恩和回馈社会。

在社会领域的构建实施中，成语故事教学为幼儿提供了丰富的学习资源和情感体验的机会。通过精心选择和设计教学内容与活动形式，我们可以有效地促进幼儿在人际交往、自我认知与管理、社会规则意识与责任感、多元文化理解与尊重以及社会情感与道德价值观等方面的全面发展。

1. 人际交往

（1）目标 1 愿意与人交往。

①发展目标内容详见表 3-16。

表 3-16 3 ～ 6 岁儿童与人交往发展目标

3～4 岁	4～5 岁	5～6 岁
1. 愿意和小朋友一起游戏。 2. 愿意与熟悉的长辈一起活动。	1. 喜欢和小朋友一起游戏，有经常一起玩的小伙伴。 2. 喜欢和长辈交谈，有事愿意告诉长辈。	1. 有自己的好朋友，也喜欢结交新朋友。 2. 有问题愿意向别人请教。 3. 有高兴的或有趣的事愿意与大家分享。

②《3 ～ 6 岁儿童学习与发展指南》教育建议。

A. 主动亲近和关心幼儿，经常和他一起游戏或活动，让幼儿感受到与成人交往的快乐，建立亲密的亲子关系和师生关系。

B. 创造交往的机会，让幼儿体会交往的乐趣。如：利用走亲戚、到朋友家做客或有客人来访的时机，鼓励幼儿与他人接触和交谈。鼓励幼儿参加小朋友的游戏，邀请小朋友到家里玩，感受有朋友一起玩的快乐。幼儿园应多为幼儿提供自由交往和游戏的机会，鼓励他们自主选择、自由结伴开展活动。

③推荐成语。

“情同手足”，释义：感情很好，像亲兄弟一样。形容彼此之间情谊深厚。出处，唐代李华《吊古战场文》：“谁无兄弟，如足如手。”

“形影不离”，释义：物体和它的影子一刻也不会分离。形容彼此关系密切，时刻都在一起。出处，清代纪昀《阅微草堂笔记》卷二：“青县农家少妇，性轻佻，随其夫操作，形影不离。”

“情投意合”，释义：形容彼此感情融洽，心意相投。出处，明代吴承恩《西游记》第二十七回：“那镇元子与行者结为兄弟，两人情投意合。”

“一诺千金”，释义：一句诺言，价值千金。形容极讲信用，说话算数。出处，《史记·季布栾布列传》：“得黄金百斤，不如得季布一诺。”

“一见如故”，释义：第一次见面就很投缘，像遇见老朋友一样。形容一见面就情投意合，立刻成为好朋友。出处，宋代张洎《贾氏谭录》：“李邺侯为相日，吴人顾况西游长安，邺侯一见如故。”

“精诚所至，金石为开”，释义：人的诚心所达到的地方，像金石那样坚硬的东西也被他打开。形容只要真心诚意去做，总能排除困难，解决问题。出处，汉代王充《论衡·感虚篇》：“精诚所至，金石为开。”

“精诚团结”，释义：一心一意，团结一致。出处，《庄子·渔父》：“真者，精诚之至也，不精不诚，不能动人。”

“竹马之交”，释义：骑竹马做游戏的好友。指童年时代就要好的朋友。出处，唐李白《长干行》：“郎骑竹马来，绕床弄青梅，同居长干里，两小无嫌猜。”

“莫逆之交”，释义：指心意相通、情投意合的朋友。《庄子·大宗师》：“四人相视而笑，莫逆于心，遂相与为友。”

“好问则裕”，释义：指勤于向别人请教，学识就会渊博。出处，《尚书·汤诰》：“好问则裕，自用则小。”

“移樽就教”，释义：端着酒杯到别人面前共饮，以便求教。指主动向人请教。出处，清代李汝珍《镜花缘》第二十一回：“也罢，我们‘移樽就教’罢。”

“能说会道”，释义：形容人口才好，很会说话。出处，清代曹雪芹《红楼梦》第七十四回：“仗着他的模样儿比别人标致些，又长了一张巧嘴，天天打扮的象［像］个西施样子，在人跟前能说惯道，抓尖要强。”

④经典成语故事。

【三人行，必有我师】

释义：三个人同行，其中必定有人可以做我的老师。意思是说，只要虚心求教，到处都有可供学习、效法的对象。

出处，《论语·述而》：“子曰：‘三人行，必有我师焉，择其善者而从之，其不善者而改之。’”

人生哲理：“三人行必有我师”，不仅告诉我们学习的态度和精神，也告诫了我们与人相处的重要原则。首先是任何时候都要保持谦虚的态度；第二是要善于学习他人的长处，同时以他人缺点为戒。严于律己，宽以待人，这不仅是提高自己修养的最好途径，也是促进人际关系和谐的重要条件。

故事内容：我国古代的伟大的思想家、教育家孔子非常重视学习的作用。他自称不是天才，而是通过勤奋学习才成为有学识的人的。所以，他终生都在努力学习。只恐自己学得不够，赶不上别人，因此废寝忘食，乐此不疲，做到了活到老，学到老。孔子进入鲁国的太庙——就是古代帝王祭祀祖先的宗庙，感受到其中的礼仪制度繁复而庄重，他对每件事情都要详细询问，这表明他对待学问的认真和谦逊。可是有人不理解他，讥笑他不懂得“礼”。孔子说，不懂就问，这正是“礼”所要求人做到的。因为在他看来，学问是无止境的，即使是再博学的人，也有不知道的事情。而对待不知道的事情，最正确的态度就是虚心请教、认真学习。孔子提倡不耻下问，也重视学习别人品德上的长处。他说，见到贤人就向他学习，希望能和他看齐，又说：只要有三个人在一块儿行走，其中就必定有可以做我老师的人。我选择他们的优点和长处来学习；也从他们的缺点中得到借鉴，来改正自己身上同样的毛病。后来人们就用“三人行必有我师”这句话，指只要善于向别人学习，那么到处都可以找到值得师法和学习的人。

（2）目标 2 能与同伴友好相处。

①发展目标内容详见表 3-17。

表 3-17　3 ～ 6 岁儿童与同龄人相处发展目标

3～4 岁	4～5 岁	5～6 岁
1. 想加入同伴的游戏时，能友好地提出请求。 2. 在成人指导下，不争抢、不独霸玩具。 3. 与同伴发生冲突时，能听从成人的劝解。	1. 会运用介绍自己、交换玩具等简单技巧加入同伴游戏。 2. 对大家都喜欢的东西能轮流使用、分享。 3. 与同伴发生冲突时，能在他人帮助下和平解决。 4. 活动时愿意接受同伴的意见和建议。 5. 不欺负弱小。	1. 能想办法吸引同伴和自己一起游戏。 2. 活动时能与同伴分工合作，遇到困难能一起克服。 3. 与同伴发生冲突时能自己协商解决。 4. 知道别人的想法有时和自己不一样，能倾听和接受别人的意见，不能接受时会说明理由。 5. 不欺负别人，也不允许别人欺负自己。

②《3 ～ 6 岁儿童学习与发展指南》教育建议。

A. 结合具体情境，指导幼儿学习交往的基本规则和技能。如：当幼儿不知怎样加入同伴游戏，或提出请求不被接受时，建议他拿出玩具邀请大家一起玩；或者扮成某个角色加入同伴的游戏。对幼儿与别人分享玩具、图书等行为给予肯定，让他对自己的表现感到高兴和满足。当幼儿与同伴发生矛盾或冲突时，指导他尝试用协商、交换、轮流玩、合作等方式解决冲突。利用相关的图书、故事，结合幼儿的交往经验，和他讨论什么样的行为受大家欢迎，想要得到别人的接纳应该怎样做。幼儿园应多为幼儿提供需要大家齐心协力才能完成的活动，让幼儿在具体活动中体会合作的重要性，学习分工合作。

B. 结合具体情境，引导幼儿换位思考，学习理解别人。如：幼儿有争抢玩具等不友好行为时，引导他们想想“假如你是那个小朋友，你有什么感受？”让幼儿学习理解别人的想法和感受。

C. 和幼儿一起谈谈他的好朋友，说说喜欢这个朋友的原因，引导他多发现同伴的优点、长处。

③推荐成语。

“和睦相处”，释义：彼此很好地相处在一起。出处，《左传·成公六年》：“上下和睦，周旋不逆。”

“风雨同舟”，释义：在狂风暴雨中同乘一条小船。比喻共同经历患难，共同克服困难和艰险。出处，《孙子·九地》：“夫吴人与越人相恶也，当其同舟共济，遇风，其相救也如左右手。”

“同舟共济”，释义：大家坐一条船过河。比喻在困难的环境中，同心协力，战胜困难。出处，同上。

“患难与共”，释义：共同承担危险和困难。形容彼此关系密切，利害一致。出处，《礼记·儒行》：“儒有闻善以相告也，见善以礼相示也，爵位相先也，患难相死也。”

“投桃报李”，释义：指彼此间的赠送和回报，形容礼尚往来。出处，《诗·大雅·抑》：“投我以桃，报之以李。”

“谦谦君子”，释义：指谦虚有礼的人。形容人的品质高尚、言行谦和。出处，《易·谦》：“谦谦君子，卑以自牧也。”

“和和睦睦”，释义：指相处融洽友好，不争执。出处，路遥《平凡的世界》第四卷第38章：“你们为什么要这样？难道你们不能走到一块和和睦睦过日子吗？”

“志同道合”，释义：指志向相同，理想契合。形容彼此的理想、志趣相同，观点一致。出处，《三国志·魏志·陈思王植传》：“昔伊尹之为媵臣，至贱也，吕尚之处屠钓，至陋也，及其见举于汤武、周文，诚道合志同，玄谟神通，岂复假近习之荐，因左右之介哉。”

“管鲍之交”，释义：管仲和鲍叔牙那样的交情。形容非常深厚的友情。出处，《列子·力命》：“生我者父母，知我者鲍叔也。”

“将心比心”，释义：用自己的心情来对照别人的心情。指能体会别人的心情，设身处地为别人着想。出处，宋代朱熹《朱子语类·大学三》：“俗语所谓将心比心，如此则各得其平矣。”

“飞扬跋扈”，释义：原指意气举动越出常规，不受约束。现多形容蛮横放肆，目中无人。出处，《北史·齐高祖纪》：“景专制河南十四年矣，常有飞扬跋扈志。”

“相亲相爱”，释义：互相亲近爱护。形容关系密切，感情深厚。出处，明代王世贞《鸣凤记·拜谒忠灵》：“与严家大相自幼往往来来，嘻嘻哈哈，同眠同坐，相亲相爱，就是一个人相交，不放下怀。”

“齐心协力”，释义：指心往一块想，劲往一处使。形容思想统一，共同努力。出处，《墨子·尚贤》：“《汤誓》曰：‘聿求元圣，与之戮力同心，以治天下。’”

④经典成语故事。

【刎颈之交】

释义：指可以同生死、共患难的朋友。形容朋友之间情谊深厚。

出处，《史记·廉颇蔺相如列传》："卒相与欢，为刎颈之交。"

人生哲理：刎颈之交是形容朋友之间已经达到可以用生命来捍卫友情的程度，象征着一种深厚的友谊，这种友谊超越了普通的友情，达到了可以共同面对生死、共度患难的境界。它强调了信任、忠诚和牺牲精神在人际关系中的重要性。这个成语故事中有一个重要的点值得我们关注，那就是蔺相如和廉颇都有着正确的价值信念——必须要先顾及国家的利益，对于国家的忠诚是他们坚贞友谊的前提。

故事内容：战国时，赵国宦官缪贤的门客蔺相如，受赵王派遣，带着稀世珍宝和氏璧出使秦国。他凭着智慧与勇气，机智周旋，完璧归赵，得到赵王的赏识，封为上大夫。后来，秦王又提出与赵王在渑池相会，想逼迫赵王屈服。蔺相如和大将军廉颇力劝赵王出席，并作了合理的安排，廉颇以勇猛善战给秦王以兵力上的压力，蔺相如临危不乱据理力争巧妙应对维护了赵王的尊严，并安全回到赵国。赵王为了表彰相如，就封他为上卿，排位在廉颇将军之前。这下廉颇可不乐意了，他认为自己英勇善战，为赵国拼杀立下了赫赫战功，是大功臣，而蔺相如只凭一张嘴，居然官居自己之上。廉颇很不服气，就决心要好好羞辱他一番。蔺相如听到这个消息，便处处回避不与廉颇见面。到了上朝的日子，就称病不去，不想与廉颇争位置排名的先后。有一次，蔺相如出门办事遇到廉颇的车子，廉颇看见就命令手下驱车堵住相如的去路，相如远远望见廉颇的马车挡在路中央，就命令自己的车夫掉头走了。廉颇就更得意了，到处宣扬这件事。蔺相如的门客们听说了，纷纷提出要辞职回家，蔺相如问为什么，他们说："我们为您做事，是因为敬仰您是个真正崇高的君子，可现在您居然对狂妄的廉颇忍气吞声，我们可受不了！"蔺相如听了，哈哈一笑，问道："你们说是秦王厉害还是廉颇将军厉害？我连秦王都不怕，又怎么会怕廉将军呢？秦国现在不敢来侵犯我国，只是害怕我和廉将军一文一武保护着赵国，如果我们两虎相争，必会一伤一亡，渔翁得利的是秦国，这正中他们的下怀。面对荣辱毁誉，我之所以选择忍让，就是为了要把国家的急难摆在前面，而把个人的私怨放在后面。"后来蔺相如的话传到了廉颇耳朵里，他非常惭愧，便脱掉上衣背着荆条在宾客的带领下到蔺相如家去赔礼道歉，蔺相如连忙出来迎接廉颇。廉颇对着蔺相如说："我是个粗野卑贱的人，想不到将军您是如此的宽厚啊！"于是弯腰双手捧着荆条，请蔺相如鞭打自己。蔺相如把荆条扔在地上，急忙用双手扶起廉颇，给他穿好衣服，从此，他们便成了同生死、共患难的好朋友，同心协力一心为国效力。

（3）目标 3 具有自尊、自信、自主的表现。

①发展目标内容详见表 3-18。

表 3-18　3 ～ 6 岁儿童自信心等发展目标

3～4 岁	4～5 岁	5～6 岁
1. 能根据自己的兴趣选择游戏或其他活动。 2. 为自己的好行为或活动成果感到高兴。 3. 自己能做的事情愿意自己做。 4. 喜欢承担一些小任务。	1. 能按自己的想法进行游戏或其他活动。 2. 知道自己的一些优点和长处，并对此感到满意。 3. 自己的事情尽量自己做，不愿意依赖别人。 4. 敢于尝试有一定难度的活动和任务。	1. 能主动发起活动或在活动中出主意、想办法。 2. 做了好事或取得了成功后还想做得更好。 3. 自己的事情自己做，不会的愿意学。 4. 主动承担任务，遇到困难能够坚持而不轻易求助。 5. 与别人的看法不同时，敢于坚持自己的意见并说出理由。

②《3 ～ 6 岁儿童学习与发展指南》教育建议。

A. 关注幼儿的感受，保护其自尊心和自信心。如：能以平等的态度对待幼儿，使幼儿切实感受到自己被尊重。对幼儿好的行为表现多给予具体、有针对性的肯定和表扬，让他对自己优点和长处有所认识并感到满足和自豪。不要拿幼儿的不足与其他幼儿的优点作比较。

B. 鼓励幼儿自主决定，独立做事，增强其自尊心和自信心。如：与幼儿有关的事情要征求他的意见，即使他的意见与成人不同，也要认真倾听，接受他的合理要求。在保证安全的情况下，支持幼儿按自己的想法做事；或提供必要的条件，帮助他实现自己的想法。幼儿自己的事情尽量放手让他自己做，即使做得不够好，也应鼓励并给予一定的指导，让他在做事中树立自尊和自信。

鼓励幼儿尝试有一定难度的任务，并注意调整难度，让他感受经过努力获得的成就感。

③推荐成语。

“自信不疑”，释义：相信自己，毫不怀疑。出处，宋代苏轼《司马温公行状》：“为政之日，自信而不疑。”

“十拿九稳”，释义：形容做事非常有把握。出处，明代阮大铖《燕子笺·购幸》：“此是十拿九稳，必中得计较。”

“不卑不亢”，释义：既不自卑，也不高傲。形容对人处事和待人接物很得体。出处，明代朱之瑜《答小宅生顺书十九首》：“圣贤自有中正之道，不亢不卑，不骄不谄，何得如此也。”

“踌躇满志”，释义：形容人心情愉悦，充满自信和希望。出处，《庄子·养生主》：“提刀而立，为之四顾，为之踌躇满志。”

“意气风发”，释义：指意志和气概像刮风一样迅猛有力。形容精神振奋，气概豪迈。出处，三国魏曹植《魏德论》：“武皇之兴也，以道凌残，义气风发。”

“洁身自爱”，释义：保持自身清白，不与他人同流合污。出处，《孟子·万章上》：“归洁其身而已矣。”

“嗟来之食”，释义：嗟，无礼的招呼声，相当于“喂”，指带有侮辱性的施舍。出处，《礼记·檀弓下》：“予唯不食嗟来之食，以至于斯也！”

“自暴自弃”，释义：自己糟蹋自己，自我放任。形容不自爱，不求上进，自甘落后。出处，《孟子·离娄上》：“自暴者，不可与有言也；自弃者，不可与有为也。”

“礼贤下士”，释义：原指封建时代帝王或大臣敬重贤者和学者，降低身份与他们结交。后泛指地位高的人尊敬和重视有才德的人。出处，《宋书·江夏文献王义恭传》：“礼贤下士，圣人垂训；骄侈矜尚，先哲所去。”

“以礼相待”，释义：用应有的礼节对待或接待。出处，明代施耐庵《水浒全传》第八十九回：“赵枢密留住褚坚，以礼相待。”

“自食其力”，释义：指依靠自己的能力而生活。出处，汉代班固《汉书·食货志》：“今驱民而归之农，皆著于本，使天下各食其力。”

“自力更生”，释义：意为依靠自己的力量，重新获得生命，形容依靠自己的力量使事业发展兴旺。出处，毛泽东《论持久战》：“中国抗战主要依靠自力更生。”

“千里之行，始于足下”，释义：走一千里路，是从迈第一步开始的。比喻事情的成功，是从小到大逐渐积累起来的。出处，《老子》第六十四章：“合抱之木，生于毫末；九层之台，起于累土；千里之行，始于足下。”

“拿定主意”，释义：下定决心，抉择做什么事。出处，清代文康《儿女英雄传》第十七回：“却又一片深心，打了个呼牛也可，呼马也可的主意，任是谁说什么，我只拿定主意，干我的大事去。”

“人云亦云”，释义：别人怎么说，自己也怎么说。形容没有主见。出处，金代蔡松年《槽声同彦高赋》诗：“槽床过竹春泉句，他日人云吾亦云。”

“各抒己见”，释义：每个人充分发表自己的见解。多用于讨论或写文章等。出处，唐代李翱《李文权文集·陵庙日时朔祭议》：“先儒穿凿，各伸己见，皆托古圣贤之名以信其语，故其所记各不同也。”

“运筹帷幄”，释义：运筹，制定策略、筹划。帷幄，古代军中的帐幕。意为在帐幕中谋划计策。泛指主持大计，部署、决策、指挥。出处，《史记·高祖本纪》：“夫运筹帷幄之中，决胜千里之外，吾不如子房。”

“有始有终”，释义：有开始也有结束，指做事能够坚持到底；不半途而废。出处，《论语·子张》：“有始有卒者，其惟圣人乎！”

“再接再厉”，释义：原指公鸡相斗，每次在斗前都要把嘴磨利，后比喻一次又一次地加紧努力，越来越振奋尽力。出处，唐代韩愈《斗鸡联句》：“一喷一醒然，再接再厉乃。”

“精益求精”，释义：形容已经很好了，但还力求更好。出处，《论语·学而》：“《诗》云：‘如切如磋，如琢如磨。’其斯之谓与？”宋代朱熹注：“言治骨角者，既切之而复磋之；治玉石者，既琢之而复磨之，治之已精，而益求其精也。”

④经典成语故事。

【毛遂自荐】

释义：毛遂（自己）推荐自己。比喻自告奋勇，要求担当某项工作。

出处，汉代司马迁《史记·平原君虞卿列传》：“门下有毛遂者，前，自赞于平原君曰：‘遂闻君将合从于楚，约与食客门下二十人偕，不外索。合少一人，愿君即以遂备员而行矣。’”

人生哲理：毛遂自荐告诉我们一个人想要成功，除了自己要刻苦学习，为将来有机会脱颖而出做好充分准备之外，还要有信心，敢于勇敢地站出来展示自己的才能和价值，珍惜命运的机会，这样才能在实现自我价值的同时，也帮助他人实现他们的目标。

故事内容：赵惠文王九年，秦国军队攻打赵国都城邯郸，赵王派平原君出使楚国求救。平原君想从他的门客之中，挑二十个文武双全的人一起去，已经选出十九个剩下一个怎么也挑不到满意的。有一个叫毛遂的门客向平原君推荐自己。平原君说：“大凡贤士处在世上，就像锥子放在布袋里，锥子的尖头立刻就会露出来。而你在我的门下已有三年了，周围的人没有称颂过你，我也没有听谁说起过你，这就说明你没有什么长处。既然你没有什么长处，那还是请留下来吧。”毛遂说：“我只是直到今天，才请你把锥子放到布袋里罢了！如果早一点放进布袋，我早就脱颖而出了，决不会是才露出尖头而已！”平原君听了，觉得他出言不凡，就让他一起去了，其他十九个人都以轻蔑的眼光看着毛遂，但毛遂在途中的谈论却使他们渐渐地钦佩起他来。

平原君到了楚国，向楚王谈判联合抗秦的利弊，从早晨一直谈到中午，说得口干舌燥了，事情仍然没有定下来。那十九名门客就对毛遂说：“先生上去吧。”毛遂手扶宝剑走上台阶，对平原君说：“合纵抗秦的利弊，三言两语就能够说清楚了。现在从日出开始谈，中午还没有达成决议，是为什么呢？”楚王发怒，呵斥说：“你怎么还不下去！我在和你的主人谈话，你是什么东西！”毛遂手按剑柄上前说：“大王之所以呵斥我，是倚仗楚国人多势众。如今我和您相距十步，楚国人再多，您也无法倚仗！您的性命掌握在我手里，我的主人就在面前，你大声呵斥什么？”楚王见毛遂这么勇敢，就没有再呵斥他。毛遂趁机就把帮助赵国对楚国有利的道理，作了非常精辟的分析，他说：“楚国有五千里辽阔的土地，几十万雄师，这么强大的国家，为什么要害怕秦国呢？大王不同意楚国与赵国联盟，难道要等秦国逐个击破，坐以待毙吗？而且秦国多次攻打楚国，抢夺城池、烧毁破坏楚国先王的陵庙，这样的耻辱难道你们忘了吗？”毛遂的一番话，说得楚王心悦诚服，答应马上出兵。后来，楚、魏等国联合出兵援救赵国，秦国军队就撤退了。平原君回赵国后，他很感叹地说：“毛先生的三寸不烂之舌，强过百万大军啊！”于是把毛遂奉为了自己的上宾。

（4）目标 4 关心、尊重他人。

①发展目标内容详见表 3-19。

表 3-19　3 ～ 6 岁儿童关心、尊重他人发展目标

3～4 岁	4～5 岁	5～6 岁
1. 长辈讲话时能认真听，并能听从长辈的要求。 2. 身边的人生病或不开心时表示同情。 3. 在提醒下能做到不打扰别人。	1. 会用礼貌的方式向长辈表达自己的要求和想法。 2. 能注意到别人的情绪，并有关心、体贴的表现。 3. 知道父母的职业，能体会到父母为养育自己所付出的辛劳。	1. 能有礼貌地与人交往。 2. 能关注别人的情绪和需要，并能给予力所能及的帮助。 3. 尊重为大家提供服务的人，珍惜他们的劳动成果。 4. 接纳、尊重与自己的生活方式或习惯不同的人。

②《3 ～ 6 岁儿童学习与发展指南》教育建议。

A. 成人以身作则，以尊重、关心的态度对待自己的父母、长辈和其他人。如：经常问候父母，主动做家务。礼貌地对待老年人，如坐车时主动为老人让座。看到别人有困难能主动关心并给予一定的帮助。

B. 引导幼儿尊重、关心长辈和身边的人，尊重他人劳动及成果。如：提醒幼儿关心身边的人，如妈妈累了，知道让她安静休息一会儿。借助故事、图书等给幼儿讲讲父母抚育孩子成长的经历，让幼儿理解和体会父爱与母爱。结合实际情境，提醒幼儿注意别人的情绪，了解他们的需要，给予适当的关心和帮助。利用生活机会和角色游戏，帮助幼儿了解与自己关系密切的社会服务机构及其工作，如商场、邮局、医院等，体会这些机构给大家提供的便利和服务，懂得尊重工作人员的劳动，珍惜劳动成果。

C. 引导幼儿学习用平等、接纳和尊重的态度对待差异。如：了解每个人都有自己的兴趣、爱好和特长，可以相互学习。利用民间游戏、传统节日等，适当向幼儿介绍我国主要民族和世界其他国家和民族的文化，帮助幼儿感知文化的多样性和差异性，理解人们之间是平等的，应该互相尊重，友好相处。

③推荐成语。

“敬老尊贤”，释义：尊敬年纪大的或品德高尚、才能出众的人。出处，汉代刘向《说苑·修文》：“入其境，土地辟除，敬老尊贤，则有庆，益其地。”

“尊师重道”，释义：尊敬老师，重视老师的传授的知识、道理。出处，南朝宋范晔《后汉书·孔僖传》：“臣闻明王圣主，莫不尊师贵道。”

“平易近人”，释义：对人和蔼可亲，没有架子，使人容易接近。出处，《史记·鲁周公世家》：“平易近民，民必归之。”

“关怀备至”，释义：形容对人的关心爱护极其周到。出处，刘白羽《海天集·伟大创业者》：“总理对人总是关怀备至，体贴入微。”

“以礼相待”，释义：用应有的礼节对待或接待。出处，明代施耐庵《水浒全传》第八十九回：“赵枢密留住褚坚，以礼相待。”

“彬彬有礼”，释义：用于形容文雅而有礼貌。出处，清代李汝珍《镜花缘》第八十三回：“唤出他两个儿子，兄先弟后，彬彬有礼。”

“安老怀少”，释义：指为人处世的美德，意思是尊重老人，使其安逸；关怀年轻人，使其信服。出处，《论语·公冶长》：“子路曰：‘原闻子之志。’子曰：‘老者安之，朋友信之，少者怀之。’”

“无微不至”，释义：没有一处细微的地方不照顾到。形容关怀照顾得非常细致周到。出处，清代文康《儿女英雄传》三八回：“看了长姐儿这节事，才知圣人教诲无微不至。

“一粥一饭”，释义：意指衣食来之不易，主要是劝诫人们讲求节约。出处，清代朱柏庐《治家格言》：“一粥一饭，当思来处不易；半丝半缕，恒念物力维艰。”

“虚己以听”，释义：虚心听取别人意见。形容接受意见态度诚恳。出处，汉代韩婴《韩诗外传》第二卷：“君子盛德而卑，虚己以受人。”

“和而不同”，释义：意指君子能够与他人和谐相处，却不盲从附和。出处，《论语·子路》：“君子和而不同，小人同而不和。”

“兼容并包”，释义：意思是把相关的各个方面全都容纳包括进来。出处，《史记·司马相如列传》：“故驰骛乎兼容并包，而勤思乎参天贰地。”

“一视同仁”，释义：原指圣人对百姓一样看待，同施仁爱。后多表示对人同样看待，不分厚薄。出处，唐的韩愈《原人》：“是故圣人一视同仁，笃近而举远。”

“雅量高致”，释义：形容人气度宽宏，情致高雅。出处，《三国志·吴志·周瑜传》“惟与程普不睦”裴松之注引晋代虞溥《江表传》：“幹（蒋幹）还，称瑜雅量高致，非言辞所间。”

“博古通今”，释义：意思是指对古代的事知道得很多，并且通晓现代的事情，形容知识渊博。出处，《孔子家语·观周》：“吾闻老聃博古知今。”

“雅俗共赏”，释义：形容作品兼具优美、通俗之品格，能为不同文化水平者欣赏。出处，明代孙人儒《东郭记·绵驹》：“闻得有绵驹善歌，雅俗共赏。”

④经典成语故事。

【让枣推梨】

释义：原指小孩一起吃东西时互相推让的美德，现在用来形容兄弟间的友爱和礼让。

出处，清代张英《题宫定庵四迹图》诗：“少小联裾至乐存，推梨让枣度朝昏。”

人生哲理：他们的故事告诉我们做人应该懂得谦让，只有善待他人、学会礼让，才能够树立起良好的道德情操。

故事内容：南北朝时期，有一个叫作王泰的人，从小就聪明有悟性、懂礼貌。有一次，王泰和伯伯叔叔的孩子们在一起玩。大家年龄都差不多，天天都在一块儿做游戏，玩得非常开心。他们的奶奶非常疼爱这些可爱的孙子们，就把孩子们叫到身边，端出一盘枣子来分给他们吃。小伙伴们一见又有好东西吃，都赶紧围着奶奶，伸着小手向奶奶要。只有王泰仍站在一边，一点也不着急。奶奶知道王泰最喜欢吃枣子了，见他站在一旁不动，就叫王泰过来，问道：“你不是很爱吃枣子吗？怎么不过来拿呢？”王泰用手指着小兄弟们，回答说：“奶奶，您让他们先拿吧！剩下的给我吃就行了。”奶奶听了，高兴地说：“我的宝贝孙子真懂事！”亲戚们都很赞赏他有礼貌和礼让他人的品德，认为他长大后必定有出息，是个奇特的人才。

在东汉时期，有一个叫做孔融的人，他小时候聪明好学，才思敏捷，大家都夸他是奇才。孔融很懂礼貌，父母非常喜爱他。在孔融四岁的时候，一天，父亲的朋友带了一盘梨子，给孔融兄弟们吃。父亲叫最小的小弟挑，小弟挑走了一个最大的。父亲让孔融挑，孔融挑了个最小的梨子。孔融说：“我年纪小，应该吃小的梨，大梨该给哥哥们。”父亲听后十分惊喜，又问：“那弟弟也比你小啊？”孔融说：“因为弟弟比我小，所以我也应该让着他。”孔融让梨的故事，很快传遍了天下。孔融让梨的故事也是弘扬中华传统美德的经典故事之一，他告诉人们要学会孝亲敬老，懂得尊重，不要自私自利。

2. 社会适应

（1）目标 1　喜欢并适应群体生活。

①发展目标内容详见表 3-20。

表 3-20　3 ～ 6 岁儿童适应性发展目标

3～4 岁	4～5 岁	5～6 岁
1. 对群体活动有兴趣。 2. 对幼儿园的生活好奇，喜欢上幼儿园。	1. 愿意并主动参加群体活动。 2. 愿意与家长一起参加社区的一些群体活动。	1. 在群体活动中积极、快乐。 2. 对小学生活有好奇和向往。

②《3 ～ 6 岁儿童学习与发展指南》教育建议。

A. 经常和幼儿一起参加一些群体性的活动，让幼儿体会群体活动的乐趣。如：参加亲戚、朋友和同事间的聚会以及适合幼儿参加的社区活动等，支持幼儿和不同群体的同伴一起游戏，丰富其群体活动的经验。

B. 幼儿园组织活动时，可以经常打破班级的界限，让幼儿有更多机会参加不同群体的活动。

C. 带领大班幼儿参观小学，讲讲小学有趣的活动，唤起他们对小学生活的好奇和向往，为入学做好心理准备。

③推荐成语。

“群贤毕至”，释义：指贤能者齐集，济济一堂，都汇聚在这里。出处，晋代王羲之《兰亭集序》：“群贤毕至，少长咸集，此地有崇山峻岭，茂林修竹。”

“成群结队”，释义：结成一群群、一队队，形容很多。出处，明代罗贯中《三国演义》第九十五回：“忽然山中居民，成群结队，飞奔而来，报说魏兵已到。”

“其利断金”，释义：比喻能够发挥很大的力量。泛指团结合作。出处，《周易・系辞上》：“二人同心，其利断金；同心之言，其臭如兰。”

“众志成城”，释义：指众人意志统一，就能像城墙一样坚固。比喻团结一致，力量无比强大。出处，《国语・周语下》：“众心成城，众口铄金。”

“人山人海”，释义：形容聚集在一起的人非常多。出处，明代施耐庵《水浒全传》第五十一回：“每日有那一般打散，或是戏舞，或是吹弹，或是歌唱，赚得那人山人海价看。”

“车水马龙”，释义：指车像流水，马像游龙。形容来往车马很多，连续不断的热闹情景。出处，《后汉书・明德马皇后纪》：“前过濯龙门上，见外家问起居者，车如流水，马如游龙。”

“络绎不绝”，释义：形容行人、车马、船只等来来往往，接连不断。出处，《后汉书·南匈奴传》：“窜逃入塞者络绎不绝。”

“有声有色”，释义：有声音、有色彩，形容说话或表演精彩生动。出处，清代洪亮吉《北江诗话》卷一：“写月有声有色如此，后人复何着笔耶？”

“其乐融融”，释义：形容在某种情况之下，极其舒畅快乐。出处，《左传·隐公元年》：“公入而赋：‘大隧之中，其乐也融融。’”

“乐不思蜀”，释义：很快乐，不思念蜀国。比喻在新环境中得到乐趣，不再想回到原来环境中去。出处，《三国志·蜀书·后主传》裴松之注引《汉晋春秋》：“问禅曰：‘颇思蜀否？’禅曰：‘此间乐，不思蜀。’”

④经典成语故事。

【乐此不疲】

释义：因喜欢做某件事而不知疲倦。形容对某事特别爱好而沉浸其中。

出处，《后汉书·光武帝纪》：“我自乐此，不为疲也。”

人生哲理：乐此不疲体现了一种积极的生活态度和人生观。它强调了个人对于生活的热爱和追求，以及这种追求对于个人成长和自我实现的重要性。通过全身心投入自己热爱的事业或活动，个体不仅能够获得内心的满足和快乐，还能够帮助自己超越疲劳和困难，成为推动个体不断前进的动力，实现自我价值的提升和社会价值的实现。

故事内容：汉光武帝刘秀是个勤奋刻苦的人，无论是在东征西战的战争年代，还是在天下太平的和平时期，他都勤奋工作，努力办事，为大家做出榜样。刘秀登基后，工作更加紧张繁忙。由于多年战乱刚刚平息，国家大事百废待兴，天下百姓盼望安定，刘秀就把工作重点转到发展生产、使人民安居乐业上，每天和大臣们忙于工作。他每天很早上朝，处理国家大事，很晚散朝回宫，还要与文武大臣们谈论治理国家的道理，商量和处理一些问题，稍有空闲，他还要伏案读书、批文。每天很晚才能休息。他的儿子刘庄，见父亲每天如此劳累，十分关心父亲的身体健康，便劝谏刘秀说：“父皇勤政为民，有大禹、商汤那样的贤明，可是天天如此操劳，儿臣实在放心不下，希望父皇效仿黄帝、老子的养身之道，生活更悠闲、安宁，您身体健康，也是天下百姓之福！”刘秀听后哈哈大笑，说：“我自己乐于这样做，习惯了，一点儿也不觉得疲劳啊！”刘庄听了，深受感动。在刘秀的努力下，人民的生活逐步得到改善，汉朝又强盛起来，史称“光武中兴”。

（2）目标 2 遵守基本的行为规范。

①发展目标内容详见表 3-21。

表 3-21　3～6 岁儿童行为发展目标

3～4 岁	4～5 岁	5～6 岁
1. 在提醒下，能遵守游戏和公共场所的规则。 2. 知道不经允许不能拿别人的东西，借别人的东西要归还。 3. 在成人提醒下，爱护玩具和其他物品。	1. 感受规则的意义，并能基本遵守规则。 2. 不私自拿不属于自己的东西。 3. 知道说谎是不对的。 4. 知道接受了的任务要努力完成。 5. 在提醒下，能节约粮食、水电等。	1. 理解规则的意义，能与同伴协商制定游戏和活动规则。 2. 爱惜物品，用别人的东西时也知道爱护。 3. 做了错事敢于承认，不说谎。 4. 能认真负责地完成自己所接受的任务。 5. 爱护身边的环境，注意节约资源。

②《3～6 岁儿童学习与发展指南》教育建议。

A. 成人要遵守社会行为规则，为幼儿树立良好的榜样。如：答应幼儿的事一定要做到、尊老爱幼、爱护公共环境、节约水电等。

B. 结合社会生活实际，帮助幼儿了解基本行为规则或其他游戏规则，体会规则的重要性，学习自觉遵守规则。如：经常和幼儿玩带有规则的游戏，遵守共同约定的游戏规则。利用实际生活情境和图书故事，向幼儿介绍一些必要的社会行为规则，以及为什么要遵守这些规则。在幼儿园的区域活动中，创设情境，让幼儿体会没有规则的不方便，鼓励他们讨论制定规则并自觉遵守。

对幼儿表现出的遵守规则的行为要及时肯定，对违规行为给予纠正。如：幼儿主动为老人让座时要表扬；幼儿损害别人的物品或公共物品时要及时制止并主动赔偿。

C. 教育幼儿要诚实守信。如：对幼儿诚实守信的行为要及时肯定。允许幼儿犯错误，告诉他改了就好。不要打骂幼儿，以免他因害怕惩罚而说谎。小年龄幼儿经常分不清想象和现实，成人不要误认为他是在说谎。发现幼儿说谎时，要反思是不是因自己对幼儿的要求过高过严。如果是，要及时调整自己的行为，同时要严肃地告诉幼儿说谎是不对的。经常给幼儿分配一些力所能及的任务，要求他完成并及时给予表扬，培养他的责任感和认真负责的态度。

③推荐成语。

“言信行果”，释义：说出的话一定守信用，答应别人的事一定办成。出处，梁启超《近世第一大哲康德之学说·发端及其略传》：“正直谨严，言信行果。”

“循规蹈矩”，释义：遵循规和矩的标准（规和矩分别为定圆、方的标准工具）。借指遵守规章制度，严守纪律，不违反规定。也形容拘泥保守，不懂得变通。出处，宋代朱熹《答方宾王书》：“循涂守辙，犹言循规蹈矩云尔。”

“奉公守法”，释义：奉行公事，遵守国家规定的法令制度，不违法徇私。出处，《史记·廉颇蔺相如列传》:"以君之贵，奉公如法则上下平，上下平则国强。"

"光明磊落"，释义：形容人心地纯正，光明正大，坦白无私。出处，《晋书·右勒载记下》:"大丈夫行事，当礌（磊）落落，如日月皎然。"

"掩耳盗铃"，释义：把耳朵捂住偷铃铛，以为自己听不见，别人也不会听见。比喻自欺欺人。出处，《吕氏春秋·自知》:"百姓有得钟者，欲负而走，则钟大不可负。以椎毁之，钟况然有音。恐人闻之而夺己也，遽掩其耳。"

"不义之财"，释义：不应该得到的或用不正当手段获得的财物。出处，汉代刘向《列女传·齐田稷母传》:"不义之财，非吾有也，不孝之子，非吾子也。"

"不饮盗泉"，释义：比喻为人廉洁。出处，《尸子》:"（孔子）过于盗泉，渴矣而不饮，恶其名也。"

"言而有信"，释义：指说话算数，讲信用。出处，《论语·学而》:"与朋友交，言而有信。"

"童言无忌"，释义：小孩天真烂漫，说话没有忌讳。出处，巴金《家》:"老太爷因为觉群在堂屋里说了不吉利的话，便写了'童言无忌，大吉大利'的红纸条，拿出来贴在门柱上。"

"表里如一"，释义：外表与内部一致，比喻言行与思想完全一致。出处，《朱子全书·论语》:"行之以忠者，是事事要著实，故某集注云：'以忠，则表里如一。'"

"童叟无欺"，释义：指对儿童和老人都不欺骗。形容做生意公平诚实。出处，清代吴趼人《二十年目睹之怪现状》第五回:"但不知可有'货真价实，童叟无欺'的字样没有？"

④经典成语故事。

【约法三章】

释义：原指订立三条简单的法律条款与人民共同遵守。后泛指订立简单的条款，相约共同遵守。

出处，《史记·高祖本纪》:"与父老约，法三章耳：杀人者死，伤人及盗抵罪。"《汉书·刑法志》:"高祖初入关，约法三章。"

人生哲理：约法三章蕴含了朴素的保护人身权利、财产权利和倡导社会契约等政治思想和法治精神。一个社会要安定，就需要制定公正的法律与约束。同时，无论是个人、集体还是国家治理，都应该遵循法律和规则，用法律来维护社会的秩序和公平正义，这样才能赢得人民群众的信任和支持。

故事内容：秦朝末年，秦朝最后一位皇帝子婴才即位四十几天，农民起义军领袖刘邦便率领大军攻入了关中，离秦都咸阳只有几十里，眼看大势已去，子婴只好向刘邦投降。

刘邦进入咸阳的皇宫，立刻被富丽堂皇的建筑、无数的美女珍宝迷花了眼，就想住在宫中享受荣华富贵。不过刘邦的想法立刻遭到了他的部下樊哙和张良的反对，他们二人认为目前的首要工作不是住进皇宫，而是先要安抚百姓，不能光顾着自己享乐引起人们的恐慌，不然会失去老百姓的拥戴。

刘邦仔细思考认为二人说得没错，于是立刻下令封闭皇宫，派出士兵维持咸阳城内的秩序，并安排少量军士守住皇宫的财物，自己则带领大部队回到几十里外的灞上驻扎。

为了赢得人民的支持，稳定当时的社会秩序，刘邦派人将关中的乡绅豪杰都召集了起来，并郑重的向人们宣布："秦国的严刑苛法害苦了大家，应该立即废除，不过现在，我先和众位达成三条约定，不管是谁都要遵守。第一条，杀人者要处死；第二条，伤人者要抵罪；第三条，盗窃者也要判刑。"人们听了刘邦所制定的三条规定表示非常认同，接着刘邦又派人到各县各乡去贴告示作宣传。老百姓听了，都热烈拥护，纷纷送来酒肉慰问。刘邦也因为执行约法三章得到了老百姓的信任，这三条法律虽然简洁明了，但却体现了当时社会对于正义和秩序的追求，也为以后刘邦取得汉朝的天下奠定了基础。

（3）目标 3　具有初步的归属感。

①发展目标内容详见表 3-22。

表 3-22　3 ～ 6 岁儿童归属感发展目标

3~4 岁	4~5 岁	5~6 岁
1. 知道和自己一起生活的家庭成员及与自己的关系，体会到自己是家庭的一员。 2. 能感受到家庭生活的温暖，爱父母，亲近与信赖长辈。 3. 能说出自己家所在街道、小区（乡镇、村）的名称。 4. 认识国旗，知道国歌。	1. 喜欢自己所在的幼儿园和班级，积极参加集体活动。 2. 能说出自己家所在地的省、市、县（区）名称，知道当地有代表性的物产或景观。 3. 知道自己是中国人。 4. 奏国歌、升国旗时能自动站好。	1. 愿意为集体做事，为集体的成绩感到高兴。 2. 能感受到家乡的发展变化并为此感到高兴。 3. 知道自己的民族，知道中国是一个多民族的大家庭，各民族之间要互相尊重，团结友爱。 4. 知道国家一些重大成就，爱祖国，为自己是中国人感到自豪。

②《3 ～ 6 岁儿童学习与发展指南》教育建议。

A. 亲切地对待幼儿，关心幼儿，让他感到长辈是可亲、可近、可信赖的，家庭和幼儿园是温暖的。如：多和孩子一起游戏、谈笑，尽量在家庭和班级中营造温馨的氛围。通过和幼儿一起翻阅照片、讲幼儿成长的故事等，让幼儿感受到家庭和幼儿园的温暖，老师的和蔼可亲，对养育自己的人产生感激之情。

B. 吸引和鼓励幼儿参加集体活动，萌发集体意识。如：幼儿园和班级里的重大事情和计划，请幼儿集体讨论决定。幼儿园应经常组织多种形式的集体活动，激发幼儿的集体荣誉感。

C. 运用幼儿喜闻乐见和能够理解的方式激发幼儿爱家乡、爱祖国的情感。如：和幼儿说一说或在地图上找一找自己家所在的省、市、县（区）名称。和幼儿一起外出游玩，一起看有关的电视节目或画报等；和他们一起收集有关家乡、祖国各地的风景名胜、著名的建筑、独特物产的图片等，在观看和欣赏的过程中激发幼儿的自豪感和热爱之情。利用电视节目或参加升旗等活动，向幼儿介绍国旗、国歌以及观看升旗、奏国歌的礼仪。向幼儿介绍反映中国人聪明才智的发明和创造，激发幼儿的民族自豪感。

③推荐成语。

“叶落归根”，释义：树叶从树冠上掉下，落在根部泥土上。原比喻事物总有一定的归宿。后多比喻离开家乡的人，最终都要回到故乡。出处，宋代释道原《景德传灯录》卷五：“叶落归根，来时无口。”

“如鱼得水”，释义：像鱼儿得到水一样。比喻碰到跟自己很投合的人或对自己很适合的环境。出处，《三国志·蜀书·诸葛亮传》：“孤之有孔明，犹鱼之有水也。”

“国破家亡”，释义：国家覆灭、家庭毁灭。出处，晋代刘琨《答卢谌书》：“国破家亡，亲友雕残。”

“背井离乡”，释义：被迫离开家乡，到外地求生。出处，元代贾仲名《对玉梳》第一折：“送得他离乡背井，进退无门。”

“血脉相连”，释义：指人与人之间有血缘关系。比喻关系非常密切，不可分离。出处，五代释延寿《宗镜录》卷七〇：“血脉相连犹如父子，故名不离。”

“相濡以沫”，释义：原指鱼在缺水的困境中互相吐唾沫沾湿对方，以维持生命。后比喻在困境中竭力互相帮助。出处，《庄子·大宗师》：“泉涸，鱼相与处于陆，相呴以湿，相濡以沫。”

“故土难离”，释义：难于离开故乡的土地。形容对家乡或祖国怀有眷恋之情。出处，李晓明《平原枪声》：“俗话说：‘故土难离’。”

“归心似箭”，释义：指想回家的心情像射出的箭一样快，形容想回家或返回原地的心情十分迫切。出处，清代石玉昆《三侠五义》第三十一回：展爷真是归心似箭。这一日天有二鼓，已到了武进县，以为连夜可以到家。

“同甘共苦”，释义：指共同享受欢乐，一起承当艰苦。出处，汉代刘向《战国策·燕策一》：“燕王吊死问生，与百姓同其甘苦。”

“恭敬桑梓”，释义：桑梓：桑树和梓树，古时家宅旁边常栽的树木，指代故乡。比喻热爱故乡和敬重父老乡亲。出处，《诗·小雅·小弁》：“维桑与梓，必恭敬止。”

“群策群力”，释义：表示发挥群体作用，一起出谋划策，贡献力量。形容遇到问题时大家团结一致，共同出力想办法。出处，汉代扬雄《法言·重黎》：“汉屈群策，群策屈群力。”

“万众一心”，释义：千万个人一条心。形容众人团结一致。出处，《后汉书·朱儁传》：“万人一心，犹不可当，况十万乎！”

“和睦相处”，释义：彼此很好地相处在一起。出处，《左传·成公六年》：“上下和睦，周旋不逆。”

“和气致祥”，释义：原指气候温和适合作物生长。后指与人相处关系融洽能够招致吉祥。出处，《汉书·刘向传》：“和气致祥，乖气致异。”

“爱国如家”，释义：爱国像爱自己的家一样。形容非常热爱自己的爱国。出处，汉代荀悦《汉纪·惠帝纪》：“封建诸侯各世其位，欲使亲民如子、爱国如家。”

④经典成语故事。

【精忠报国】

释义：指用全部忠诚报效国家。

出处，《宋史·岳飞传》：“初命何铸鞫之，飞裂裳以背示铸，有‘尽忠报国’四大字，深入肤理。”

人生哲理：“精忠报国”是中华民族的传统美德，是一种为国家和人民奉献的高尚品质，是一种爱国主义的表现，是一种自我超越和自我牺牲的精神。精忠报国，既是一种民族精神和气节，又是一种人生远大志向，教育我们要有坚定的信仰、高尚的品质、勇敢的精神和无私的奉献。

故事内容：宋朝时期，有个人叫岳飞，岳飞小时虽家境贫寒，但勤奋好学，还练就了一身好武艺，成为文武双全的人才。他有勇有谋，一心想为国家效力。

当时，北方金兵常常入侵，宋朝当权者腐败无能，畏畏缩缩，一直在打败仗。整个大宋像一座在暴风雨中摇摇晃晃的危楼一样，仿佛随时都会倒塌。岳飞目睹了金人入侵后人民惨遭杀戮、奴役的情形，心中愤慨，意欲投军，可是又担忧老母年迈，妻儿力弱，在兵乱中难保安全。岳母姚氏是位深明大义的妇女，积极勉励岳飞“从戎报国”，她把岳飞叫到面前，语重心长地说：“现在国家处于存亡的危急关头，你打算做点什么？”

“好男儿应当尽忠报国！”岳飞响亮地回答。

岳母听了儿子的回答，满意地点了点头。她拿出绣花针，在岳飞背上刺下“尽忠报国（后世演义为“精忠报国”）四个字，希望儿子可以将这句誓言铭记于心。

“儿子，你忍一下，可能有点痛。”岳母怕儿子疼，提醒道。

岳飞痛快地露出后背，说：“我是男子汉大丈夫，以后要上前线打仗的，这点小痛算什么！”

岳飞牢记母亲教诲，忍痛别过亲人，投身抗金前线，英勇杀敌，立下赫赫战功，成为一名抗金名将。

（四）在科学领域的构建实施

幼儿的科学学习是在探究具体事物和解决实际问题中，尝试发现事物间的异同和联系的过程。幼儿在对自然事物的探究和运用数学解决实际生活问题的过程中，不仅能获得丰富的感性经验，充分发展形象思维，而且还能初步尝试归类、排序、判断、推理，逐步发展逻辑思维的能力，为其他领域的深入学习奠定基础。

在幼儿园阶段，将成语故事教学融入科学领域，不仅能够丰富幼儿的语言表达与文化素养，还能通过故事中的逻辑与现象，促进幼儿科学探究能力和逻辑思维的发展。

第一，精选成语故事，注重科学元素。筛选故事：选择富含科学原理或体现科学探究精神的成语故事，如“刻舟求剑”中蕴含的相对运动概念，“守株待兔”反映的自然规律与概率思维等。

改编创新：在保留故事精髓的基础上，适当改编以适应幼儿认知水平，增加互动性和趣味性，使科学元素更加直观易懂。

第二，设计探究式学习活动。提出问题：利用成语故事中的情境，引导幼儿提出问题，如“为什么刻舟不能找到剑？”激发幼儿的好奇心与探究欲。

实验探索：设计简单的科学实验或活动，让幼儿亲手操作，观察现象，验证或反驳故事中的科学原理。例如：通过小船与标记物的移动实验，理解相对运动的概念。

讨论交流：鼓励幼儿分享观察结果，讨论实验中的发现，培养他们的语言表达能力和逻辑思维能力。

第三，融合数学与逻辑思维训练。数量与空间：在成语故事教学中融入数量关系和空间概念，如通过“一举两得”故事，引导幼儿理解数量的增加与效率的提升。

排序与分类：利用成语中的情节或角色，设计排序或分类游戏，如按成语故事中角色的智慧程度排序，培养幼儿的逻辑思维和分类能力。

推理判断：引导幼儿根据成语故事中的线索进行推理判断，如分析“狐假虎威”中狐狸的行为策略，培养其批判性思维和解决问题的能力。

第四，情境模拟与角色扮演。情境创设：模拟成语故事中的场景，让幼儿通过角色扮演深入体验故事情境，加深对科学原理和社会规则的理解。

情感共鸣：通过角色扮演，让幼儿体会故事中人物的情感变化与决策过程，促进情感与道德的发展。

第五，家园共育，延伸学习。亲子阅读：鼓励家长与孩子共读成语故事，并在家庭中开展相关的科学小实验或讨论，形成家园一致的教育环境。

社区资源：利用社区资源，如科技馆、自然博物馆等，组织幼儿参观学习，将成语故事中的科学原理与现实生活相联系。

通过上述措施，在幼儿园科学领域构建成语故事教学适宜性体系，不仅能够丰富幼儿的知识体系，还能有效促进幼儿科学探究能力、逻辑思维能力和综合素质的全面发展。

1. 科学探究

（1）目标 1 亲近自然，喜欢探究。

①发展目标内容详见表 3-23。

表 3-23 3 ～ 6 岁儿童亲近自然探究能力发展目标

3～4 岁	4～5 岁	5～6 岁
1. 喜欢接触大自然，对周围的很多事物和现象感兴趣。 2. 经常问各种问题，或好奇地摆弄物品。	1. 喜欢接触新事物，经常问一些与新事物有关的问题。 2. 常常动手动脑探索物体和材料，并乐在其中。	1. 对自己感兴趣的问题总是刨根问底。 2. 能经常动手动脑寻找问题的答案。 3. 探索中有所发现时感到兴奋和满足。

②《3 ～ 6 岁儿童学习与发展指南》教育建议。

A. 经常带幼儿接触大自然，激发其好奇心与探究欲望。如：为幼儿提供一些有趣的探究工具，用自己的好奇心和探究积极性来感染和带动幼儿。和幼儿一起发现并分享周围新奇、有趣的事物或现象，一起寻找问题的答案。通过拍照和画图等方式保留和积累有趣的探索与发现。

B. 真诚地接纳、多方面支持和鼓励幼儿的探索行为。如：认真对待幼儿的问题，引导他们猜一猜、想一想，有条件时和幼儿一起做一些简易的调查或有趣的小实验。容忍幼儿因探究而弄脏、弄乱、甚至破坏物品的行为，引导他们活动后做好收拾整理。

多为幼儿选择一些能操作、多变化、多功能的玩具材料或废旧材料，在保证安全的前提下，鼓励幼儿拆装或动手自制玩具。

③推荐成语。

“孜孜不倦”，释义：形容工作或学习勤奋不知疲倦。出处，《尚书 · 君陈》：“惟日孜孜，无敢逸豫。”

“刨根问底”，释义：指查问根源，探究底细，形容钻研的精神。出处，老舍《老张的哲学》第三二：“一辆汽车碰在一株老树上，并没伤人……谁能刨根问底地要证据。”

“深思熟虑”，释义：指反复细致地思索考虑。出处，《魏书·程骏传》：“且攻难守易；则力悬百倍；不可不深思；不可不熟虑。”

“发人深思”，释义：启发人深入地思考。形容语言或文章等有深刻的含意，耐人寻味。出处，唐代刘禹锡《柳花词三首（其二）》：“轻飞不假风，轻落不委地。撩乱舞晴空，发人无限思。”

“顺藤摸瓜”，释义：沿着瓜藤去摸取瓜儿。比喻沿着发现的线索去追究事情的根底。出处，王士美《铁旋风》第一部第六章：“依我看，我们现在应该抓紧，但不要去惊扰他，同时可以顺蔓摸瓜，最后弄清楚情况。”

“好学不倦”，释义：喜欢学习，不感厌倦。形容学习刻苦努力。出处，《史记·楚世家》：“昔我文公，狐季姬之了也，有宠于献公，好学不倦。”

“追本溯源”，释义：指追究根本，探索源头。比喻追寻根源。出处，石三友《金陵野史·圆明园与基泰工程司》：“说到这八座模型，追本溯源，不能不提到北洋政府时的总长朱启钤。”

“罗缕纪存”，释义：指详细记录并保存。出处，清代袁枚《祭妹文》：“悔当时不将嫛婗情状，罗缕纪存。”

④经典成语故事。

【拔苗助长】

释义：通过拔起秧苗的办法让禾苗长得快些。比喻违反事物发展的客观规律，急于求成却遭到失败。

出处，《孟子·公孙丑上》：“宋人有闵[悯]其苗之不长而揠之者，芒芒然归，谓其人曰：‘今日病矣，予助苗长矣。’其子趋而往视之，苗则槁矣。”

人生哲理：客观事物的发展都有其自身的规律，认识客观世界就是探究寻找这样的规律。人们对于一切事物都必须遵照客观规律去发挥自己的主观能动性，才会把事情做好。反之，只靠自己的主观意愿去做，即使有善良的愿望，美好的动机，结果也只能是适得其反。

故事内容：古时候宋国有个农夫，他是个急性子，他刚在田里种下了一片秧苗，就希望能赶紧收获，天天都跑到田地里去打量，一会又蹲下去用手量一量秧苗有没有长高。每次他到田里的时候，都嫌那些秧苗长得太慢，他等得不耐烦，心想：“怎么样才能使稻苗长得高，长很快呢？”想了又想，他终于想出了一个办法：“我把苗往高处拔拔，秧苗不就一下子长高了一大截吗？”说干就干，他就动手把秧苗一棵一棵拔高。他从中午一直干到太阳落山，才拖着发麻的双腿往家走。一进家门，他一边捶腰，一边嚷嚷："哎哟，今天可把我给累坏了！"他儿子忙问："爹，您今天干什么重活了，累成这样？"农夫洋洋自得地说："我帮田里的每棵秧苗都长高了一大截！"他儿子觉得很奇怪，拔腿就往田里跑。到田边一看，糟了！早拔的秧苗已经干枯，后拔的也叶儿发黄，耷拉下来了。

（2）目标 2 具有初步的探究能力。

①发展目标内容详见表 3-24。

表 3-24　3 ～ 6 岁儿童探究能力发展目标

3～4 岁	4～5 岁	5～6 岁
1. 对感兴趣的事物能仔细观察，发现其明显特征。 2. 能用多种感官或动作去探索物体，关注动作所产生的结果。	1. 能对事物或现象进行观察比较，发现其相同与不同。 2. 能根据观察结果提出问题，并大胆猜测答案。 3. 能通过简单的调查收集信息。 4. 能用图画或其他符号进行记录。	1. 能通过观察、比较与分析，发现并描述不同种类物体的特征或某个事物前后的变化。 2. 能用一定的方法验证自己的猜测。 3. 在成人的帮助下能制定简单的调查计划并执行。 4. 能用数字、图画、图表或其他符号记录。 5. 探究中能与他人合作与交流。

②《3 ～ 6 岁儿童学习与发展指南》教育建议。

A. 有意识地引导幼儿观察周围事物，学习观察的基本方法，培养观察与分类能力。如：支持幼儿自发地观察活动，对其发现表示赞赏。通过提问等方式引导幼儿思考并对事物进行比较观察和连续观察。引导幼儿在观察和探索的基础上，尝试进行简单的分类、概括。如：根据运动方式给动物分类，根据生长环境给植物分类，根据外部特征给物体分类等等。

B. 支持和鼓励幼儿在探究的过程中积极动手动脑寻找答案或解决问题。如：鼓励幼儿根据观察或发现提出值得继续探究的问题，或由成人提出有探究意义且能激发幼儿兴趣的问题。如：皮球、轮胎、竹筒等物体滚动时都走直线吗？怎样让橡皮泥球浮在水面上？支持和鼓励幼儿大胆联想、猜测问题的答案，并设法验证。如：玩风车时，鼓励幼儿猜测风车转动方向及速度快慢的原因和条件，并实际去验证。支持、引导幼儿学习用适宜的方法探究和解决问题，或为自己的想法收集证据。如：想知道院子里有多少种植物，可以进行实地调查；想知道球在平地上还是在斜坡上滚得快，可以动手试一试；想证明影子的方向与太阳的位置有关，可以做个小实验进行验证等。

C. 鼓励和引导幼儿学习做简单的计划和记录，并与他人交流分享。如：和幼儿共同制订调查计划，讨论调查对象、步骤和方法等，也可以和幼儿一起设法用图画、箭头等标识呈现计划。鼓励幼儿用绘画、照相、做标本等办法记录观察和探究的过程与结果，注意要让记录有意义，通过记录帮助幼儿丰富观察经验、建立事物之间的联系和分享发现。支持幼儿与同伴合作探究与分享交流，引导他们在交流中尝试整理、概括自己探究的成果，体验合作探究和发现的乐趣。如一起讨论和分享自己的问题与发现，一起想办法收集资料和验证猜测。

D. 帮助幼儿回顾自己探究过程，讨论自己做了什么，怎么做的，结果与计划目标是否一致，分析一下原因以及下一步要怎样做等。

③推荐成语。

“探奥索隐”，释义：探究深奥的道理，搜索隐秘的事情。出处，《云笈七签》卷一：“生者不知其始，成者不见其终，探奥索隐，孰窥其宗？”

“目光如炬”，释义：目光像火把一样明亮，形容眼睛明亮有神。比喻看问题透彻，见识高明深远。出处，《南史·檀道济传》：“道济见收，愤怒气盛，目光如炬。”

“聚精会神”，释义：原有集思广益的意思，现常用以形容专心致志，精神高度集中。出处，汉代王褒《圣主得贤臣颂》：“明明在朝，穆穆列布，聚精会神，相得益彰。”

“聪明睿智”，释义：聪明而有远见。形容见识卓越。出处，《孔子家语·三恕》：“聪明睿智，守之以愚。”

“一丝不苟”，释义：指做事认真细致，一点儿不马虎。出处，清代吴敬梓《儒林外史》第四回：“上司访知，见世叔一丝不苟，升迁就在指日。”

“明察秋毫”，释义：秋毫，秋天鸟兽身上的细毛，比喻极细微的事物或现象。目光锐利，对细小的事情也能看得清楚明白。形容洞察一切。出处，《孟子·梁惠王上》：“明足以察秋毫之末，而不见舆薪，则王许之乎？”

“立竿见影”，释义：在阳光下竖起竹竿，即刻就看到影子。比喻迅速见效。出处，汉代魏伯阳《参同契》卷下：“立竿见影，呼谷传响。”

“满园春色”，释义：形容整个园子里一片春天的景色。比喻欣欣向荣的景象。出处，宋代叶绍翁《游园不值》诗：“春色满园关不住，一枝红杏出墙来。”

“百花齐放”，释义：指千百种花一起开放，比喻文学艺术上的不同形式和风格自由地发展。出处，清代李汝珍《镜花缘》第三回：“百花仙子只顾在此著棋，那知下界帝王忽有御旨命他百花齐放。”

“水涨船高”，释义：水位增高，船身也跟着升高。比喻基础提高了，赖以生存的事物也随之相应提高。出处，《五灯会元·郢州芭蕉山继彻禅师》：“眼中无翳，空里无花，水长船高，泥多佛大。”

“兼收并录”，释义：指把不同的说法都一并记录下来，形容广泛地收集记录。出处，清代章学诚《文史通义·答客问》："传闻异辞，记载别出，不能兼收并录以待作者之抉择，而私作聪明，自定去取，则此次之业难于凭藉者四矣。"

"举一反三"，释义：比喻从一件事情类推而知道其他许多事情。出处，《论语·述而》："举一隅不以三隅反；则不复也。"

"融会贯通"，释义：指把各方面的知识和道理融合贯穿在一起，从而取得对事理全面透彻的理解。出处，宋代朱熹《朱子全书》："举一而三反；闻一而知十；乃学者用功之深；穷理之熟；然后能融会贯通；以至于此。"

"触类旁通"，释义：指掌握或懂得了某一事物的知识或规律，就可以由此及彼，了解和掌握同类的其他事物。出处，《周易·系辞上》："引而伸之，触类而长之，天下之能事毕矣。"

④经典成语故事。

【刻舟求剑】

释义：在船帮上刻记号。比喻思想僵化，不知道随着情况的变化而改变看法或做法。

出处，《吕氏春秋·察今》："楚人有涉江者，其剑自舟中坠于水，遽契其舟曰：'是吾剑之所从坠。'舟止，从其所契者入水求之。舟已行矣，而剑不行，求剑若此，不亦惑乎？"

人生哲理：这则成语告诉我们，面对变化的环境和情况，我们需要灵活应对，不能死守固定的思维模式或方法。我们应该根据实际情况的变化，及时调整自己的行动和策略。刻舟求剑的寓意在于提醒我们，无论是在个人生活还是工作中，都要学会适应变化，随机应变，不能一成不变地看待问题。只有这样，我们才能在不断变化的世界中找到解决问题的方法，取得成功。

故事内容：战国的时候，有个楚国人出门远行乘船过江，船到江心，一不小心，随身带着的宝剑落到江中的急流里去了。船上的人都大叫："剑掉进水里了！"

这个楚国人不慌不忙地掏出一把小刀在船帮上刻了个记号，然后回头对大家说："这是我的剑掉下去的地方，所以我要做个记号。"

众人疑惑不解地望着那个刀刻的印记。有人催促他说："快下水去找剑呀！"

楚国人说："慌什么，我有记号呢。"

船继续前行，又有人催他说："再不下去找剑，这船越走越远，当心找不回来了。"楚国人依旧自信地说："不用急，不用急，记号刻在那儿呢。"

直至船行到岸边停下后，这个楚国人才顺着他刻有记号的地方下水去打捞宝剑。他还觉得奇怪，自言自语地说："我的宝剑不就是在这里掉下去吗？我还在这里刻了记号呢，怎么会找不到的呢？”

至此，船上的人纷纷大笑起来，说：“船一直在行进，而你的宝剑却沉入了水底不动，你怎么找得到你的剑呢？”的确如此，宝剑掉落在江中后，船继续行驶，而宝剑却不会再移动。像他这样去找剑，真是白费工夫、太愚蠢可笑了！

（3）目标 3 在探究中认识周围事物和现象。

①发展目标内容详见表 3-24。

表 3-24　3 ～ 6 岁儿童观察感知能力发展目标

3～4 岁	4～5 岁	5～6 岁
1. 认识常见的动植物，能注意并发现周围的动植物是多种多样的。 2. 能感知和发现物体和材料的软硬、光滑和粗糙等特性。 3. 能感知和体验天气对自己生活和活动的影响。 4. 初步了解和体会动植物和人们生活的关系。	1. 能感知和发现动植物的生长变化及其基本条件。 2. 能感知和发现常见材料的熔解、传热等性质或用途。 3. 能感知和发现简单物理现象，如物体形态或位置变化等。 4. 能感知和发现不同季节的特点，体验季节对动植物和人的影响。 5. 初步感知常用科技产品与自己生活的关系，知道科技产品有利也有弊。	1. 能察觉到动植物的外形特征、习性与生存环境的适应关系。 2. 能发现常见物体的结构与功能之间的关系。 3. 能探索并发现常见的物理现象产生的条件或影响因素，如影子、沉浮等。 4. 感知并了解季节变化的周期性，知道变化的顺序。 5. 初步了解人们的生活与自然环境的密切关系，知道尊重和珍惜生命，保护环境。

②《3 ～ 6 岁儿童学习与发展指南》教育建议。

A. 支持幼儿在接触自然、生活事物和现象中积累有益的直接经验和感性认识。如：和幼儿一起通过户外活动、参观考察、种植和饲养等活动，感知生物的多样性和独特性，以及生物生长发育、繁殖和死亡的过程。给幼儿提供丰富的材料和适宜的工具，支持幼儿在游戏过程中探索并感知常见物质、材料的特性和物体的结构特点。

B. 引导幼儿在探究中思考，尝试进行简单的推理和分析，发现事物之间明显的关联。如：引导 5 岁以上幼儿关注和思考动植物的外部特征、习性与生活环境对动植物生存的意义。如兔子的长耳朵具有自我保护的作用，植物种子的形状有助于其传播等。引导幼儿根据常见物质、材料的特性和物体的结构特点，推测和证实它们的用途。如：带轮子的物体方便移动，不同用途的车辆有不同的结构，等等。

C. 引导幼儿关注和了解自然、科技产品与人们生活的密切关系，逐渐懂得热爱、尊重、保护自然。如：结合幼儿的生活需要，引导他们体会人与自然、人与动植物的依赖关系。如：动植物、季节变化与人们生活的关系、常见灾害性天气给人们生产和生活带来的影响等。和幼儿一起讨论常见科技产品的用途和弊端，如：汽车等交通工具给生活带来的方便和对环境的污染等。

③推荐成语。

“桃红柳绿”，释义：桃花红，柳树绿。形容绚丽多彩的春天风光。出处，唐代王维《田园》诗：“桃红复含宿雨，柳绿更带朝烟。”

“苍翠欲滴”，释义：深绿的颜色像水珠要滴下来一样。形容草木翠绿，充满生机。出处，宋代郭熙《山川训》：“春山澹冶而如笑，夏山苍翠而欲滴，秋山明净而如妆，冬山惨淡而如睡。”

“雨后春笋”，释义：春雨过后，竹笋纷纷长出来。比喻新事物大量涌现出来。出处，宋代张耒《食笋》诗：“荒林春雨足，新笋迸龙雏。”

“春华秋实”，释义：华，同“花”，花朵；实，果实。春天开花，秋天结果。比喻有耕耘才会有收获。也比喻文采与质朴、文章与道德等。出处，清代查慎行《传经堂歌卓次厚属赋》：“春华秋实古难兼，气节文章谁不朽？”

“狗拿耗子”，释义：比喻做外行事或多管闲事。出处，清代文康《儿女英雄传》第三十四回：“你这孩子，才叫他娘的‘狗拿耗子’呢！你又懂得几篇儿几篇儿。”

“蜂拥而起”，释义：像蜂飞一样成群而起。形容许多人一拥而起。出处，汉代司马迁《史记·项羽本纪赞》：“陈涉首难，豪杰蜂起。”

“动如脱兔”，释义：行动时像逃跑的兔子一样敏捷迅速。形容行动十分迅速。出处，春秋时期孙武《孙子·九地》：“是故始如处女，敌人开户；后如脱兔，敌不及拒。”

“老马识途”，释义：指老马能认识走过的道路，比喻年纪大的人富有经验或比喻有经验的人对事情比较熟悉。出处，《韩非子·说林上》：“管仲、隰朋从于桓公伐孤竹，春往冬返，迷惑失道。管仲曰：‘老马之智可用也。’乃放老马而随之。遂得道。”

“网开一面”，释义：把捕捉禽兽的网撤去三面，只打开一面。比喻对敌人、罪犯等宽大处理，给以出路。出处，《史记·殷本纪》：“汤出，见野张网四面，祝曰：‘自天下四方，皆入吾网。’汤曰：‘嘻，尽之矣！’乃去其三面。”

“竭泽而渔”，释义：指把池塘里的水抽干了捉鱼，比喻做事不作长远打算，取用不留余地。出处，秦代吕不韦《吕氏春秋·义赏》：“竭泽而渔，岂不获得，而明年无鱼。”

“山清水秀”，释义：形容山水秀丽，风景优美。出处，宋代黄庭坚《蓦山溪·赠衡阳陈湘》：“眉黛敛秋波，尽湖南，山明水秀。”

“春暖花开”，释义：指春天天气暖和，鲜花盛开。形容气候宜人，景色优美。出处，明代朱国祯《涌幢小品·南内》：“春暖花开，命中贵陪内阁儒臣宴赏。”

“烈日炎炎”，释义：形容天气非常炎热。出处，明代施耐庵《水浒传》第十六回：“烈日炎炎似火烧，野田禾稻半枯焦。农夫心内如汤煮，公子王孙把扇摇。”

“秋高气爽”，释义：形容秋天天空晴朗明净，气候舒适宜人。出处，唐代杜甫《崔氏东山草堂》诗：“爱汝玉山草堂静，高秋爽气相鲜新。”

“寒冬腊月”，释义：指农历十二月天气最寒冷的时候。泛指寒冷的冬季。出处，汉代无名氏《别诗（骨肉缘枝叶）》：“征夫怀远路，游子恋故乡。寒冬十二月，晨起践严霜。”

“天人合一”，释义：我国古代的哲学思想，认为天与人的关系紧密相连不可分，强调天道与人道，自然与人为的相通与统一。出处，宋代张载《正蒙·乾称篇》：“儒者则因明致诚，因诚致明，故天人合一，致学而可以成圣，得天而未始遗人。”

④经典成语故事。

【杞人忧天】

释义：本意指杞国有个人怕天塌下来，后比喻为不必要的或缺乏根据的时期忧虑和担心。

出处，《列子·天瑞》：“杞国有人，忧天地崩坠，身亡所寄，废寝食者。”

人生哲理：从杞人忧天的故事里，可以看到古人对世界的探究意识。通过不断的探究积累人就可以认识掌握自然规律，利用规律为人类服务。当然对于未来不确定的事，我们要持不可知的态度，与其为不可知的事情担忧，还不如过好当下。

故事内容：古代杞国有个人担心天会塌、地会陷，自己无处存身，便饭也吃不下，睡也睡不安稳。他的一个朋友看到他那副忧愁烦闷的样子，担心他把身体弄坏了，就去开导他说：“天不过是积聚的气体罢了，没有哪个地方没有空气的。你一举一动，一呼一吸，整天都在天空里活动，怎么还担心天会塌下来呢？”

那人说：“天是气体，那太阳、月亮、星星不就会掉下来吗？”

友人开导他说：“太阳、月亮、星星也是空气中发光的东西，即使掉下来，也不会伤到人的。”

那人又说：“如果地陷下去怎么办？”

友人继续开导他说：“地不过是堆积的土块罢了，填满了四处，没有什么地方是没有土块的，你行走跳跃，整天都在地上活动，怎么还担心地会陷下去呢？”

经过这么一番解释，那个杞国人才放下心来，脸上露出了笑容；开导他的人因帮助别人解除了忧愁，也十分高兴。

2. 数学认知

（1）目标 1 初步感知生活中数学的有用和有趣。

①发展目标内容详见表 3-25。

表 3-25　3 ～ 6 岁儿童感知数字发展目标

3~4 岁	4~5 岁	5~6 岁
1. 感知和发现周围物体的形状是多种多样的，对不同的形状感兴趣。 2. 体验和发现生活中很多地方都用到数字。	1. 在指导下，感知和体会有些事物可以用形状来描述。 2. 在指导下，对环境中各种数字的含义有进一步探究的兴趣。	1. 能发现事物简单的排列规律，并尝试创造新的排列规律。 2. 能发现生活中许多问题都可以用数学的方法来解决，体验解决问题的乐趣。

②《3 ～ 6 岁儿童学习与发展指南》教育建议。

A. 引导幼儿注意事物的形状特征，尝试用表示形状的词来描述事物，体会描述的生动形象性和趣味性。如：参观游览后，和幼儿一起谈论所看到的事物的形状，鼓励幼儿产生联想，并用自己的语言进行描述。如：熊猫的身体圆圆的，全身好像是一个个的圆形组成的。和幼儿交谈或读书讲故事时，适当地运用一些有关形状的词汇来描述事物，如看图片时，和幼儿讨论奥运会场馆的形状，体会为什么有的场馆叫“水立方”，有的叫“鸟巢”。

B. 引导幼儿感知和体会生活中很多地方都用到数，关注周围与自己生活密切相关的数的信息，体会数可以代表不同的意义。如：和幼儿一起寻找发现生活中用数字作标识的事物，如电话号码、时钟、日历和商品的价签等。引导幼儿了解和感受数用在不同的地方，表示的意义是不一样的。如天气预报中表示气温的数代表冷热状况；钟表上的数表明时间的早晚等。鼓励幼儿尝试使用数字的信息进行一些简单的推理。如：知道今天是星期五，能推断明天是星期六，爸爸妈妈休息等。

C. 引导幼儿观察、发现按照一定规律排列的事物，体会其中的排列特点与规律，并尝试自己创造出新的排列规律。如：和幼儿一起发现和体会按一定顺序排列的队形整齐有序。提供具有重复性旋律和词语的儿歌和故事，或利用环境中有序排列的图案（如按颜色间隔排列的瓷砖、按形状间隔排列的珠帘等），鼓励幼儿发现和感受其中的规律。鼓励幼儿尝试自己设计有规律的花边图案、创编有一定规律的动作，或者按某种规律进行搭建活动。引导幼儿体会生活中很多事情都是有一定顺序和规律的，如一周七天的顺序是从周一到周日，一年四季按照春夏秋冬轮回等。

D. 鼓励和支持幼儿发现、尝试解决日常生活中需要用到的数学问题，体会数学的用处。如：拍球、跳绳、跳远或投沙包时，可通过数数、测量的方法确定名次。讨论春游去哪里玩时，让幼儿商量想去哪里玩？每个想去的地方有多少人？根据统计结果作出决定。滑滑梯时，按照“先来先玩”的规则有序地排队玩。

③推荐成语。

“方方正正”，释义：指的是四四方方，规规矩矩。出处，朱自清《扬州的夏日》：“这一带的茶馆布置都历落有致，迥非上海、北平方方正正的茶楼可比。”

“外圆内方”，释义：指人表面随和，内心正直而有主见。形容为人外表随和而内心严正。出处，南朝宋范晔《后汉书·郅恽传》：“案延资性贪邪，外方内圆，朋党构奸，罔上害人。”

“凹凸不平”，释义：平面上有凸出和凹进的地方，高低不平。出处，元代秦简夫《赵礼让肥》第一折：“不是我无食力身躯闪这一滑，多管是少人行山路凹凸。”

“千形万状”，释义：各式各样的形状。形容变化多端。出处，明代李东阳《题枯苍陈氏画》：“摩拟肖似，而极于变化，千形万状，不可窥测。”

“井井有条”，释义：井井：整齐不乱的样子。条：条理，秩序，层次。形容整整齐齐，有条有理，丝毫不乱。出处，《荀子·儒效》：“井井兮其有理也。”

“鳞次栉比”，释义：鳞，鱼鳞；次，顺次；栉，梳子、篦子；比，排列。形容像鱼鳞和梳子的齿那样一个接一个有次序地排列着。出处，《诗经·周颂·良耜》：“获之挃挃。积之栗栗。其崇如墉，其比如栉，以开百室。”

“参差不齐”，释义：指高低长短不整齐，也形容高矮、长短、水平、程度很不一致。出处，汉代扬雄《法言·序目》：“国君将相，卿士名臣，参差不齐，一概诸圣。”

“循序渐进”，释义：循，顺着；序，次序；渐，逐步。依照一定的次序，逐步前进。出处，《论语·宪问》：“不怨天，不尤人，下学而上达，知我者其天乎？”朱熹注：“此但自言其反己自修，循序渐进耳。”

“近在咫尺”，释义：咫和尺都是古代长度单位。形容距离很近，就在眼前。出处，宋代苏轼《杭州谢上表》：“凛然威光，近在咫尺。”

“千钧一发”，释义：钧，古代重量单位，三十斤为一钧。发，头发。千钧重物吊在一根头发上。比喻情势非常危急。出处，《汉书·枚乘传》：“夫以一缕之任系千钧之重，上悬无极之高，下垂不测之渊，虽甚愚之人犹知哀其将绝也。”

“分秒必争”，释义：一分一秒也一定要争取。形容抓紧时间，充分利用一切时间。出处，《晋书·陶侃传》：“常语人曰：‘大禹圣者，乃惜寸阴，至于众人，当惜分阴。’”

“刻不容缓”，释义：刻，片刻，指短暂的时间；容，容许、允许；缓，延缓、拖延。一刻也不能耽搁，形容情势紧迫。宋代周密《齐东野语》：“帝王即位，即是好日，兼官历又吉，何疑？事不容缓。”

“锱铢必较”：锱、铢，都是古代很小的重量单位。形容非常小气，很少的钱、很小的事也一定要计较。又形容办事认真，一丝不苟，不肯放过任何一点差错。出处，《荀子·富国》：“割国之锱铢以赂之，则割定而欲无厌。”

“壁立千仞”，释义：耸立有千万丈高。形容山石异常高峻陡峭。（仞：古时以八尺或七尺为一仞。）出处，《水经・河水注》："其山惟石，壁立千仞，临之目眩。"

"才高八斗"，释义：原是形容曹植文才出众，天下文才总共一石，他就占了八斗；后比喻才学极高。出处，《南史・谢灵运传》："天下才共一石，曹子建独得八斗，我得一斗，自古及今共用一斗。"

④经典成语故事。

【退避三舍】

释义：退，退却。避，回避。舍，古时行军三十里为一舍。原指与敌方作战时军队后撤一定的距离，表示退让。后用来比喻对人让步，不与相争。

出处，《左传・僖公二十三年》："晋楚治兵，遇于中原，其辟君三舍。"

人生哲理：退避三舍告诉我们做人应当重诺守信，知恩图报，言出必行。晋文公的"退避三舍"，让出了诚信，让出了气概。进与退之间存在着微妙的关系，古人云：退一步海阔天空。有时候为了大踏步地前进，需要先主动地退让。

故事内容：春秋时期，晋国发生了内乱，晋献公听信谗言，杀了太子申生，又派人捉拿申生的弟弟重耳。重耳闻讯，逃出了晋国，在外流亡了十几年。这期间，重耳有一段时间住在楚国，楚成王认为重耳日后必有大作为，就以国宾之礼相迎，待他如上宾。

一天，楚王设宴招待重耳，两人饮酒叙话，气氛十分融洽。忽然，楚王问重耳："你若有一天回晋国当上国君，会怎么报答我呢？"重耳略一思索说："美女侍从、珍宝丝绸，大王你有的是，珍禽羽毛、象牙兽皮，更是楚地的盛产，晋国哪有什么珍奇物品献给大王呢？"楚王说："公子过谦了。话虽然这么说，可总该对我有所表示吧？"重耳笑笑回答道："要是托你的福，果真能回国当国君的话，我愿与贵国友好。假如有一天，晋楚之间发生战争，我一定命令军队先后退九十里。如果这样还是得不到你的原谅，我再与你交战。"与他们一同饮酒的楚国大将子玉听了重耳的话，知道他将来必成大器，于是建议楚王杀死重耳，以除后患，却被楚王拒绝了，

几年过后，重耳在秦国的帮助下，终于回到晋国当了国君，就是历史上有名的晋文公，晋国在他的治理下日益强大。

公元前633年，楚国和晋国的军队在战场上相遇。晋文公为了兑现他许下的诺言，下令军队后退九十里，驻扎在城濮。众将士们纷纷表示反对，晋文公则说："行军打仗理直气壮方能获胜，如今我们主动后退，楚国便输了理。他们再主动进攻，我们的士兵反击时，必定心中有气，士气高涨，何愁打不赢这一仗呢！"楚军见晋军后退，以为对方害怕了，马上追击。晋军利用楚军骄傲轻敌的弱点，集中兵力，大破楚军，取得了城濮之战的胜利。

这个故事告诉我们，做人应当重诺守信，知恩图报，言出必行。而在实践过程中，当时机尚未成熟时，不能急躁冒进，学会选择时机，先避其锋芒，以退为进，出其不意攻其不备，才能立于不败之地。

（2）目标 2 感知和理解数、量及数量的关系。

①发展目标内容详见表 3-26。

表 3-26　3 ～ 6 岁儿童理解数学的发展目标

3～4 岁	4～5 岁	5～6 岁
1. 能感知和区分物体的大小、多少、高矮长短等量方面的特点，并能用相应的词表示。 2. 能通过一一对应的方法比较两组物体的多少。 3. 能手口一致地点数 5 个以内的物体，并能说出总数。能按数取物。 4. 能用数词描述事物或动作。如我有 4 本图书。	1. 能感知和区分物体的粗细、厚薄、轻重等量方面的特点，并能用相应的词语描述。 2. 能通过数数比较两组物体的多少。 3. 能通过实际操作理解数与数之间的关系，如 5 比 4 多 1；2 和 3 合在一起是 5。 4. 会用数词描述事物的排列顺序和位置。	1. 初步理解量的相对性。 2. 借助实际情境和操作（如合并或拿取）理解“加”和“减”的实际意义。 3. 能通过实物操作或其他方法进行 10 以内的加减运算。 4. 能用简单的记录表、统计图等表示简单的数量关系。

②《3 ～ 6 岁儿童学习与发展指南》教育建议。

A. 引导幼儿感知和理解事物“量”的特征。如：感知常见事物的大小、多少、高矮、粗细等量的特征，学习使用相应的词汇描述这些特征。结合具体事物让幼儿通过多次比较逐渐理解“量”是相对的。如小亮比小明高，但比小强矮。收拾物品时，根据情况，鼓励幼儿按照物体的特征分类整理。如整理图书时按照大小摆放。

B. 结合日常生活，指导幼儿学习通过对应或数数的方式比较物体的多少。如：鼓励幼儿在一对一配对的过程中发现两组物体的多少。如：在给桌子上的每个碗配上勺子时，发现碗和勺多少的不同。鼓励幼儿通过数数比较两样东西的多少。如：数一数有多少个苹果，多少个梨，判断苹果和梨哪个多，哪个少。

C. 利用生活和游戏中的实际情境，引导幼儿理解数概念。如：结合生活需要，和幼儿一起手口一致点数物体，得出物体的总数。通过点数的方式让幼儿体会物体的数量不会因排列形式、空间位置的不同而发生变化。如鼓励幼儿将一定数量的扣子以不同的形式摆放，体会扣子的数量是不变的。结合日常生活，为幼儿提供“按数取物”的机会，如游戏时，请幼儿按要求拿出几个球。

D. 通过实物操作引导幼儿理解数与数之间的关系，并用“加”或“减”的办法来解决问题。如：游戏中遇到让 4 个小动物住进两间房子的问题，或生活中遇到将 5 块饼干分给两个小朋友的问题时，让幼儿尝试不同的分法。鼓励幼儿尝试自己解决生活中的数学问题。如家里来了 5 位客人，桌子上只有 3 个杯子，还需要几个杯子等。购买少量物品时，有意识地鼓励幼儿参与计算和付款的过程等。

③推荐成语。

“车载斗量”，释义：用车装，用斗量。形容数量很多。出处，《三国志 • 吴志 • 孙权传》：“遣都尉赵咨使魏。”裴松之注引《吴书》：“如臣之比，车载斗量，不可胜数。”

“尺有所短，寸有所长”，释义：比喻各有长处，也各有短处，彼此都有可取之处。出处，战国楚屈原《卜居》：“夫尺有所短，寸有所长，物有所不足。智有所不明，数有所不逮，神有所不通。”

“量入为出”，释义：根据收入的多少来决定支出的限度。出处，《宋书 • 武帝纪中》：“夫量入为出，邦有恒典。”

“量体裁衣”，释义：根据自己的身体长短来裁衣服，比喻按具体情况办事。出处，《墨子 • 鲁问》：“子观越王之志何若？意越王将听吾言，用我道，则翟将往，量腹而食，度身而衣，自比于群臣，奚能以封为哉？”

“眼高手低”，释义：眼界高但能力低。指要求的标准高而做工作的能力低，实际上做不到。出处，清代陈确《与吴仲木书》：“譬操觚家一味研穷休理，不轻下笔，终是眼高手生，鲜能入彀。”

“锦上添花”，释义：指在有彩色花纹的丝织品上再绣上花朵。比喻美上加美，喜上加喜。出处，宋代王安石《即事》诗：“嘉招欲覆杯中渌，丽唱仍添锦上花。”

“一日三秋”，释义：一天不见，好像过了三年一样漫长。形容对人思念殷切。出处，《诗经 • 王风 • 采葛》：“彼采葛兮，一日不见，如三月兮；彼采萧兮，一日不见，如三秋兮；彼采艾兮，一日不见，如三岁兮。”

“长话短说”，释义：指的是要用很多话才能说完的事，改用简短的话说出来。指用简短的话来叙述或交谈。出处，清代李绿园《歧路灯》第三十六回：“长话短说，你与谭学生是同盟兄弟，他赢了俺一百多银子。”

“有板有眼”，释义：传统戏曲中的板、眼，指的是按照节奏进行表演，比喻言语行动有条理、有步调。出处，李六如《六十年的变迁》第二卷第九章：“望着季交恕，一板一眼地说。”

“千军万马”，释义：成千上万的兵马。形容兵马很多或声势浩大。出处，《南史 • 陈庆之传》：“名军大将莫自牢，千兵万马避白袍。”

“粗中有细”，释义：指表面似乎粗率、随便，实际却细致、细心。出处，明代吴承恩《西游记》第五十五回：“沙僧听说，厉声道：‘好！好！好！正是粗中有细，果然急处从宽。’”

“一目十行”，释义：一眼可以看十行文字。形容阅读的速度极快。出处，《梁书·简文帝纪》：“读书十行俱下。”宋·刘克庄《杂记六言五首》诗：“五更三点待漏，一目十行读书。”

“与日俱增”，释义：随时间增长而增长。形容不断增长。也指增长速度很快。出处，宋代吕祖谦《吕东莱集·为梁参政作乞解罢政事表二首》：“涉冬浸剧，与日俱增。”

“积少成多”，释义：只要不断积累，就会从少变多。出处，《战国策·秦策四》：“积薄而为厚，聚少而为多。”

“所剩无几”，释义：剩下的没有多少了。出处，清代李汝珍《镜花缘》第九十回：“好在所剩无几，待我念完，诸位才女再去慢慢参详，或者得其梗概，也未可知。”

“厚此薄彼”，释义：重视一方，轻视另一方。指给予的待遇截然不同，有偏向。出处，《梁书·贺琛传》：“所以然者，出嫁则有受我，出后则有传重，并欲薄于此而厚于彼，此服虽降，彼服则隆。”

“水落石出”，释义：原指水落下去，水底的石头就露出来，比喻事情的真相完全显露出来。出处，宋代苏轼《后赤壁赋》：“山高月小，水落石出。”

“人山人海”，释义：形容聚集在一起的人非常多。出处，明代施耐庵《水浒全传》第五十一回：“每日有那一般打散，或是戏舞，或是吹弹，或是歌唱，赚得那人山人海价看。”

“车水马龙”，释义：指车像流水，马像游龙。形容来往车马很多，连续不断的热闹情景。出处，《后汉书·明德马皇后纪》：“前过濯龙门上，见外家问起居者，车如流水，马如游龙。”

“九牛一毛”，释义：许多头牛身上的一根毛。形容极大数量中的微不足道的数量。出处，汉代司马迁《报任少卿书》：“假令仆伏法受诛；若九牛亡一毛；与蝼蚁何以异？”

“不胜枚举”，释义：指不能一个一个地列举出来。形容同类的人或事物很多。出处，宋代王楙《野客丛书·俗语有所自》：“似此等语，不可枚举。”

④经典成语故事。

【画蛇添足】

释义：画蛇时给蛇添上脚。比喻做了多余的事，非但无益，反而不合适，也比喻虚构事实，无中生有。

出处，《战国策·齐策二》：“蛇固无足，子安能为之足？”

人生哲理：画蛇添足的故事告诉我们做任何事情都要实事求是，不要自作聪明，否则非但不能把事情做好，反而会把事情搞砸。

故事内容：古时候，楚国有一家人，祭完祖宗之后，准备将祭祀用的一壶酒，赏给帮忙办事的人员喝。参加的人很多，这壶酒如果大家都喝是不够的，若是让一个人喝，那能喝得舒舒服服。这一壶酒到底怎么分呢？

大家都安静下来，这时有人建议：每个人在地上画一条蛇，谁画得又快又好，就把这壶酒给他喝。大家都认为这个方法好，都同意这样做。于是，一起在地上画起蛇来。

有个人画得很快，一转眼最先画好了，他就端起酒壶要喝酒。但是他回头看其他人，都还没有画好呢。心里想：他们画得真慢。又想显示自己的本领，他洋洋得意地说："你们画得好慢啊！我再给蛇画几只脚也不算晚呢！"于是，他便左手提着酒壶，右手拿了一根树枝，给蛇画起脚来。

正在他一边画着脚，一边说话的时候，另外一个人已经画好了。那个人马上把酒壶从他手里夺过去说："你见过蛇吗？蛇是没有脚的，你为什么要给它添上脚呢？所以第一个画好蛇的人不是你，而是我了！"

那个人说罢就仰起头来，咕咚咕咚把酒喝下去了。所以说做了多余的事，非但无益，反而不合适啊！

（3）目标 3 感知形状与空间关系。

①发展目标内容详见表 3-27。

表 3-27　3 ～ 6 岁儿童图形感知发展目标

3~4 岁	4~5 岁	5~6 岁
1. 能注意物体较明显的形状特征，并能用自己的语言描述。 2. 能感知物体基本的空间位置与方位，理解上下、前后、里外等方位词。	1. 能感知物体的形体结构特征，画出或拼搭出该物体的造型。 2. 能感知和发现常见几何图形的基本特征，并能进行分类。 3. 能使用上下、前后、里外、中间、旁边等方位词描述物体的位置和运动方向。	1. 能用常见的几何形体有创意地拼搭和画出物体的造型。 2. 能按语言指示或根据简单示意图正确取放物品。 3. 能辨别自己的左右。

②《3 ～ 6 岁儿童学习与发展指南》教育建议。

A. 用多种方法帮助幼儿在物体与几何形体之间建立联系。如：引导幼儿感受生活中各种物品的形状特征，并尝试鉴别和描述。如感受和识别盘子、桌子、车轮、地砖等物品的形状特征。鼓励和支持幼儿用积木、纸盒、拼板等各种形状材料进行建构游戏或制作活动。如用长方形的纸盒加两个圆形瓶盖制作"汽车"。收拾整理积木时，引导幼儿体验图形之间的转换。如两个三角形可组合成一个正方形，两个正方形可组合成一个长方形。引导幼儿注意观察生活物品的图形特征，鼓励他们按形状分类整理物品。

B. 丰富幼儿空间方位识别的经验，引导幼儿运用空间方位经验解决问题。如：请幼儿取放物体时，使用他们能够理解的方位词，如把桌子下面的东西放到窗台上，把花盆放在大树旁边等。和幼儿一起识别熟悉场所的位置。如超市在家的旁边，邮局在幼儿园的前面。在体育、音乐和舞蹈活动中，引导幼儿感受空间方位和运动方向。和幼儿玩按指令找宝的游戏。对年龄小的幼儿要求他们按语言指令寻找，对年龄大些的幼儿可要求按照简单的示意图寻找。

③成语推荐。

“三足鼎立”，释义：像鼎的三只脚那样立着。形容三种势力并存对峙。出处，《史记·淮阴侯列传》：“臣愿披腹心，输肝胆，效愚计，恐足下不能用也。诚能听臣之计，莫若两利而俱存之，三分天下，鼎足而居，其势莫敢先动。”

“天各一方”，释义：指相隔遥远，很难见面。出处，汉代苏武《古诗四首》：“良友远离别，各在天一方。”

“奇形怪状”，释义：形容稀奇古怪的形状。出处，唐代房玄龄《晋书·温峤传》：“须臾，见水族覆灭，奇形异状，或乘车马著赤衣者。”

“四平八稳”，释义：原指物体摆得平稳。今多形容说话、办事稳当。有时也形容做事保守，只求不出差错，缺乏创新精神。出处，明代施耐庵《水浒全传》第四十四回：“戴宗、杨林看裴宣时，果然好表人物，生得面白肥胖，四平八稳，心中暗喜。”

“左右开弓”，释义：原指左右两手都能拉弓射箭。形容射箭技能高超。后指左右两手都能开枪射击。形容开枪射击技术高超。也用来比喻两手轮流做同一动作，或一只手左边一下右边一下做同一动作。出处，元代白朴《梧桐雨》楔子：“臣左右开弓，一十八般武艺，无有不会。”

“大材小用”，释义：把大的材料用在小处。多比喻人才使用不当。出处，晋代石崇《许巢论》：“盖闻圣人在位，则群材必举，官才任能，轻重允宜，大任已备，则不抑大材使居小位；小材已极其分，则不以积久而合处过材之位。”

“瞻前顾后”，释义：向前看看，向后看看。原形容做事谨慎。现多形容顾虑太多，做事犹豫不决。出处，战国·楚·屈原《离骚》：“瞻前而顾后兮，相观民之计极。”

“前赴后继”，释义：前面的冲上去了，后面的紧跟上来。形容不断投入战斗，奋勇冲杀向前。出处，唐代孙樵《祭梓潼神君文》：“跛马愠仆，前仆后踣。”

“七上八下”，释义：形容心神不定、慌乱不安或处境尴尬；事物零落不齐。出处，明代施耐庵《水浒全传》第二十六回：“那胡正卿心头十五个吊桶打水，七上八下。”

“上窜下跳”，释义：形容松鼠、猫等小动物到处蹿蹦。比喻人到处奔走，多方活动。出处，蒋子龙《一个工厂秘书的日记》：“上窜下跳，根据需要打出各种不同的旗号，把厂长的事情办成。”

“声东击西”，释义：原指一种使对方上当的战术。现在泛指以虚张声势迷惑人的策略。出处，唐代杜佑《通典·兵六》说："声言击东，其实击西。"

"南腔北调"，释义：指南北各种声腔。也形容说话口音不纯，掺杂着各地方音。出处，清代赵翼《檐曝杂记》卷一："每数十步间一戏台，南腔北调，备四方之乐。"

④经典成语故事。

【空中楼阁】

释义：指建筑在半空中的楼阁。比喻不切实际的幻想或事物。

出处，《史记·天官书》："海旁蜃气象楼台，广野气成宫阙然。"

人生哲理：这个成语告诉我们，追求理想和目标时必须立足现实，脚踏实地，不能一味追求那些虚无缥缈的东西。

故事内容：在很久以前，山村里有一位财主。他非常富有，但生性愚钝，尽做傻事，所以常遭到村民的嘲笑。

有一天，傻财主到邻村的一位财主家作客。他看到一幢三层楼高的新屋，宽敞明亮，高大壮丽，心里非常羡慕，心想：我也有钱，而且并不比他的少。他有这样一幢楼，而我没有，这像什么话呢？一回到家，他马上派人把工匠找来，问道："邻村新造的那幢楼，你们知道是谁造的吗？"

工匠们回答道："知道，那幢楼是我们几个造的。"

傻财主一听，非常高兴，说："好极了，你们照样子再给我盖一次。记住要三层楼的房子，要和那幢一模一样。"

工匠们答应了，便去准备盖房的事情了。

一天，财主来到工地，东瞅瞅，西瞧瞧，心里十分纳闷，便问正在打地基的工匠："你们这是在干什么？"

"造一幢三层楼高的屋子呀，是照您吩咐干的。"

"不对，不对。我要你们造的是那第三层楼的屋子。我只要最上面的那层，下面那二层我不要，快拆掉。先造最上面的那层。"

工匠们听后哈哈大笑，说："只要最上面那层，我们不会造，你自己造吧！"

工匠们走了，傻财主望着房基发愣。他不知道，只要最上面一层，不要下面两层，那是再高明的工匠也造不出来的。

（五）在艺术领域的构建实施

艺术是人类感受美、表现美和创造美的重要形式，也是表达自己对周围世界的认识和情绪态度的独特方式。每个幼儿心里都有一颗美的种子。幼儿艺术领域学习的关键在于充分创造条件和机会，在大自然和社会文化生活中使幼儿萌发对美的感受和体验，丰富其想象力和创造力，引导幼儿学会用心灵去发现和感受美，用自己的方式去表现和创造美。幼儿对事物的感受和理解不同于成人，他们表达自己认识和情感的方式也有别于成人。幼儿独特的感触、动作和语言往往蕴含着丰富的想象和情感，成人应对幼儿的艺术表现给予充分的理解和尊重，不能用自己的审美标准去评判幼儿，更不能为追求结果的‘完美’而对幼儿进行千篇一律的训练，以免扼杀其想象与创造的萌芽。

鉴于艺术作为幼儿感受美、表现美和创造美的重要途径，以及幼儿艺术表现的独特性，将成语故事融入幼儿园艺术领域教学，不仅能够丰富幼儿的文化底蕴，还能激发其想象力与创造力，促进全面发展。

第一，精选成语故事，注重审美价值。内容筛选：选择富含审美元素、情节生动、寓意深远的成语故事，如“栩栩如生”“画龙点睛”等，确保故事既符合幼儿认知水平，又能激发其探索欲和想象力。

审美引导：分析故事中的美学元素，如色彩、形状、声音等，引导幼儿从视觉、听觉等多感官角度感受成语故事中的美。

第二，创设多元化艺术表现环境。环境布置：利用幼儿园环境，如墙面、角落、走廊等，布置与成语故事相关的艺术展览，如手绘成语连环画、成语主题剪纸等，营造浓厚的艺术氛围。

互动体验：设置成语故事角色扮演区、音乐创作区、手工艺品制作区等，鼓励幼儿通过角色扮演、音乐创编、手工制作等多种形式，将成语故事转化为艺术作品。

第三，融合多种艺术形式，丰富教学手段。绘画与手工：引导幼儿根据成语故事内容进行绘画创作或手工制作，如绘制成语故事连环画、制作成语人物面具等，培养其审美感知和动手能力。

音乐与舞蹈：将成语故事改编为儿歌、舞蹈，通过音乐旋律和舞蹈动作展现故事情节，增强幼儿的艺术表现和情感体验。

戏剧表演：组织幼儿进行成语故事的小剧场表演，通过角色扮演、台词对白、场景布置等，全方位锻炼幼儿的语言表达、团队协作和创造力。

第四，尊重幼儿个性表达，鼓励创意想象。个性化指导：关注每个幼儿的艺术兴趣和特长，提供个性化的指导和支持，鼓励幼儿以独特的方式表达自己对成语故事的理解和感受。

创意激发：引导幼儿在艺术创作中融入个人想象和创意，不拘泥于传统表现形式，让成语故事在幼儿的画笔中、歌声中、舞步里焕发出新的生命力。

第五，家园共育，拓展艺术学习空间。家长参与：邀请家长参与成语故事艺术教学活动，如亲子共读、家庭艺术创作等，增进亲子关系，共同促进幼儿艺术素养的提升。

社区资源：利用社区文化资源，如图书馆、艺术馆、文化遗址等，组织幼儿参观学习，拓宽视野，丰富艺术体验。

以上实施建议可以在艺术领域内构建出一个既符合幼儿发展规律，又充满创意与乐趣的成语故事教学适宜性体系，有效促进幼儿艺术感知、表现与创造能力的发展。

1. 感受与欣赏

（1）目标 1 喜欢自然界与生活中美的事物。

①发展目标内容详见表 3-28。

表 3-28　3 ～ 6 岁儿童感受美的发展目标

3～4 岁	4～5 岁	5～6 岁
1. 喜欢观看花草树木、日月星空等大自然中美的事物。 2. 容易被自然界中的鸟鸣、风声、雨声等好听的声音吸引。	1. 在欣赏自然界和生活环境中美的事物时，关注其色彩、形态等特征。 2. 喜欢倾听各种好听的声音，感知声音的高低、长短、强弱等变化。	1. 乐于收集美的物品或向别人介绍所发现的美的事物。 2. 乐于模仿自然界和生活环境中有特点的声音，并产生相应的联想。

②《3 ～ 6 岁儿童学习与发展指南》教育建议。

A. 和幼儿一起感受、发现和欣赏自然环境和人文景观中美的事物。如：让幼儿多接触大自然，感受和欣赏美丽的景色和好听的声音。经常带幼儿参观园林、名胜古迹等人文景观，讲讲有关的历史故事、传说，与幼儿一起讨论和交流对美的感受。

B. 和幼儿一起发现美的事物的特征，感受和欣赏美。如：让幼儿观察常见动植物以及其他物体，引导幼儿用自己的语言、动作等描述它们美的方面，如颜色、形状、形态等。让幼儿倾听和分辨各种声响，引导幼儿用自己的方式来表达他对音色、强弱、快慢的感受。支持幼儿收集喜欢的物品并和他一起欣赏。

③推荐成语。

“良辰美景”，释义：指良好的时刻和美好的景色。出处，南朝宋谢灵运《拟魏太子邺中集诗序》：“天下良辰、美景、赏心、乐事，四者难并。”

“美不胜收”，释义：形容美好的东西太多，一时看不过来。出处，清代袁枚《随园诗话》卷三：“其昆季延余小饮，捧侍郎全集，高尺许，乞作序。尽半日之暇，为之翻撷，见其鸿富，美不胜收。”

“尽善尽美”，释义：形容事物极其完美，没有任何缺陷。出处，《论语・八佾》：“子谓《韶》：‘尽美矣，又尽善也。’谓《武》：‘尽美矣，未尽善也。’”

“江山如画”，释义：指山川、河流美如画卷，形容自然风光美丽如图画一般。出处，宋代苏轼《念奴娇・赤壁怀古》：“江山如画，一时多少豪杰。”

“丹桂飘香”，释义：原指桂树开花，香飘到十里外。现在形容某件事物出名，人人皆知。出处，元代许桢《柳梢青·叠嶂浮岚》："采菊蕊、茱萸满篮。丹桂飘香，芙蓉弄色，好个江南。"

"人声鼎沸"，释义：本意是锅里的水烧开了，发出响声；现指人群的声音吵吵嚷嚷，就像炸开了锅。出处，明代冯梦龙《醒世恒言》："一日午后；刘方在店中收拾；只听得人声鼎沸。"

"崇山峻岭"，释义：形容高大而陡峭的山。出处，晋代王羲之《兰亭集序》："此地有崇山峻岭，茂林修竹。"

"鸟语花香"，释义：指鸟儿欢快鸣叫，花儿飘香，形容春天令人陶醉的景致。出处，宋代吕本中《庵居》诗："鸟语花香变夕阴，稍闲复恐病相寻。"

"鸦雀无声"，释义：指连乌鸦麻雀的声音都没有，形容非常静。出处，宋代苏轼《绝句三首》："天风吹月入栏干，乌鹊无声夜向阑。"

"锣鼓喧天"，释义：原指作战时敲锣击鼓指挥进退，后多形容喜庆、欢乐的景象。表示声音巨大，场面热闹。出处，元代尚仲贤《单鞭夺槊》第四折："早来到北邙前面，猛听的锣鼓喧天，那军不到三千，拥出个将一员，雄纠纠威风武艺显。"

"电闪雷鸣"，释义：原形容电光闪耀，雷声轰鸣，打雷下雨时的情景。现多比喻快速有力，或轰轰烈烈。出处，郭小川《痛悼敬爱的周总理》："我们的总理，回答得最为铿锵有力；不用语言，而用电闪雷鸣般的一生的经历。"

"寒蝉凄切"，释义：深秋的知了发出凄凉悲切的叫声。形容气氛、情调悲凉。出处，晋代陆云《陆清河集·寒蝉赋》："于是贫居之士，喟尔相与而俱叹曰：'寒蝉哀鸣，其声也悲；四时云暮，临河徘徊。'"

"风声鹤唳"，释义：原本是指听到风声和鹤叫声疑心是追兵，后比喻惊慌失措或自相惊忧的样子。唐代房玄龄《晋书·谢玄传》："闻风声鹤唳，皆以为王师已至。"

"燕语莺声"，释义：燕子的话语，黄鹂的歌声；原形容大好春光，后多形容年轻女子说笑的声音。出处，元代关汉卿《金线池》楔子："袅娜复轻盈，都是宜描上翠屏，语若流莺声似燕，丹青，燕语莺声怎画成？"

"天籁之音"，释义：形容十分动听悦耳的声音。出处，《庄子·齐物论》："女闻人籁而未闻地籁，女闻地籁而未闻天籁夫！"

"绘声绘色"，释义：把人或事物的声音、色彩等都描摹出来。形容叙事或描写得非常生动、逼真。出处，清代朱庭珍《筱园诗话》卷一："必使山情水性，因绘声绘色而曲得其真；务期天巧地灵，借人工人第而华传其妙。"

④经典成语故事。

【余音绕梁】

释义：指音乐停止后，余音好像还在绕着屋梁回旋，用来比喻歌声或音乐优美，余音回旋不绝，也比喻诗文意味深长，耐人寻味。

出处，《列子·汤问》：“过雍门，鬻歌假食，既去，而余音绕梁欐，三日不绝，左右以其人弗去。”

人生哲理：余音绕梁的故事不仅是对艺术美的赞美，也是对人生哲理的一种深刻阐释。它强调了美的持久性和深远影响。美的体验不仅仅是瞬间的，它可以给人留下深刻的印象，甚至在体验之后仍然能够感受到它的存在，这种美是持久而难忘的。它告诉我们，艺术的力量是无穷的。艺术作品能够触动人心，引起共鸣，甚至改变人的情感状态。它还暗示了人生的价值和意义不仅仅在于生命的长度，而更在于生命的质量和对社会的贡献。一个人的言行、作品或者思想，如果能够像美妙的音乐一样留下深刻的影响，那么这个人的一生就是有价值的。

故事内容：我国古时有一位善歌者韩娥，韩国人。一次她经过齐国，因路费用尽，便在齐国都城（临淄，今属山东）的雍门卖唱筹资。韩娥声音清脆嘹亮，婉转悠扬，十分动人。这次演唱，轰动全城。唱完以后，听众还聚在雍门，徘徊留恋，不肯散去。有人便到旅店去找韩娥，请她再来演唱。

可是旅店老板却对韩娥很不礼貌，韩娥忍不住放声大哭。哭声悲伤凄楚，附近居民，都被感动得流下泪来。由于韩娥的歌声婉转动听，唱完以后两三天，似乎还有遗留的歌声在屋梁间缭绕飘荡，一连三天，大家都难过得吃不下饭。当人们听说韩娥已经出城离去时，立刻派人去追，苦苦挽留。韩娥不便违拗百姓的要求，便回来为大家继续演唱了一次。听众很高兴，几天来的悲伤情绪一扫而空。《列子·汤问》在描写这一情节时说“余音绕梁，三日不绝”。从此，人们称赞歌声或音乐的美妙，余音不绝，就常用“绕梁三日”来比喻。

（2）目标 2 喜欢欣赏多种多样的艺术形式和作品。

①发展目标内容详见表 3-29。

表 3-29　3 ～ 6 岁儿童欣赏能力的发展目标

3～4 岁	4～5 岁	5～6 岁
1. 喜欢听音乐或观看舞蹈、戏剧等表演。 2. 乐于观看绘画、泥塑或其他艺术形式的作品。	1. 能够专心地观看自己喜欢的文艺演出或艺术品，有模仿和参与的愿望。 2. 欣赏艺术作品时会产生相应的联想和情绪反应。	1. 艺术欣赏时常常用表情、动作、语言等方式表达自己的理解。 2. 愿意和别人分享、交流自己喜爱的艺术作品和美感体验。

②《3 ～ 6 岁儿童学习与发展指南》教育建议。

A. 创造条件让幼儿接触多种艺术形式和作品。如：经常让幼儿接触适宜的、各种形式的音乐作品，丰富幼儿对音乐的感受和体验。和幼儿一起用图画、手工制品等装饰和美化环境。带幼儿观看或共同参与传统民间艺术和地方民俗文化活动，如皮影戏、剪纸和捏面人等。有条件的情况下，带幼儿去剧院、美术馆、博物馆等欣赏文艺表演和艺术作品。

B. 尊重幼儿的兴趣和独特感受，理解他们欣赏时的行为。如：理解和尊重幼儿在欣赏艺术作品时的手舞足蹈、即兴模仿等行为。当幼儿主动介绍自己喜爱的舞蹈、戏曲、绘画或工艺品时，要耐心倾听并给予积极回应和鼓励。

③推荐成语。

“惟妙惟肖”，释义：形容描写或模仿得非常逼真，生动形象。出处，宋代岳珂《英光堂帖赞》：“永之法，妍以婉，（米）芾之体，峭以健。马牛其风，神合志通；彼妍我峭，惟妙惟肖。”

“巧夺天工”，释义：形容精巧的人工胜过天然，比喻技艺高超巧妙。出处，元代赵孟頫《赠放烟火者》诗：“人间巧艺夺天工，炼药燃灯清昼同。”

“张牙舞爪”，释义：张着嘴，露出牙，舞动着脚爪。原形容野兽狰狞的面目。后多形容猖狂凶恶的样子。出处，《敦煌变文集 • 孔子项托相问书》附录二《新编小儿难孔子》：“鱼生三日游于江湖，龙生三日张牙舞爪。”

“手舞足蹈”，释义：两手挥舞，双脚跳动。形容非常高兴的样子。出处，《诗经 • 周南 • 关雎 • 序》：“永（咏）歌之不足，不知手之舞之，足之蹈之也。”

“走马观花”，释义：原形容得意而愉快的心情。现比喻匆忙和粗略地观察事物。出处，唐代孟郊《登科后》诗：“春风得意马蹄疾，一日看尽长安花。”

“独具匠心”，释义：具有独特的巧妙心思，多指技术或艺术方面有创造性。出处，唐代张祜《题王右丞山水障》：“精华在笔端，咫尺匠心难。”

“如痴如醉”，释义：像精神失常又像喝醉酒，形容过于沉迷或陶醉而不能自拔。出处，元代马致远《汉宫秋》第二折：“得见了王昭君，使朕如痴似醉。”

“栩栩如生”，释义：形容生动逼真，就像活的一样，多指文学、艺术形象塑造得生动传神。出处，《庄子·齐物论》：“昔者庄周梦为胡蝶，栩栩然胡蝶也，自喻适志与！不知周也。俄然觉，则蘧蘧然周也。”

“五彩缤纷”，释义：表示颜色繁多，色彩绚丽，十分好看的样子。出处，清代吴趼人《二十年目睹之怪现状》：“铺设得五彩缤纷，当中摆了姊姊画的那一堂寿屏，两旁点着五六对青烛。”

“爱不释手”，释义：形容很喜欢，舍不得放手。出处，南朝梁萧统《陶渊明集序》：“余爱嗜其文，不能释手。”

“欣喜若狂”，释义：形容高兴、兴奋到了极点。出处，清代霁园主人《夜谭随录·护军女》：“少年得其应答，惊喜若狂。”

④经典成语故事。

【画龙点睛】

释义：给画好的龙点画上眼睛。比喻说话或写作诗文时，在关键的地方加上一两个精辟的词句点明要旨，使内容更加生动传神，主题更加鲜明深刻。

出处，唐代张彦远《历代名画记·张僧繇》：“金陵安乐寺四白龙不点眼睛，每云：‘点睛即飞去。’人以为妄诞，固请点之。须臾，雷电破壁，两龙乘云腾去上天，二龙未点眼者见在。”

人生哲理：这个成语不仅强调了在表达中关键信息的重要性，也体现了在关键时刻或关键点上做出关键决策或提供关键信息的价值。它鼓励人们在交流和创作时，要善于抓住重点，用精炼的语言表达出深刻的思想或观点，以达到更好的传达效果。

故事内容：南北朝时期，梁朝有位画家名叫张僧繇，他的画特别传神。皇亲贵族，富商大贾都争相索求他的画。

传说有一年，张僧繇奉梁武帝之命，前去金陵安乐寺的墙上画四条金龙。仅三天，他就画出了四条活灵活现、威风凛凛的龙。这四条龙栩栩如生、惟妙惟肖，与真龙竟没有什么差别。一时间，围观的人都大为惊叹。

然而当人们凑近细看时，才发现这些龙全都没有眼睛。这样明显的缺陷让大家感到非常不解，纷纷请求张僧繇为龙添上眼睛。张僧繇却笑着说：“为龙画上眼睛不难，可一旦画了眼睛，这四条龙可就飞走了。”

大家一听这话，都哈哈大笑起来，觉得他十分荒唐。画出来的龙怎么会飞走呢？所有的人都不相信，认为张僧繇在开玩笑。于是，张僧繇只好答应先给其中两条龙画眼睛。他当着众人的面，提起笔轻轻在画上点上眼睛。刚画完，不可思议的事就发生了：天空忽然乌云密布，紧接着一阵电闪雷鸣，在狂风暴雨中，那两条龙竟真的震破墙壁，凌空飞起，最终消失在云层中。

众人全都惊得目瞪口呆。等云散天晴时，大家看到雪白的墙壁上果然只剩下两条龙了。而张僧繇只是站在一旁，笑而不语。

2. 表现与创造

（1）目标 1 喜欢进行艺术活动并大胆表现。

①发展目标内容详见表 3-30。

表 3-30　3 ～ 6 岁儿童艺术表现发展目标

3～4 岁	4～5 岁	5～6 岁
1. 经常自哼自唱或模仿有趣的动作、表情和声调。 2. 经常涂涂画画、粘粘贴贴并乐在其中。	1. 经常唱唱跳跳，愿意参加歌唱、律动、舞蹈、表演等活动。 2. 经常用绘画、捏泥、手工制作等多种方式表现自己的所见所想。	1. 积极参与艺术活动，有自己比较喜欢的活动形式。 2. 能用多种工具、材料或不同的表现手法表达自己的感受和想象。 3. 艺术活动中能与他人相互配合，也能独立表现。

②《3 ～ 6 岁儿童学习与发展指南》教育建议。

A. 创造机会和条件，支持幼儿自发的艺术表现和创造。提供丰富的便于幼儿取放的材料、工具或物品，支持幼儿进行自主绘画、手工制作、歌唱、表演等艺术活动。经常和幼儿一起唱歌、表演、绘画、制作，共同分享艺术活动的乐趣。

B. 营造安全的心理氛围，让幼儿敢于并乐于表达表现。如：欣赏和回应幼儿的哼哼唱唱、模仿表演等自发的艺术活动，赞赏他独特的表现方式。在幼儿自主表达的创作过程中，不做过多干预或把自己的意愿强加给幼儿，在幼儿需要时再给予具体的帮助。

了解并倾听幼儿艺术表现的想法或感受，领会并尊重幼儿的创作意图，不简单用“像不像”“好不好”等成人标准来评价。展示幼儿的作品，鼓励幼儿用自己的作品或艺术品布置环境。

③推荐成语。

“妙手丹青”，释义：丹青，绘画颜料；借指绘画艺术，形容绘画技艺高超。出处，清代吴敬梓《儒林外史》第四十六回：“庄濯江寻妙手丹青画了一幅‘登高送别图’，在会诸人，都做了诗。”

“阳春白雪”，释义：原指战国时代楚国的较高雅的歌曲，后比喻高深得不通俗的文学艺术。出处，战国楚宋玉《对楚王问》：“其为《阳阿》《薤露》，国中属而和者数百人，其为《阳春》《白雪》，国中属而和者不过数十人而已。”

“鬼斧神工”，释义：多形容建筑、雕塑、艺术等技术精巧神奇，不像人力所能达到的。出处，《庄子·达生》：“梓庆削木为鐻，鐻成，见者惊忧鬼神。”

“宛转悠扬”，释义：指委委婉曲折，也指声音悠扬动听。出处，鲁迅《社戏》：“那声音大概是横笛，宛转悠扬。”

“别有滋味”，释义：原意是另有一种别人无法体会的离愁别恨的滋味，指亡国之痛。后泛指文学艺术的情调、意蕴另有种动人的美感和趣味。出处，南唐李煜《乌夜啼》词：“剪不断，理还乱，是离愁，别是一番滋味在心头。”

“勤学好问”，释义：勤奋学习，不懂的就问。比喻善于学习。出处，宋代朱熹《朱子语类·论语》：“它而今是勤学好问，便谥之以文。”

“龙飞凤舞”，释义：好像龙在飞腾，好像凤在起舞。原形容山势的蜿蜒雄壮，后也形容书法笔势有力，灵活舒展。出处，汉代张衡《东京赋》：“龙飞白水，凤翔参墟。”

“照猫画虎”，释义：猫与虎的外形有相似之处，因此用以比喻照着样子模仿。出处，清代李绿园《歧路灯》第十一回：“这大相公聪明得很，他是照猫画虎，一见即会套的人。”

“出神入化”，释义：指超出于神妙，进入化境。形容技艺达到了绝妙的境地。出处，元代王实甫《西厢记》第二本第二折：“我不曾出声，他连忙答应。金圣叹：‘真正出神入化之笔’。”

④经典成语故事。

【八仙过海，各显神通】

释义：比喻做事各有各的一套办法，也比喻各自拿出本领、办法互相比赛。

出处，明代吴承恩《西游记》第八十一回：“正是八仙同过海，独自显神通。”

人生哲理：八仙过海的故事告诉我们，只要善用自己的优势，就能达成目标。这个故事鼓励人们认识自己的优点和长处，最大限度地展现自己的才华，做更好的自己。八仙过海时，每个人都展示了自己的神通，体现了自我价值。但同时，他们也相互尊重，相互学习，没有因为自己的特长而骄傲自大。这提示我们，在展示自己的同时，也要保持谦逊，尊重他人。

故事内容：中国有句成语“八仙过海，各显神通”。那么，这八仙到底是谁呢？他们就是李铁拐、汉钟离、吕洞宾、蓝采和、张果老、曹国舅、韩湘子，还有个女仙叫何仙姑。相传有一年，正逢王母娘娘的蟠桃盛会，八位神仙也被邀请参加。他们各自离开修炼之地，准备驾云去参加蟠桃盛会，路过东海，只见那东海浩淼无垠，波涛汹涌，巨浪狂吼，一派惊心动魄的景象。吕洞宾灵机一动，说：“驾云过海，不算仙家本事。咱们不如拿出各自的法宝，踏浪过海，各显神通，你们看好不好？”众仙都齐声说："好！"铁拐李第一个过来。只见他把手中的拐杖往东海一抛，拐杖像一叶扁舟，轻轻浮在海面上，铁拐李往上一跳，稳稳当当落在上面。众位仙家一看，齐声赞道："好本领！"这时，汉钟离拍了拍手里的响鼓也说道："看我的！"随手也把响鼓扔进了海里，他盘腿坐在鼓上，一副老僧模样。

张果老笑眯眯地说："还是我的招数最高明。"只见他掏出一张纸来，折成一头毛驴，纸驴四蹄落地后，仰天长叫，张果老倒骑在驴背上，向众仙挥挥手，踏浪而去。

吕洞宾不慌不忙地从背后抽出拂尘来，向海中一指，顿时霞光万道，海水分成两半，让出一条宽敞大道，只见吕洞宾微微一笑，悠悠然向路尽头走去。

韩湘子见此，也不甘示弱，从怀中掏出一本书来，随手抛到海中，自己腾空而起，单足站在上面，随后又取出箫管，吹起悠扬的曲子来。曹国舅此时取出了法宝玉板，飘然而上。这时只有何仙姑与蓝采和两人还没有动静，只见蓝采和取出花篮放进海中，花篮顿时变大数倍，花香扑鼻。他回头一见仙姑没拿任何法宝，就问道："仙姑，是否愿意与在下一同渡海？"何仙姑微微一笑，说："多谢阁下厚意，你尽管先行，我随后就到！"说着，从头上取下一朵荷花放入水中，那荷花霎时就变成了一条荷花船，载着仙姑缓缓飘过海去。八位神仙都靠自己的神通渡过了东海。

（2）目标 2 具有初步的艺术表现与创造能力。

①发展目标内容详见表 3-31。

表 3-31　3 ～ 6 岁儿童艺术表现与创造能力发展目标

3～4 岁	4～5 岁	5～6 岁
1. 能模仿学唱短小歌曲。 2. 能跟随熟悉的音乐做身体动作。 3. 能用声音、动作、姿态模拟自然界的事物和生活情景。 4. 能用简单的线条和色彩大体画出自己想画的人或事物。	1. 能用自然的、音量适中的声音基本准确地唱歌。 2. 能通过即兴哼唱、即兴表演或给熟悉的歌曲编词来表达自己的心情。 3. 能用拍手、踏脚等身体动作或可敲击的物品敲打节拍和基本节奏。 4. 能运用绘画、手工制作等表现自己观察到或想象的事物。	1. 能用基本准确的节奏和音调唱歌。 2. 能用律动或简单的舞蹈动作表现自己的情绪或自然界的情景。 3. 能自编自演故事，并为表演选择和搭配简单的服饰、道具或布景。 4. 能用自己制作的美术作品布置环境、美化生活。

②《3 ～ 6 岁儿童学习与发展指南》教育建议。

A. 尊重幼儿自发的表现和创造，并给予适当的指导。如，鼓励幼儿在生活中细心观察、体验，为艺术活动积累经验与素材。如，观察不同树种的形态、色彩等。提供丰富的材料，如图书、照片、绘画或音乐作品等，让幼儿自主选择，用自己喜欢的方式去模仿或创作，成人不做过多要求。根据幼儿的生活经验，与幼儿共同确定艺术表达表现的主题，引导幼儿围绕主题展开想象，进行艺术表现。幼儿绘画时，不宜提供范画，特别不应要求幼儿完全按照范画来画。肯定幼儿作品的优点，用表达自己感受的方式引导其提高。如，“你的画用了这么多红颜色，感觉就像过年一样喜庆”“你扮演的大灰狼声音真像，要是表情再凶一点就更好了”等。

③推荐成语。

“轻歌曼舞”，释义：轻松愉快的音乐加上柔美的舞蹈。出处，元代乔孟符《两世姻缘》第一折：“似大姐这般玉质花容，清歌妙舞，在这歌妓中可是少也。”

“异曲同工”，释义：不一样的曲调，却同样精巧。比喻事物虽然各个不同，但一样美好，或有一样的效果。出处，唐代韩愈《进学解》：“子云相如，同工异曲。”

“婀娜多姿”，释义：形容各种轻盈柔美的姿态，特别指女性的姿态。出处，古乐府《孔雀东南飞》：“四角龙幡，婀娜多姿随风传。”

“推陈出新”，释义：扬弃旧的，创造新的。多指在文化艺术方面去掉旧的糟粕，吸取其精华，创造出新的来。出处，清代戴延年《秋灯丛话·忠勇祠联》：“不特推陈出新，饶有别致。”

“标新立异”，释义：原义为表明自己新颖的义理，提出与众不同的见解；后来也指故意提出新奇的见解，表示自己与众不同。出处，南朝宋刘义庆《世说新语·文学》：“支道林在白马寺中，将冯太常共语，因及《逍遥》，支卓然标新理于二家之表，立异于众贤之外。”

“层出不穷”，释义：接连不断地出现，没有穷尽。有时喻指事物变幻之快。出处，唐代韩愈《贞曜先生墓志铭》：“神施鬼设，间见层出。”

“别出心裁”，释义：另有一种构思或设计。指另出新意，与众不同。出处，明代李贽《水浒全书发凡》：“今别出心裁，不依旧样，或特标于目外，或叠采于回中。”

“抑扬顿挫”，释义：指音调高低曲折，节奏感强。形容诗文作品或乐曲的声调时高时低，时停时折，和谐而有节奏。出处，宋代张戒《岁寒堂诗话》卷上：“而子建诗，微婉之情，洒落之韵，抑扬顿挫之气，固不可以优劣论也。”

“连绵不绝”，释义：连续而不中断，形容某种事物连续不断，一直持续下去。出处，明代朱国祯《涌幢小品·神惠记》：“往余冉丧妻，四丧子，复丧妹，最后丧母，连绵不绝。哭泣悲伤，五衷菀结。”

“另辟蹊径”，释义：另外开辟一条路。比喻开创一种新风格、新方法或选择一条新途径等。出处，叶圣陶《倪焕之》：“对于这样另辟蹊径的教育宗旨与方法，自己确有坚强的信念。”

“美轮美奂”，释义：形容房屋高大华丽。也形容陈设、装饰华美。出处，汉代戴圣

《礼记·檀弓下》：晋献文子成室，晋大夫发焉。张老曰：“美哉轮焉，美哉奂焉！歌于斯，哭于斯，聚国族于斯。”

“游目骋怀”，释义：放眼四望，心情畅快。形容尽览景物，舒展胸怀。出处，晋代王羲之《兰亭集序》：“仰观宇宙之大，俯察品类之盛，所以游目骋怀，足以极视听之娱，信可乐也。”

④经典成语故事。

【滥竽充数】

释义：不会吹竽的人混在吹竽的队伍里充数。比喻没有真才实学的人混在行家队伍中充数。也比喻以假的冒充真的，以次的冒充好的，或表示自谦，说自己水平不够，只是凑数而已。

出处，《韩非子·内储说上》：“齐宣王使人吹竽，必三百人。南郭处士请为王吹竽，宣王说之，廪食以数百人。宣王死，湣王立，好一一听之，处士逃。”

人生哲理：这个成语告诉我们做人要实事求是，要有真才实学。弄虚作假的人虽然可能暂时能够蒙混过关，但最终是经不住时间考验的，终究会露出马脚。因此，我们应该依靠自己的真才实学和诚实付出，而不是寄希望于偷奸耍滑或钻制度的空子获得报酬。只有这样，我们才能在社会上立足并取得较好的发展。此外，这个故事还强调了管理的精细化，管理者应该依赖于管理的精细，而不是人的自觉，以此来杜绝被钻空子的现象。

故事内容：据《韩非子》记载，齐宣王爱听吹竽，又好讲排场。为他吹竽的就有三百人。他常常叫这三百人一齐吹竽给他听。有个南郭先生，根本就不会吹竽，看到这个机会，就到齐宣王那里去，请求参加这个吹竽队。齐宣王就把他编在吹竽队里，并且给他很高的薪水。这位根本不会吹竽的南郭先生，每逢吹竽，就混在队里，拿着竽装腔作势。这样一天天混过去，不曾被人发现。

等到齐宣王死了，齐湣王接替王位。他和齐宣王不同，不喜欢听大家一起吹竽，而是喜欢叫吹竽的人一个一个地来吹给他听。南郭先生听到这个消息，只好逃之夭夭，不敢再冒充吹竽人了。

（六）成语专题

课程资源，作为达成课程目标、推动幼儿全面发展的基石，也往往是教师关注的焦点。其效能的最大化，核心在于教师能否秉持现代教育理念，紧密贴合幼儿园的独特优势，进行深度挖掘，并灵活融入日常教学实践之中。这一过程不仅考验着教师的专业素养，更是实现教育资源优化配置、促进幼儿全面发展的关键所在。在构建幼儿园成语故事教学适宜性体系的过程中，开展成语专题建设就是一项至关重要且富有意义的举措。

1. 成语专题建设的重要性体现

（1）促进全面发展。

成语专题建设围绕幼儿的发展目标，在健康、语言、社会、科学、艺术五大领域框架内进行，能够全面促进幼儿认知、情感、社会性等多方面的发展。每个专题如数字、十二生肖、礼仪、动物、物理现象等，都蕴含着丰富的知识内容和教育价值，有助于幼儿在多个维度上得到提升。

（2）增强教育内容的综合性和趣味性。

成语作为中华文化的瑰宝，其背后蕴含着深厚的历史文化背景、丰富的人生哲理和道德信念。成语专题建设，可以将成语与不同领域的知识相结合，形成综合性的教育内容，使学习过程更加生动有趣。幼儿在学习过程中，不仅能够学习成语本身，还能接触到与之相关的各种知识，拓宽视野，激发探索欲。

（3）建立有意义的学习连接。

成语专题建设有助于幼儿与教育内容之间建立起有意义的连接。通过将成语与具体的生活场景、自然现象、社会事件等相结合，使幼儿能够在熟悉的情境中理解成语的含义和用法，加深记忆和理解。这种学习方式有助于幼儿将所学知识应用到实际生活中，提高解决问题的能力。

（4）提高学习效率和兴趣。

在同一时段内，通过成语专题的方式，幼儿可以接受不同成语带来的信息刺激，这种多元化的学习方式能够有效提高学习效率。同时，不同成语之间的对比和联系也能激发幼儿的好奇心和学习兴趣。而在不同时段内，持续围绕同一类成语进行学习，则能够加深幼儿对某一领域知识的理解和掌握，形成系统的知识体系。

（5）培养探究意识和自主学习能力。

成语专题建设鼓励幼儿主动探索和发现成语背后的故事和意义，这有助于培养幼儿的探究意识和自主学习能力。幼儿在学习过程中，需要不断思考、提问和尝试，这种积极的学习态度和方法将对他们未来的学习和生活产生深远的影响。

（6）强化文化认同和价值观教育。

成语是中华文化的重要组成部分，通过成语专题建设，幼儿能够在潜移默化中接受传统文化的熏陶和教育，增强文化认同感和自豪感。同时，成语中蕴含的道德观念和人生哲理也有助于幼儿形成正确的价值观，为他们的健康成长奠定坚实的基础。

2. 专题成语举隅

（1）物理现象专题。

开天辟地——宇宙、地球的形成。天崩地裂——流星与地震。玉兔东升——神秘的月球。日月无光——日食与月食。以管窥天——天文望远镜。天高地厚——大气层与地球结构。雷霆万钧——雷是如何产生的。暴风骤雨——风雨的形成。立竿见影——光与影的关系。刻舟求剑——静止与运动。绳锯木断——摩擦力。镜花水月——平面镜成像。一泻千里——动能与势能。迅雷不及掩耳——声音与光的速度。

（2）与人体相关的专题。

千钧一发——头发的构造。大开眼界——眼睛与视力。震耳欲聋——声音与听力。嗤之以鼻——鼻子与嗅觉。唇亡齿寒——爱护唇齿。望梅止渴——舌头与味觉。血气方刚——血液与血管。肝胆相照——肝胆的位置与功能。手舞足蹈——认识手与脚。体无完肤——皮肤的构造。汗流浃背——汗腺的功能。不寒而栗——冷与恐惧时的生理反应。面红耳赤——愤怒与害羞时的生理反应。筋疲力尽——运动与肌肉。黄粱美梦——梦与睡眠。

（3）植物专题。

分门别类——生物的分类。种豆得豆——孟德尔的遗传学说。落叶归根——植物的生命历程。盘根错节——根的功能作用。万紫千红——花和叶的颜色。华而不实——花儿与果实。节外生枝——茎干的构造和生长。移花接木——植物栽培的方法。

（4）日常生活专题。

捕风捉影——风筝与照相机。洛阳纸贵——纸的作用。饮水思源——节约用水。山清水秀——爱护环境。日行千里——汽车与火车。乘风破浪——水面航行的船。一飞冲天——翱翔蓝天的飞机。

（5）十二生肖专题。

鼠：鼠目寸光、投鼠忌器、首鼠两端、抱头鼠窜、獐头鼠目、胆小如鼠。

牛：牛刀小试、牛角挂书、九牛一毛、对牛弹琴、老牛破车、老牛舐犊、汗牛充栋、如牛负重、吴牛喘月、泥牛入海、目无全牛、气壮如牛。

虎：如虎添翼、虎背熊腰、虎口逃生、虎视眈眈、虎落平川、虎口拔牙、与虎谋皮、为虎作伥、两虎相争、放虎归山、养虎遗患、调虎离山、谈虎色变、骑虎难下、暴虎冯河、狼吞虎咽、狐假虎威、三人成虎、照猫画虎、云龙风虎、虎口余生、虎头虎脑、虎落平阳、虎穴龙潭。

兔：狡兔三窟、兔起鹘落、兔死狐悲、见兔顾犬、守株待兔。

龙：望子成龙、龙飞凤舞、龙肝豹胎、龙肝凤髓、龙驹凤雏、人中之龙、来龙去脉、画龙点睛、鱼龙混杂、活龙活现、群龙无首、攀龙附凤、乘龙快婿、老态龙钟、云起龙骧、叶公好龙、直捣黄龙、车水马龙、龙凤呈祥。

蛇：画蛇添足、佛口蛇心、杯弓蛇影、打草惊蛇、虚与委蛇、蛇蝎心肠。

马：马不停蹄、马齿徒增、马到成功、马革裹尸、马首是瞻、一马平川、一马当先、万马齐喑、万马奔腾、天马行空、老马识途、汗马功劳、走马观花、快马加鞭、驷马难追、信马由缰、走马上任、大马金刀、兵强马壮、人仰马翻、人困马乏、兵荒马乱、蛛丝马迹、千军万马、招兵买马、金戈铁马、单枪匹马、盲人瞎马、指鹿为马、轻裘肥马、悬崖勒马、塞翁失马、犬马之劳、走马看花、鞍前马后、人强马壮、青梅竹马、心猿意马、厉兵秣马。

羊：羊肠小道、羊落虎口、亡羊补牢、羚羊挂角、歧路亡羊、顺手牵羊。

猴：沐猴而冠、尖嘴猴腮、杀鸡骇猴、猴年马月。

鸡：鸡飞蛋打、鸡毛蒜皮、鸡犬不宁、鸡犬升天、牝鸡司晨、闻鸡起舞、鹤立鸡群、小肚鸡肠、呆若木鸡、杀鸡取卵。

狗：狗急跳墙、狗尾续貂、狗血喷头、狗仗人势、狗拿耗子、狗头军师、白云苍狗、狼心狗肺、狐朋狗友、关门打狗。

猪：一龙一猪、猪狗不如、猪突豨勇、泥猪瓦狗。

（6）数字专题。

一：一唱一和、一呼百应、一干二净、一举两得、一暴十寒、一心一意、一本正经、一臂之力、一尘不染、一见如故、一箭双雕、一脉相承、一目了然、一窍不通、一视同仁、一草一木、一成不变、一帆风顺、一鼓作气、一哄而散、一如既往、一丝不苟、一言难尽、一衣带水、一知半解、一表人才、一波三折、一步登天、一筹莫展、一触即发、一技之长、一劳永逸、一鸣惊人、一念之差、一贫如洗、一气呵成、一清二白、一扫而空、一息尚存、略胜一筹。

二：接二连三、一石二鸟、天无二日、九牛二虎之力、独一无二、两败俱伤、两虎相斗、两面三刀、两全其美、两小无猜、两袖清风、进退两难。

三：三长两短、三顾茅庐、三令五申、三生有幸、三思而行、三头六臂、三心二意、三言两语、半夜三更、入木三分、火冒三丈。

四：四海为家、四分五裂、四面楚歌、四通八达、四平八稳、危机四伏、四海升平。

五：五彩缤纷、五光十色、五湖四海、五花八门、五颜六色、五体投地、五脏六腑、五谷丰登、学富五车、五雷轰顶。

六：六神无主、六亲无靠、六月飞霜、六根清净。

七：七零八落、七拼八凑、七上八下、七手八脚、七嘴八舌、七窍生烟、七情六欲。

八：八面玲珑、八面威风、半斤八两、胡说八道、八仙过海。

九：九死一生、九牛一毛、九霄云外、含笑九泉。

十：十拿九稳、十年寒窗、十全十美、十万火急、十指连心、神气十足。

百：百无禁忌、百川归海、百读不厌、百发百中、百废俱兴、百感交集、百花齐放、百口难辩、百炼成钢、百战百胜、百依百顺、百折不挠、精神百倍、百尺竿头更进一步、百闻不如一见。

千：千变万化、千差万别、千锤百炼、千方百计、千呼万唤、千军万马、千钧一发、千里迢迢、千门万户、千难万险、千篇一律、千秋万代、千山万水、千丝万缕、千头万绪、千言万语、千真万确、千奇百怪、千姿百态 、千载难逢、横扫千军。

万：万水千山、万无一失、万众一心、万紫千红、万死一生、万籁俱寂、瞬息万变。

亿：亿兆一心、亿万斯年。

（7）颜色专题。

黑色：黑白分明、黑白不分、黑灯瞎火、黑白颠倒、月黑风高、漆黑一团、昏天黑地、起早摸黑、白纸黑字、近朱者赤，近墨者黑。

白色：白手起家、白驹过隙、白璧无瑕、白面书生、白里透红、平白无故、白日做梦、白头偕老、苍白无力、月白风清、唇红齿白、洁白无瑕、阳春白雪、真相大白、一清二白、青红皂白、白云苍狗。

红色：红装素裹、披红挂绿、面红耳赤、红日三竿、桃红柳绿、姹紫嫣红、白里透红、万紫千红、柳绿花红。

绿色：绿肥红瘦、绿树成荫、绿草如茵、绿水青山、灯红酒绿。

青色：青梅竹马、青黄不接、青云直上、青出于蓝、青面獠牙、青梅煮酒、平步青云、名垂青史、炉火纯青、万古长青、妙手丹青。

黄色：黄粱一梦、炎黄子孙、黄口孺子、黄道吉日、螳螂捕蝉黄雀在后、面黄肌瘦、一枕黄粱、信口雌黄、人老珠黄。

蓝色：蓝田生玉、青出于蓝而胜于蓝。

紫色：紫气东来、姹紫嫣红、万紫千红。

灰色：灰心丧气、灰飞烟灭、灰头土脸、心灰意冷、万念俱灰、心如死灰。

（8）空间方位专题。

东西方：东奔西走、东倒西歪、东张西望、东拉西扯、东摇西摆、东鳞西爪、声东击西、东山再起、西风落叶、日薄西山。

南北方：南征北战、南辕北辙、南腔北调、南箕北斗、南鹞北鹰、南橘北枳、南来北往、走南闯北、天南海北、寿比南山、立木南门、马放南山、北窗高卧、北面称臣、泰山北斗。

左右及附近的：左邻右舍、左顾右盼、左思右想、左右逢源、左右开弓、左右为难、左邻右舍、左膀右臂、左拥右抱。

前后方：承前启后、前赴后继 、思前想后、前呼后拥、惩前毖后、瞻前顾后、前抑后扬、狼前虎后、前合后仰。

上下：上行下效、七上八下、上吐下泻、上窜下跳、上下交困、上蹿下跳、举国上下、凌上虐下、谄上抑下、益上损下、丰上杀下、不相上下、下情上达、上下打量、谄上骄下、下塞上聋、上智下愚。

全方位或多方位：大江南北、普天之下、四面八方、天南海北、天南地北、五湖四海、五洲四海、眼观六路耳听八方。

（9）传统节日专题。

春节：辞旧迎新、恭贺新禧、普天同庆、吉星高照、恭喜发财、团团圆圆、阖家欢乐。

元宵节：火树银花、张灯结彩、花团锦簇、和和美美、阖家团圆、乐在其中、皓月当空。

清明节：割股充饥、生离死别、悲不自胜、悲天悯人、刻骨铭心、扫墓望丧、哀而不伤。

端午节：龙舟竞渡、屈志从俗、人山人海、锣鼓喧天、人声鼎沸。

七夕节：鹊桥相会、天作之合、天长地久、海誓山盟、永结同心、心灵手巧。

中秋节：花好月圆、桂子飘香、嫦娥奔月、琼楼玉宇、悲欢离合、碧海青天、花前月下。

重阳节：明日黄花、敬老尊贤、寸草春晖、延年益寿、福如东海、寿比南山、容光焕发。

……

成语专题不仅数量众多，而且涵盖面广，从历史故事到自然现象，从人物品格到生活哲理，应有尽有。幼儿教师可以根据幼儿的年龄特点、兴趣爱好以及教育目标，精心挑选和设计成语专题。

为了更快速地推进成语专题的开发与实施，幼儿教师可以采取分工合作的方式。每位教师可以根据自己的专长和兴趣，负责一个或多个成语专题的策划、准备和教学工作。同时，教师可以定期召开教研会议，分享各自的教学经验和资源，共同解决教学中遇到的问题。团队合作不仅可以提高工作效率，还能促进教师之间的交流与成长。

此外，资源共享也是加快成语专题建设的重要途径。幼儿园可以建立成语教学资源库，将教师开发的成语故事、教学课件、游戏材料等集中起来，供全体教师参考和使用。这样，每位教师在准备成语专题时，都可以从资源库中快速找到所需的教学素材，避免重复劳动，提高工作效率。

资源库的不断更新和完善，能够为幼儿园成语故事教学的持续发展提供强有力支持。

总之，成语故事课程资源的开发与实施需要全体教师团结合作、共同努力和不断创新，通过分工合作与资源共享，可以更快速、高效地推进成语故事课程资源的建设，突显办园特色，为幼儿提供更加丰富多彩、富有教育意义的学习体验，促进他们全面而有个性的发展。

第四章　成语故事与五大领域有效融合的课程体系构建

自 20 世纪 80 年代起，我国社会的日益开放促进了国内国际学术交流的大幅增长，这一时期，诸多国际前沿的儿童发展、心理、教育及课程理论，诸如皮亚杰的认知发展理论、布朗芬布伦纳的生态系统理论、罗杰斯的人本心理学、列昂捷夫的活动理论、维果茨基的社会文化理论，以及诸如以瑞吉欧（Reggio Emilia）、海伊斯科普（HighScope）等为代表的先进的课程模式纷至沓来，为我国幼儿园教育及其基础理论框架带来了前所未有的冲击与革新动力。我国学前教育领域随之启动了一场“自上而下”的课程改革浪潮，这一进程持续至今，历经自发探索、大规模推进与深化发展三个阶段，显著特征在于课程理念的开放化、生成性增强，从注重结果转向重视过程，从标准化知识传授转变为关注幼儿个性化经验、兴趣与需求，教师与幼儿共同成为课程意义的积极构建者，本土文化与生活经验成为课程不可或缺的元素。

在此背景下，美国学前教育专家波纳德斯波代克于 1991 年提出的课程三要素——儿童发展、知识性质与文化价值观，为我国学前教育课程改革提供了国际视野下的参考。而我国学前教育的领军人物之一，华东师范大学的朱家雄教授则进一步强调，学前教育作为基础教育之基石，必须深深扎根于本土文化与传统之中，既要开放包容地借鉴国际先进理念，更需坚定不移地传承与弘扬中华优秀传统文化。这一理念揭示了构建具有地方特色的学前教育课程体系的重要性，指出这是推动幼儿园教育创新与发展的根本所在。

随着课程改革的不断深化，成语故事这一中华文化瑰宝，在幼儿园教育中日益凸显其独特的教育价值与文化桥梁作用。它不仅丰富了课程内容，更在潜移默化中促进了幼儿对传统文化的理解与认同，为现代学前教育理念与本土文化的融合开辟了新路径。

一、构建幼儿园成语故事课程体系的要素

构建幼儿园成语故事课程体系，是一个多维度的任务，要做好这项工作，首先需要综合考虑幼儿、环境、教师以及成语故事本身的特点。

（一）对幼儿发展与学习特性的分析

幼儿是幼儿园课程和教学的主体，因此了解幼儿发展与学习的特性是非常重要的。

1. 文化情境性

教育要与每个儿童所处的文化背景相适应。维果茨基的“社会文化论”强调个人与社会的紧密相连，认为社会文化在儿童发展与知识建构中扮演着举足轻重的角色。维果茨基认为，人的心理机能从根本上来说是一个由文化产品、活动和概念充当中介的、并受中介调节的过程。这一理论强调语言作为社会文化现象的重要性，以及学习者将语言运用到行为实践中，从而获得语言文化知识、消除语言使用和学习界限的关键作用。

文化情境性强调了幼儿的认知发展、心理机能以及知识建构过程并非孤立存在，而是深深植根于特定的文化环境和情境中。这一观点指出，儿童的学习、思维、情感及行为方式均受到其所在文化背景的深刻影响，这些文化背景包括语言、习俗、价值观念、社会规范以及历史传承等多个方面。

具体来说，文化情境性意味着：

（1）认知发展的文化依赖性。

儿童的认知发展不是自然而然的过程，而是受到其所处文化环境的塑造和引导。文化为儿童提供了认知发展的框架和工具，如语言、符号系统等，这些工具和框架成为儿童理解和解释世界的媒介。

（2）知识建构的情境性。

知识的建构不是抽象的、去情境化的过程，而是发生在具体的社会文化情境中。儿童在与他人交往、参与实践活动、解决实际问题的过程中，不断地将新的信息与已有的文化知识和经验相结合，从而建构出具有个人意义和社会价值的知识体系。

（3）社会互动与文化传承。

文化情境性强调社会互动在知识建构和认知发展中的重要作用。儿童通过与他人的交流、合作和冲突，不断地学习和适应社会的文化规范和价值观念。同时，这一过程也是文化传承的重要途径，儿童在潜移默化中接受并内化了文化的精髓和智慧。

文化情境性为我们提供了一个全新的视角来理解幼儿的认知发展、心理机能以及知识建构过程，强调了文化因素在其中的决定性作用。这一观点对于教育实践具有重要的指导意义，提醒我们要尊重并充分利用儿童所处的文化环境，以促进其全面发展。

2. 全人发展性

儿童的发展是整体性的，情绪、社会、语言、体能等发展息息相关，同等重要且共同发展。人的全面而自由发展是马克思主义的最高理想。全人发展性是指以人为本、关注全面发展的观念，它强调人的全面发展，包括身体、智力、道德、美育、劳动教育等各个方面。全人发展观认为，人的身心发展是相互联系和综合发展的，不应该片面追求某一方面的发展而忽视其他方面。它尊重并关注每个人的个体差异和潜能，鼓励每个人全面发展自己的能力，并提供相应的机会和环境。

（1）全人发展性对幼儿发展的意义。

促进全面发展：全人发展性要求关注幼儿身体、智力、情感、社会性等多方面的发展，确保幼儿在不同领域都能得到均衡的发展机会。

尊重个体差异：每个幼儿都是独一无二的个体，全人发展性强调尊重幼儿的发展速度和方式，避免用统一的标准衡量所有幼儿。

培养综合素质：全人发展性不仅关注幼儿的知识和技能学习，还注重培养他们的思维能力、创新能力、沟通能力、团队合作能力等综合素质。

（2）全人发展性在幼儿学习中的应用。

整合学习内容：全人发展的幼儿教育目标决定了幼儿教育内容的全面性，主张将学习内容划分为多个领域，如健康、语言、社会、科学、艺术等，并注重各领域的互相渗透和综合发展。

注重学习过程：全人发展性强调幼儿的学习过程比结果更重要，鼓励幼儿通过直接感知、实际操作和亲身体验来获取经验，培养他们的学习兴趣和探究精神。

创设良好环境：家庭、幼儿园和社会应该为幼儿提供良好的学习环境和资源，包括丰富的物质环境、和谐的人际关系以及积极的学习氛围等，以促进幼儿的全面发展。

《3 ～ 6 岁儿童学习与发展指南》以促进幼儿体、智、德、美各方面的协调发展为核心，通过提出各年龄段儿童学习与发展目标和相应的教育建议，帮助幼儿园教师和家长了解幼儿学习与发展的基本规律和特点。指南强调关注幼儿学习与发展的整体性，尊重幼儿发展的个体差异，理解幼儿的学习方式和特点，并重视幼儿的学习品质。这些理念和做法都体现了全人发展性在幼儿学习中的应用。

3. 渐进式成长

幼儿的发展是循序渐进的，过去、现在、未来连续交织。渐进式成长指的是幼儿在发展过程中，其身体、心理、认知、情感、社会性等各方面能力都遵循着一定的顺序和规律，逐步地、连续地提升和完善。这一过程是缓慢的、渐进的，而非一蹴而就或跳跃式的。

（1）幼儿发展的渐进性特点。

连续性：幼儿的发展是一个连续不断的过程，各个阶段之间相互衔接、相互渗透。前一阶段的发展为后一阶段的发展奠定基础，后一阶段的发展又是前一阶段发展的继续和提升。

阶段性：虽然幼儿的发展是连续的，但也会表现出一定的阶段性特征。在不同的年龄段，幼儿会面临不同的发展任务和挑战，需要掌握不同的技能或能力。

不均衡性：幼儿身体和心理的发展速度并不完全一致，有些方面可能发展得较快，而有些方面则相对较慢。这种不均衡性要求教育者要关注幼儿的个体差异，因材施教。

（2）渐进式成长在幼儿学习中的体现。

认知发展：幼儿的认知发展遵循着从具体到抽象、从简单到复杂的规律。他们最初通过感知和动作来认识世界，逐渐发展到能够运用符号和语言进行思维。在这个过程中，教育者需要提供丰富的刺激和材料，帮助幼儿逐步构建自己的认知结构。

情感发展：幼儿的情感发展也是一个渐进的过程。他们最初只能感受到基本的情绪体验，如快乐、悲伤等，逐渐发展到能够理解和表达更复杂的情感。教育者需要关注幼儿的情感需求，为他们提供安全、稳定的环境，帮助他们建立积极的情绪体验。

社会性发展：幼儿的社会性发展包括同伴交往、规则意识、自我认知等方面。在这个过程中，幼儿需要逐渐学会与他人相处、合作和分享。教育者可以通过组织各种活动和游戏，帮助幼儿提升社会性技能，促进他们的社会性发展。

（3）促进幼儿渐进式成长的策略。

尊重个体差异：每个幼儿都是独一无二的个体，他们的发展速度和方式各不相同。教育者需要充分理解和尊重幼儿的个体差异，避免用统一的标准来衡量他们的发展水平。

提供适宜的支持：教育者需要根据幼儿的发展水平和需求，提供适宜的支持和帮助。这包括提供丰富的刺激和材料、创设良好的学习环境、制订合理的教育计划等。

鼓励自主探索：幼儿的学习是以直接经验为基础的，他们需要通过自己的探索和发现来构建知识。教育者应该鼓励幼儿自主探索、尝试和创造，让他们在过程中体验成功的快乐和思考失败的教训。

家园共育：家庭和幼儿园是幼儿成长的重要环境。教育者需要与家长保持密切的沟通和合作，共同关注幼儿的发展需求和教育问题，形成教育合力，促进幼儿的渐进式成长。

渐进式成长是幼儿发展的基本规律之一。教育者需要充分理解和尊重这一规律，采取适宜的教育策略和方法，促进幼儿在身体、心理、认知、情感和社会性等方面的全面发展。

4. 个体差异性

幼儿的发展是独特的，没有完全相同的。从幼儿的发展和学习的角度来看，个体差异性是一个不可忽视的重要方面。每个幼儿都是独一无二的个体，他们在身体、心理、认知、情感和社会性等方面的发展都存在着显著的差异。

（1）个体差异性的表现。

性别差异：男孩和女孩在身体发育、学习方式和兴趣偏好上往往存在差异。例如：女孩在身体发育上可能较男孩更早成熟，而在语言能力和社会交往方面通常表现出较高的水平。男孩则可能在运动能力和空间感知方面更具优势。

智力差异：幼儿的智力发展存在明显的个体差异，主要表现在智力发展水平、智力类型和智力发展早晚三个方面。有的幼儿可能在某些领域表现出色，而在其他领域则相对较弱；有的幼儿智力发展较早，成为“早慧”儿童，而有的则相对较晚。

学习类型差异：不同的幼儿在学习上有着不同的倾向和习惯，即学习类型差异。这包括认知风格、学习策略、内外控制点、焦点和兴趣等方面的差异。例如：有的幼儿是视觉型学习者，善于通过观察和看图来学习；有的则是听觉型学习者，更擅长通过听讲和口头讲解来学习。

性格差异：幼儿的性格特征也存在显著的个体差异，这主要体现在性格的态度特征、理智特征、情绪特征和意志特征上。不同的性格类型会影响幼儿的学习方式和速度，以及他们在社交活动中的表现。

（2）个体差异性的成因。

遗传因素：每个幼儿都拥有独特的基因组合，这些基因在很大程度上决定了他们的身体特征、智力水平和性格倾向。遗传因素是幼儿个体差异性的重要来源之一。

环境因素：环境因素包括家庭环境、学校环境和社会环境等多个方面。这些环境因素对幼儿的发展和学习产生着深远的影响。例如：家庭氛围、父母的教育方式、学校的教学质量等都会造成幼儿的个体差异。

交互作用：遗传和环境因素并不是孤立存在的，它们之间存在着复杂的交互作用。这种交互作用共同影响着幼儿的个体差异性和发展轨迹。

（3）个体差异性对教育和学习的意义。

提高教育质量：了解幼儿的个体差异性有助于教师更好地因材施教，满足不同幼儿的学习需求。这不仅可以提高教育的针对性和有效性，还可以促进每个幼儿的全面发展。

促进幼儿全面发展：关注幼儿的个体差异性可以促进他们在认知、情感、社会等各方面得到均衡发展。通过个性化的教育支持和引导，教师可以帮助幼儿克服自身弱点，发挥自身优势，实现全面发展。

增强家长参与度：了解幼儿的个体差异性还有助于增强家长的参与度和教育意识。家长可以根据孩子的实际情况制订合适的教育计划和方法，与幼儿园形成教育合力，共同促进孩子的成长和发展。

（4）应对个体差异性的策略。

尊重个体差异：教育者应尊重每个幼儿的独特性和差异性，避免用统一的标准来衡量他们的发展水平和学习成果。要关注每个幼儿的优点和特长，鼓励他们发挥自己的潜力。

提供个性化支持：根据幼儿的个体差异性和发展需求，提供个性化的教育支持和引导。例如：为不同学习类型的幼儿提供适合他们的学习材料和方法；为有特殊需求的幼儿提供额外的支持和辅导等。

加强家园合作：加强家园合作是应对幼儿个体差异性的重要途径之一。家长和幼儿教师应保持密切的沟通和合作，共同关注幼儿的发展需求和教育问题，形成教育合力，共同促进幼儿的成长和发展。

幼儿个体差异性是幼儿教育和学习中不可忽视的重要方面。了解并尊重这种差异性有助于我们更好地了解幼儿、理解幼儿并促进他们的全面发展。

5. 建构性

幼儿的学习是建构性的，他们总试图了解周遭的世界。建构性强调幼儿是学习的主体，他们通过感知、操作、思考和交流等方式，主动构建对世界的认知和理解。

（1）幼儿发展的建构性特点。

主动性：幼儿具有强烈的好奇心和探索欲，他们主动寻求与环境的互动，通过尝试和发现来建构知识。

经验性：幼儿的学习是基于个人经验的，他们通过亲身经历和实际操作来积累知识，形成对世界的理解和认知。

情境性：幼儿的学习发生在特定的情境中，他们通过参与各种活动和游戏，在真实的或模拟的情境中建构知识。

社会性：建构性学习不仅是个人行为，也是社会性行为。幼儿在与同伴、教师和家长的互动中，共同建构知识和理解。

（2）建构性在幼儿发展中的作用。

认知发展：建构性游戏，如积木游戏，有助于幼儿发展空间认知、形状识别、颜色分类等能力。通过搭建和拆解，幼儿逐渐理解物体的结构和空间关系。在建构过程中，幼儿需要进行问题解决和发展创造性思维，这有助于培养他们的逻辑思维和创新能力。

情感发展：建构性活动为幼儿提供了表达自我、释放情感的平台。通过游戏和创作，幼儿可以表达自己的想法和感受，获得成就感和自信心。与同伴的合作和互动也有助于幼儿发展社交技能，如分享、协商、合作等，这些技能对幼儿的情感发展至关重要。

社会性发展：建构性游戏促进了幼儿之间的交流和合作，帮助他们建立友谊和信任关系。通过共同完成任务和解决问题，幼儿学会了如何与他人协作和沟通。在建构过程中，幼儿需要遵守游戏规则和秩序，这有助于培养他们的规则意识和自律能力。

（3）如何促进幼儿的建构性学习。

提供丰富的材料和资源：为幼儿提供多样化的建构材料，如积木、拼图、沙子、水等，以满足他们不同的兴趣和需求。鼓励幼儿使用废旧物品进行创作和建构，培养他们的环保意识和创新能力。

创设适宜的学习环境：创设一个安全、舒适、富有启发性的学习环境，让幼儿能够自由探索和发现。合理安排活动区域和游戏时间，确保幼儿有足够的空间和时间进行建构性学习。

引导和支持幼儿的建构活动：教师应成为幼儿建构活动的引导者和支持者，通过观察、提问、示范等方式激发幼儿的兴趣和好奇心。鼓励幼儿尝试新的建构方法和技巧，挑战自己的能力和极限。当幼儿遇到困难时，教师应及时给予帮助和指导，引导他们找到解决问题的方法。

（4）家园共育。

家庭是幼儿建构性学习的重要场所之一。家长应积极参与幼儿的教育活动，与幼儿园共同合作，促进幼儿的全面发展。家长可以与幼儿一起进行建构游戏和创作活动，增进亲子关系的同时，也促进幼儿的建构性学习。

建构性学习在幼儿的发展和学习中起着至关重要的作用。通过提供丰富的材料和资源、创设适宜的学习环境、引导和支持幼儿的建构活动以及家园共育等方式，我们可以有效促进幼儿的建构性学习，帮助他们全面发展。

6. 直接经验性

直接经验性指的是幼儿通过与周围环境的直接互动和实际操作，获取的第一手经验和知识。这种经验是直观的、具体的，并且深刻影响着幼儿对世界的认知和理解。在幼儿阶段，直接经验是他们学习的主要方式，也是他们构建知识体系和认知结构的基础。幼儿的学习最后是通过操作经验、社会互动与反省性思考的深度融合而达到一个更加全面和深入的理解层次。

（1）直接经验性在幼儿发展中的作用。

促进感知层次的发展：在布鲁纳的感知层次中，幼儿通过直接的感官刺激和动作经验来初步认识和理解世界。直接经验性使幼儿能够直接接触到物体的形状、颜色、质地等属性，从而加深对这些属性的感知和理解。例如：幼儿通过触摸和抓握不同材质的玩具，可以感受到光滑与粗糙、软与硬等对比，进而形成对这些属性的初步认知。

支持图像层次的形成：在图像层次中，幼儿开始形成与概念相关的图像或表象。直接经验性为幼儿提供了丰富的感知材料，使他们能够在脑海中构建出清晰的图像或模型。这些图像或模型不仅有助于幼儿加深对概念的理解，还能够促进他们的记忆和想象能力的发展。例如：幼儿通过多次接触和观察苹果，可以在心中形成苹果的形状、颜色和味道的清晰图像，从而更容易记住和识别苹果。

为符号层次的学习奠定基础：在符号层次中，幼儿开始使用符号系统进行思考和表达。直接经验性为幼儿提供了丰富的语言符号和非语言符号的学习素材。通过与成人和同伴的互动，幼儿可以学习到各种符号的意义和使用方法，进而逐渐掌握符号系统。例如：幼儿在看到苹果时会说出“苹果”这个词，这就是他们将直接经验与符号系统相结合的结果。

（2）如何促进幼儿的直接经验性学习。

提供丰富的材料和资源：为幼儿提供多样化的材料和资源，如积木、拼图、玩具、图书等，以满足他们不同的兴趣和需求。这些材料和资源应具有一定的安全性和教育性，能够激发幼儿的好奇心和探索欲。

创设适宜的学习环境：为幼儿创设一个安全、舒适、富有启发性的学习环境，使他们能够自由探索和发现。学习环境应具有一定的开放性和灵活性，以支持幼儿的直接经验性学习。

鼓励幼儿动手操作和亲身体验：鼓励幼儿通过动手操作和亲身体验来获取直接经验。例如：组织幼儿进行科学实验、手工制作、户外探险等活动，让他们在实践中学习和成长。

关注幼儿的个体差异：每个幼儿都是独一无二的个体，他们在兴趣、能力和发展速度上存在差异。因此，在促进幼儿的直接经验性学习时，教师应关注幼儿的个体差异，为他们提供个性化的支持和指导。

直接经验性在幼儿的学习和发展过程中起着至关重要的作用。通过提供丰富的材料和资源、创设适宜的学习环境、鼓励幼儿动手操作和亲身体验以及关注幼儿的个体差异等措施，我们可以有效地促进幼儿的直接经验性学习，帮助他们更好地构建知识体系和认知结构。

（二）对课程教学实施环境的分析

课程教学实施环境作为核心要素之一，对教学效果起着至关重要的作用。社会文化理论的提出者列夫·维果茨基曾强调：人类社会文化与社会交互作用对人的认知发展起着重要作用。幼儿园作为幼儿接触社会的第一站，其环境布置、文化氛围及师生互动模式均蕴含着丰富的社会文化信息。以下将从幼儿园环境、家庭环境和社会环境三个方面进行阐述。

1. 幼儿园环境

环境创设：幼儿园应创设一个充满传统文化氛围的学习环境，如设置成语故事主题墙、成语角等，展示成语故事的图片、文字及道具，让幼儿在日常生活中随时能接触到成语元素，激发其学习兴趣。同时，幼儿园环境也是一个复杂的生态系统，包括物理环境、心理环境和社会环境等多个层面。在幼儿园教育教学中，应注重环境的整体性和互动性。

师幼互动：教师在成语故事教学中扮演着重要角色，应通过生动的讲解、角色扮演、游戏互动等方式，引导幼儿积极参与，加深对成语故事的理解和记忆。同时，教师应关注幼儿的个体差异，提供个性化的学习支持。教师应当与幼儿之间建立积极、支持性的关系，鼓励幼儿参与讨论、表演成语故事，促进幼儿的社会交往能力和情感发展。

教学资源：幼儿园应配备丰富的成语故事教学资源，包括绘本、动画、音频等多媒体资源，以及实物教具、场景布置等，以满足不同年龄段幼儿的学习需求。

2. 家庭环境

亲子共读：家庭是幼儿最早接触并长期生活的社会环境，家庭中的文化观念、价值取向和生活习惯都会对幼儿产生深远影响。在成语故事教学中，家长的参与和支持至关重要。家庭是幼儿学习成语故事的重要场所之一。家长应积极参与亲子共读活动，与孩子一起阅读成语故事书，讨论故事内容和寓意，增进亲子关系的同时，培养孩子的阅读习惯和思维能力。

家庭氛围：家庭环境作为幼儿成长的重要生态系统之一，其稳定性、和谐性和丰富性对幼儿的成长至关重要。家长应努力营造一个和谐、开放、支持的家庭氛围，鼓励孩子表达自己的想法和感受，对于孩子在学习成语故事过程中的疑问和困惑给予及时的解答和鼓励。

家园合作：幼儿园应与家庭保持密切的沟通和合作，共同关注幼儿的学习进展和成长需求。通过家长会、家园联系册、家长联系群等方式，向家长介绍成语故事教学的意义和方法，争取家长的理解和支持。

3. 社会环境

社会环境是幼儿园教育生态系统的重要外部因素，它通过与幼儿园教育系统的相互作用，影响幼儿的学习和发展。

社会文化资源：社会拥有丰富的文化资源和教育机会，幼儿园应充分利用这些资源，如邀请文化专家、学者来园讲座、组织幼儿参观博物馆、图书馆等文化场所，让幼儿在更广阔的天地中学习成语故事，感受中华文化的博大精深。

社会舆论导向：社会舆论对幼儿园成语故事教学的关注和支持，能够营造良好的教育氛围。在媒体、网络等渠道应加强对传统文化教育的宣传力度，提高公众对成语故事教学的认识和理解，形成全社会共同关注和支持传统文化教育的良好风尚。

政策支持：政府和教育部门应出台相关政策，支持幼儿园开展成语故事教学等传统文化教育活动。通过提供经费支持、教师培训、教材开发等措施，为幼儿园实施成语故事教学提供有力保障。

《人类发展生态学》一书的作者，美国著名的人类学家和生态心理学家尤瑞·布朗芬布伦纳，提出了著名的人类发展生态学理论，即生态系统理论。这个理论强调环境对个体行为和心理发展的重要性，指出个体嵌套于相互影响的一系列环境系统中，这些系统与个体相互作用并影响着个体的发展。幼儿的生活环境包括幼儿园环境、家庭环境和社会环境三个方面。只有在这三个方面共同努力、相互配合，才能为幼儿创造一个良好的学习环境，促进其全面发展。

（三）对课程实施的执行者——教师的分析

在幼儿园成语故事课程体系构建与教学实施的过程中，教师是核心的执行者与引导者，其角色多维且关键。

1. 课程体系构建的参与者与贡献者

在构建幼儿园成语故事课程体系时，教师不仅是执行者，更是积极的参与者和贡献者。他们基于对幼儿认知特点、兴趣偏好及对教育目标的理解，参与课程内容的筛选、组织与设计，确保课程体系既符合教育规律，又能激发幼儿的学习兴趣。教师还会根据教学实践的反馈，不断优化和调整课程体系，使其更加贴近幼儿的实际需求。教师还应积极发挥自身的创造性和想象力，成为课程的创造者和设计者。这意味着教师需要根据幼儿的兴趣爱好、认知水平和教学目标，灵活选择和组织成语故事内容，设计丰富多彩的教学活动。同时，教师还应关注幼儿的个体差异，为不同发展水平的幼儿提供适宜的支持和挑战，促进每位幼儿的个性化发展。通过创造性地实施课程，教师能够让幼儿在轻松愉快的氛围中学习成语，感受中华文化的独特韵味。

2. 文化传承的桥梁

教师作为中华优秀传统文化的守护者、传承者，承担着将成语这一文化瑰宝传递给下一代的重任，在成语故事教学中承担着桥梁的角色。他们不仅要准确讲述成语的字面意义，更要深入挖掘并传达成语背后的深厚文化价值和历史背景，将成语背后的文化价值及寓意传递给幼儿，让幼儿在听故事的过程中感受到中华文化的博大精深和独特魅力，增强其文化自信。

3. 学习过程的引导者与伙伴

在教学过程中，教师不仅是知识的传授者，更是幼儿学习过程的引导者和亲密伙伴。他们通过创设适宜的学习环境，激发幼儿的好奇心和探索欲，引导幼儿主动思考、积极表达。同时，教师以平等的态度与幼儿交流互动，关注幼儿的情感体验和学习需求，为他们提供必要的支持和帮助，促进幼儿全面发展。

4. 教学创新的推动者

面对不断变化的教育环境和幼儿需求，教师还需成为教学创新的推动者。他们不断探索新的教学方法和手段，如利用多媒体技术、游戏化学习等方式，使成语故事教学更加生动有趣、富有成效。同时，教师还鼓励幼儿参与课程创新，培养他们的创新意识和实践能力。

5. 评估与反馈的提供者

在教学实施过程中，教师还需对幼儿的学习情况进行及时评估和反馈。通过观察、记录和分析幼儿的学习表现，了解幼儿的学习进展和存在的问题，并据此调整教学策略和方法。同时，教师还应向家长和园方提供反馈，共同关注幼儿的发展需求，促进家园共育。

所以，教师在课程体系创建及实施中扮演着多重角色，需要具备丰富的专业素养、灵活的教学方法、深厚的情感支持以及持续的反思成长能力。只有这样，才能确保成语故事教学的有效实施，促进幼儿的全面发展。

（四）对核心教学内容——成语的分析

在幼儿园成语故事教学中，成语作为教学内容的核心，其选择、解析与运用直接关系到教学效果和幼儿的学习体验。

1. 丰富性

成语作为中华文化的瑰宝，其数量庞大、内容丰富，涵盖了五大领域，并与生活紧密相连。在幼儿园成语故事教学中，丰富性主要体现在以下几个方面：

（1）题材广泛。

成语故事涉及的历史、人文、科学、艺术等题材多样，能够满足幼儿对不同领域知识的好奇心和探索欲；同时也能较好地满足具有个体差异性的幼儿发展学习的需求，帮助幼儿教师真正地因材施教。

（2）语言形式。

成语本身结构紧凑、言简意赅，蕴含着丰富的语言智慧和高超的表达技巧，有助于幼儿学习语言的多样性和准确性。

（3）文化内涵。

每个成语背后都承载着深厚的文化内涵和民族情感，成语故事教学能够使幼儿初步了解中华文化的博大精深，激发他们对传统文化的兴趣和热爱，增强他们的民族自豪感和文化认同感。

2. 多样性

多样性是成语故事教学的重要特征之一，它体现在成语的选择、呈现方式和解读角度等多个方面：

（1）选择多样性。

教师应根据幼儿的年龄特点和认知水平，选择不同难度、不同风格的成语故事，以满足不同幼儿的学习需求。

（2）呈现方式多样性。

通过图片、音频、视频等多种媒介呈现成语故事，使教学更加生动有趣，吸引幼儿的注意力。

（3）解读角度多样性。

鼓励幼儿从多个角度解读成语故事，如人物性格、情节发展、寓意启示等，培养幼儿的批判性思维和创新能力。

3. 哲理性

成语故事往往蕴含着深刻的哲理和人生智慧，以生动的情节和鲜明的形象，向幼儿传递了朴素的哲学道理，有助于培养他们的逻辑思维能力和辩证思维能力，对于幼儿的成长具有积极的引导作用。哲理性主要体现在以下几个方面：

（1）道德教育。

许多成语故事都蕴含着道德教育的元素，如：一言九鼎、不耻下问、敬老爱幼等，有助于培养幼儿良好的道德品质和行为习惯。

（2）智慧启迪。

成语故事中的智慧和哲理能够启迪幼儿的心智，帮助他们认识世界、理解人生，为未来的成长奠定坚实的基础。

（3）情感熏陶。

通过成语故事中的情感表达，如亲情、友情、爱国情等，能够激发幼儿的情感共鸣，培养他们的情感表达能力和同理心。

4. 教育价值

（1）语言发展。

成语故事教学有助于幼儿积累词汇、学习语法、提高语言表达能力，为日后的语文学习打下坚实基础。

（2）思维培养。

成语故事中的情节分析和寓意解析，可以培养幼儿的逻辑思维、批判性思维和创新能力。

（3）品德教育。

成语故事中蕴含的道德观念和人生智慧，对于幼儿的品德教育具有积极的促进作用，有助于培养幼儿良好的道德品质和行为习惯。

（4）文化传承。

成语作为中华文化的瑰宝，成语故事的教学，可以让幼儿初步了解中华文化的博大精深，增强民族自豪感和文化认同感。

5. 成语的选择

（1）适宜性。

首先，成语故事的选择应基于幼儿当前的实际发展水平。这意味着教师需要了解幼儿的语言能力、理解能力、注意力集中程度以及兴趣点等方面的现状。选择易于幼儿理解、接受，在寓意上贴近幼儿的生活经验，能和他们产生共鸣的成语。

其次，成语故事的选择还应具有一定的挑战性，能够激发幼儿的潜在发展水平。这意味着成语故事不应仅仅停留在幼儿已经掌握的知识和技能层面，而应适度超前，引导幼儿去探索未知领域，挑战自己的认知边界。幼儿能够在与成语故事的互动中，不断拓展自己的知识面，提高语言表达能力、思维能力和想象力等。使他们在“最近发展区”内获得最大的成长。

最后，需要注意的是，每个幼儿的实际发展水平和潜在发展水平都是不同的。因此，在成语故事教学中，教师应关注个体差异，因材施教。通过差异化的教学策略，确保每个幼儿都能够在自己的“最近发展区”内得到有效的学习和发展。

（2）趣味性。

优先选择那些情节生动、角色鲜明、易于引发幼儿兴趣的成语故事，以激发幼儿的学习热情。要挑选故事情节生动的。选择那些情节曲折、富有想象力的成语故事，如“狐假虎威”“对牛弹琴”等。这些故事通过丰富的情节设置，能够迅速抓住幼儿的注意力，让他们在跟随故事发展的过程中保持高度的兴趣和好奇心。

要选择故事角色鲜明的。每个成语故事中的角色都应有其独特的性格特点和行为方式，如：机智勇敢的狐狸、愚蠢自大的老虎、孤芳自赏的琴师等。这些鲜明的角色形象不仅有助于幼儿理解和记忆故事，还能引发他们对不同性格和行为的思考和讨论。

要注重故事能互动参与的。为了进一步增强趣味性，教师可以在讲述成语故事的过程中设计一些互动环节，如：角色扮演、情节预测、问题抢答等。这些活动能够让幼儿积极参与到故事中来，成为故事的一部分，从而更加深入地体验和感受成语故事的魅力。

6. 内容的深度与广度

（1）深度挖掘。

对于每个选定的成语，教师应深入挖掘其背后的历史背景、文化内涵和寓意启示，以便在教学中能够全面、准确地呈现给幼儿。

（2）广度拓展。

在讲述成语故事的基础上，可以适度拓展相关知识，如相关的历史事件、人物故事、成语接龙等，以丰富幼儿的知识面。还可以通过正反比较和跨文化比较，来拓展幼儿的视野。

（3）层次递进。

根据幼儿的认知发展规律，设计由浅入深、由易到难的教学环节，使幼儿能够逐步深入理解成语的内涵和价值。

二、幼儿园成语故事课程体系的实践基础

（一）幼儿园课程与幼儿园成语故事课程

1. 幼儿园课程

幼儿园课程是实现幼儿园教育目的的重要手段，是帮助幼儿获得有益的学习经验，以促进其身心全面和谐发展的各种活动总和。这些活动不仅覆盖了认知、情感、社交、体能等多个领域，还注重培养幼儿的创造力、想象力、批判性思维以及解决问题的能力。

在幼儿园课程中，教师扮演着至关重要的角色，他们不仅是知识的传递者，更是幼儿学习过程中的引导者和伙伴。通过创设富有启发性、趣味性和安全性的学习环境，教师能够激发幼儿的好奇心和探索欲，鼓励他们在游戏中学习，在探索中成长。

同时，幼儿园课程也强调家园共育的重要性，鼓励家长积极参与孩子的教育过程，与幼儿园形成合力，共同促进幼儿的全面发展。通过家园合作，家长们可以更加全面地了解幼儿的兴趣、特长和发展需求，为他们提供更加个性化和有针对性的教育支持。

此外，随着教育理念的不断进步和更新，幼儿园课程也在不断地改革和创新。现代幼儿园课程更加注重幼儿的主体性和自主性，鼓励幼儿通过自主探索和发现来建构自己的知识体系；同时也更加关注幼儿的社会性和情感发展，通过小组合作、角色扮演等活动来培养他们的社交技能和情感表达能力。

总之，幼儿园课程是实现幼儿教育目标的重要途径和手段，它通过一系列精心设计的活动来促进幼儿身心全面和谐的发展。

2. 幼儿园成语故事课程

幼儿园成语故事课程作为幼儿园教育的一种创新形式，巧妙地将成语这一中华文化的瑰宝融入幼儿日常学习中，旨在通过生动有趣的故事，促进幼儿在语言、认知、情感及社会性等多方面的全面发展。

（1）深远的意义与卓越的价值。

文化传承的桥梁：搭建幼儿与中华文化的深厚联系。成语作为中华文化的独特表现形式，蕴含着丰富的历史、文化和哲理。通过学习成语故事，幼儿能够初步接触并感知中华文化的深厚底蕴，为传承中华优秀传统文化奠定基础。

语言发展的加速器：精炼语言，启迪表达与感知的潜能。成语故事的语言简练而富有韵律，能够激发幼儿对语言的兴趣，提升其语言感知能力和表达能力。在模仿和复述故事的过程中，幼儿的口语表达能力和词汇量也将得到显著提升。

认知成长的阶梯：探索知识，激发好奇，促进思维飞跃。成语故事中蕴含着丰富的知识和哲理，能够激发幼儿的好奇心和求知欲，促进其认知能力的发展。通过故事中的情节

和角色，幼儿可以学习到许多生活常识和人生智慧。

情感与社交的摇篮：培养同理心，增强社会交往的温馨氛围。成语故事中的道德故事和哲理故事有助于培养幼儿的情感和社会性品质。通过角色扮演和情感体验，幼儿能够学会关爱他人、理解他人，增强社会交往能力和团队协作能力。

（2）鲜明的课程特点。

趣味盎然，引人入胜：成语故事以其独特的情节和趣味性，能够迅速吸引幼儿的注意力，激发其学习兴趣。这种寓教于乐的方式，使幼儿在享受故事乐趣的同时，也能学到许多有益的知识。

互动频繁，共筑情谊：强化师幼、幼幼间的情感纽带与合作。成语故事课程注重幼儿与教师、同伴之间的互动。通过故事讲述、角色扮演、游戏等多种形式，幼儿能够积极参与其中，体验不同的角色和情感，促进其社会交往能力的发展。

贴近生活，易于理解：源自生活的智慧，贴近幼儿的世界。成语故事大多来源于生活实践，与幼儿的实际生活紧密相连。这种贴近生活的特点，有助于幼儿更好地理解和接受故事中的内容和寓意。

引导启发，思维拓展：在故事中启迪思考，培养独立见解。教师在讲述成语故事时，不仅应注重故事的情节和趣味性，更应注重引导幼儿理解成语的含义和寓意。通过提问、讨论等方式，教师能够激发幼儿的思考，培养其语言表达能力和思维能力。

多元融合，全面发展：跨学科整合，促进知识体系的完整构建。成语故事课程可以与幼儿园教育内容、与五大领域课程自然地相契合，如语言、社会、科学等。这种多元的融合，有助于促进幼儿全面发展，实现知识的融会贯通。

（3）丰富多彩的课程内容。

甄选成语，启智润心：深入考量幼儿的年龄特征与认知水平，精心挑选出一系列情节简明、寓意深远且易于幼儿理解的成语故事。这些故事，如“刻舟求剑”以精炼的内容，提醒幼儿在面对变化时要灵活应对，不可固守成规；“南辕北辙”则通过一个误入歧途的故事，教育幼儿在做决定时要明确目标，避免方向性错误。每一则故事都是对幼小心灵的一次智慧启迪，旨在引导幼儿在轻松愉快的氛围中领悟生活的哲理。

生动讲述，深入理解：教师倾心演绎，助幼儿领悟故事真谛。教师运用生动的语言和表情讲述成语故事，引导幼儿关注故事情节和角色特点。通过提问、讨论等方式，帮助幼儿理解故事中的寓意和道理，培养其思考能力和语言表达能力。

活学活用，拓展语言：成语游戏，激发幼儿语言创造力与运用能力。在故事讲述的基础上，引导幼儿学习成语的发音、书写和用法。通过成语填空、成语接龙、看图说成语等游戏活动，拓展幼儿的成语词汇量，增强其语言运用能力。同时，教师还可以引导幼儿将成语运用到日常生活中，如：用成语描述自己的心情或事物特征等。

文化浸润，价值引领：在成语故事讲述中播种中华文化的种子，塑造积极人生观。通过对成语故事的学习，教师能向幼儿介绍中华优秀传统文化的精髓和内涵。同时，利用故事中的道德和哲理，引导幼儿树立正确的价值观和人生观。这种文化传承与教育相结合的方式，有助于培养幼儿的民族自豪感和文化自信。

（二）成语故事教学的理论支撑

成语故事课程体系深深植根于一系列坚实的理论基础之上，这些理论不仅为课程设计提供了方向指引，也确保了教学内容的适宜性和有效性，它融合了儿童心理学、教育学、语言习得理论以及文化传承理论等多方面的精髓。

1. 皮亚杰的认知发展理论

皮亚杰认为儿童的认知发展是分阶段进行的，每个阶段都有其特定的认知特点和能力水平。大量丰富的经过岁月洗礼的成语，可以满足幼儿多方面成长的需要，是幼儿教师教育教学的宝库。在成语故事教学中教师可以根据幼儿的认知发展阶段来设计课程，选择适合其年龄和认知水平的成语故事，通过故事讲解、角色扮演等方式，促进幼儿的语言、思维、情感等多方面发展。

2. 维果斯基的“最近发展区”理论

维果斯基认为儿童的发展存在两种水平，一种是现有水平，另一种是可能达到的发展水平，两者之间的区域就是“最近发展区”。成语故事教学应关注幼儿的“最近发展区”，通过选择略高于幼儿现有水平的成语故事，激发他们的学习潜力，促进其在语言、思维、情感等方面的进一步发展。

3. 布鲁纳的发现学习理论

布鲁纳强调学习应是一个主动发现的过程，而不是被动接受知识。在成语故事教学中，教师可以通过提问、讨论、营造情景等方式，引导幼儿主动发现故事中的寓意和道理，培养他们的思考能力和解决问题的能力。同时，幼儿时期的认知发展具有直观性、形象性和具体性的特点，成语故事有生动的情节、鲜明的人物形象和丰富的想象力，符合幼儿的认知特点，能够吸引他们的注意力，激发他们的学习兴趣。

4. 蒙台梭利教育法

蒙台梭利教育法强调通过提供丰富的环境和材料，让幼儿在自由探索中学习和发展。在成语故事教学中，教师可以为幼儿提供与故事相关的图片、道具等材料，创设逼真的情境，让幼儿在动手操作和角色扮演中更深入地理解和体验成语故事。

5. 我国的传统学前教育理论

我国传统学前教育强调德、智、体、美全面发展，注重培养幼儿的兴趣和习惯。成语故事作为我国传统文化的重要组成部分，蕴含着丰富的道德教育和文化内涵。成语故事教学可以培养幼儿对传统文化的兴趣和热爱，同时促进他们在品德、智慧、体能、美感等方面的全面发展。

幼儿园成语故事课程体系依托多种学前教育理论作为支撑，这些理论为成语故事教学提供了科学的指导和依据，有助于实现幼儿全面发展的教育目标。在实际教学中，教师应根据幼儿的具体情况和教学需求，灵活运用这些理论来设计和实施成语故事教学活动。

（三）成语故事教学与五大领域融合的要点

成语故事教学与幼儿园教育的五大领域相融合，不仅有助于促进幼儿的全面发展，还符合幼儿的认知特点，并有助于传承和弘扬传统文化。因此，在幼儿园教育中应充分重视成语故事的教学价值，将其与五大领域有机融合，为幼儿的成长和发展提供有力支持。

1. 健康领域

学前教育阶段，健康教育的重要性毋庸置疑。幼儿时期身心快速发展，为其提供良好的健康教育尤为重要。《幼儿园教育指导纲要（试行）》（以下简称《纲要》）中明确指出："幼儿园必须把保护幼儿的生命和促进幼儿的健康放在工作的首位。"同时《纲要》也明确强调了教育者要树立健康教育观念，这包括两方面，即身体健康和心理健康。发育良好的身体、愉快的情绪、强健的体质、协调的动作、良好的生活习惯和基本生活能力是幼儿身心健康的重要标志，也是其他领域学习与发展的基础。

《3～6岁儿童学习与发展指南》（以下简称《指南》）在健康领域提出了许多具体的建议，比如：为幼儿提供营养丰富、健康的饮食；帮助幼儿学会恰当表达和调控情绪；锻炼幼儿适应生活环境变化的能力；帮助幼儿养成良好的个人卫生习惯；结合生活实际对幼儿进行安全教育，等等。《指南》提出建议：幼儿身心发育尚未成熟，需要成人的精心呵护和照顾，但不宜过度保护和包办代替，以免剥夺幼儿自主学习的机会，养成过于依赖的不良习惯，影响其主动性、独立性的发展。

成语故事与健康领域融合，重点在于落实健康教育生活化。幼儿健康教育有别于成人，幼儿健康教育与生活教育是同步的，融汇于生活，贯穿在幼儿一日活动中——吃饭、睡觉、上课以及锻炼等。因此，幼儿健康教育的本质是生活教育，健康教育以幼儿的亲身体验、直接感知为主，帮助幼儿形成终身受益的生活能力和文明的生活方式。在健康领域活动中，引入恰当的成语故事对幼儿进行教导，就会取得事半功倍的效果。比如：为了让幼儿养成良好的洗手习惯，可以利用"病从口入"这个成语去很好地帮助幼儿理解吃喝与人体健康的密切关系，对幼儿日常健康行为进行教导，再结合"七步洗手法"，就能有效地帮助幼儿尽快实现知行合一。还有诸如：茁壮成长（具有健康的体态）、眼明手快（动作协调、灵敏）、细嚼慢咽（良好的生活与卫生习惯）、自食其力（自己的事情自己做）、水滴石穿（坚持不懈），等等。

成语故事与健康领域的深度融合，不仅能够丰富教学内容，提高教学效果，还能促进幼儿身心健康发展，为其终身学习和生活奠定坚实的基础。因此，幼儿教师应充分利用成语故事这一宝贵资源，创新教学方法，为幼儿的健康成长贡献智慧和力量。

2. 语言领域

语言是思维的外壳，是思考内容的直接表达。幼儿语言教学是幼儿园教育中一个重要而独特的领域，对于教师而言它既是教育的内容，也是教育的工具与方式；对于幼儿而言，幼儿阶段是其语言发展当中非常关键的一个时期，幼儿只有具备语言素质，才能实现“语用”——在特定语境中准确理解他人和得体表达自己的知识，才能获得全面、综合的发展。正如《指南》强调的：“语言是交流和思维的工具，幼儿期是语言发展，特别是口语发展的重要时期。幼儿语言的发展贯穿于各个领域，也对其他领域的学习和发展有着重要的影响。幼儿在运用语言进行交流的同时，也在发展着人际交往能力，理解他人和判断交往情景的能力，组织自己思想的能力，通过语言获取信息，幼儿的学习逐步超越个体的直接感知。”

当前在幼儿语言教育中存在着，教学方法相对简单，教学的目标性和针对性不足，幼儿综合素质培育相对缺失的问题。在幼儿教育过程中，巧用成语故事，将有助于教师教学方式的改变，提高幼儿综合素质培养，促进幼儿语言和认知能力的发展。

幼儿教师要根据幼儿的实际语言水平、认知和接受程度等，为幼儿选择符合其思维和发展规律的成语故事，让幼儿在故事中进一步感知，将其内化为语言技能，在日常交流中能够准确合理地运用，逐渐丰富幼儿的词汇量，促进幼儿语言素养和综合能力的发展。如在幼儿观察能力的培养方面，对于事物特性的观察，比如：比较长短，引入成语“尺有所短，寸有所长”，让幼儿去比较测量后描述，加深幼儿对故事的记忆和理解，特别是故事所蕴含的“万物皆有可取之处”的道理的认识，一定会给幼儿带来不一样的领悟。在培养幼儿运用语言交往的基本能力上，成语填空、成语接龙、看图说成语、成语绘画等，都是培养幼儿记忆力、思维能力、想象力、创造力的好活动。

3. 社会领域

幼儿时期是社会性发展的奠基时期，是早期社会化的一个阶段，为将来的社会化和再社会化提供社会心理基础，因而对幼儿而言更显得弥足珍贵。幼儿社会性发展一直是学前教育领域长盛不衰的研究主题，社会领域教育具有常识性、道德性、生活性、人文性等特点。社会领域教育在幼儿园课程体系中占据导向性地位，通过社会认知教育（包括对自己和周围人的认识，对人际交往规则和日常生活规则的了解掌握，对别人意见和想法的领会）、情感教育（包括对集体和周围关心自己的人的情感的表达，以及控制、表达交流情感的欲望和能力）、个性教育（塑造健全人格，侧重品质培养）、社会交往教育（包括交往意识和动机、交往方法和策略、人际关系和交往质量等），幼儿从“自然人”向“社会人”

转变，期间幼儿不仅获得了生存的能力，还培养了独一无二的人格。

《3 ～ 6 岁儿童发展指南》关于社会领域教育，提出了 5 项要注意的事项：

第一，注重活动中的体验，避免简单说教；

第二，理解社会学习的渗透性、综合性，避免单一的“社会课”。

第三，用辩证的观点看待目标，避免突出一个方面而忽略另一方面。

第四，用发展的眼光看待目标，充分理解和注意学习的累积效应。

第五，杜绝虚假，提倡真诚的教育。

当前，我国幼儿社会性发展教育中存在着幼儿社会性发展诱因不足——每个孩子都是家庭的宝贝，成人往往关爱过度，包办代替；社会领域教育内容单一——不少幼儿园社会领域的教育内容不过是简单的礼仪知识；社会领域教育方法欠缺——以说教为主，存在发展困境。而成语故事作为我国传统文化的一部分，蕴含丰富的教育内容，对我国幼儿社会性发展能起到潜移默化的作用，彰显社会性教育的人性特点和发挥社会性教育的实际效果。

成语故事与社会领域融合，促进幼儿社会性发展，重点在于两个方面：

第一，利用成语故事，给幼儿树立起道德榜样。社会性教育是需要榜样的力量的，尤其是在幼儿时期，不仅需要身边的榜样，同时也需要精神的榜样，二者是当下和远方的关系，可以互为标尺、相互影响。利用成语故事里的人和事，把抽象的道德具像化，可以帮助幼儿建立起社会道德规范的标尺。

第二，营造体验场，培养幼儿的移情能力。移情对幼儿摆脱自我中心、社会性情感发展、建立良好同伴关系、亲社会行为的形成，提供了重要条件。成语故事所富有的人文性、哲理性，能够营造出体验场，更好地帮助幼儿移情能力的培养与提高。例如：“己所不欲，勿施于人”，就是一种典型的换位思维方式，通过“己”与“人”的两重视角，引导幼儿体会推及别人，将心比心，理解对自己不情愿的、不接受的事情，也不要强加于人的人际关系准则。此外，诸如孔融让梨、程门立雪、闻鸡起舞、乘风破浪、精忠报国等成语，皆故事优美、寓意深刻，可有效地促进幼儿社会性的发展。

4. 科学领域

成语是人民群众长期生活实践的经验总结，是对自然界、人类社会客观规律的认识，凝结着集体的智慧，其中很多成语都蕴含着丰富的科学知识，善加利用，对于激发幼儿的好奇心和求知欲大有裨益。例如：立竿见影，显示了光的直线传播现象，光影的移动又启示了地球的自转现象，古人还利用光影转换设计了计时的仪器——日晷。据历史考证，我国在 3000 多年前的周朝就已经开始使用日晷计时了，这一事实凸显了我国古代人民在天文观测、时间计量以及科技应用方面的卓越智慧和深厚底蕴。此外，还有数字系列成语、四季的成语、植物系列成语、动物系列成语，等等，都可以成为激发幼儿好奇心和求知欲的好素材。

5. 艺术领域

幼儿期是人的艺术才能初现的时期，在这一时期对幼儿进行艺术教育就能取得事半功倍的效果。幼儿美育有别于一般幼儿文化基础知识的教育，它是通过一些艺术性、形象性、游戏性较强的音乐、舞蹈、美术、情景剧等艺术手段，提高孩子对自然美、社会生活美和艺术美的感受、鉴赏、评价、创造的能力，旨在培养健康的审美情趣和敏锐的审美感知能力。

《3 ～ 6 岁儿童发展指南》中指出：“幼儿艺术领域的学习关键在于充分创造条件和机会，在大自然和社会文化生活中萌发幼儿对美的感受和体验，丰富其想象力和创造力，引导幼儿学会用心灵去感受和发现美，用自己的方式去表现和创造美。”由此可见，艺术的关键在于教师要“充分创造条件和机会”，让幼儿“感受和发现美”以及“表现和创造美”。

在艺术领域里，成语故事贴近生活，同时又具有延展性与包容性，能为幼儿感受美、表现美、创造美提供广阔的空间，让幼儿学会发现和感受自然界与生活中美的事物，培养初步的艺术表现能力与创造能力。高山流水、余音绕梁，画龙点睛、出神入化、翩翩起舞、摇曳生姿等成语，与音乐、绘画、舞蹈紧密结合，可以以游戏、情景剧、体操、手工等多种形式呈现，让幼儿积极参与建构，在获得相关直接经验的同时也获得自我教育和发展。

（四）成语故事与五大领域相融合的原则

将成语故事教学活动与幼儿园五大领域（健康、语言、社会、科学、艺术）相融合的原则，不仅体现了教育内容的丰富性和综合性，也强调了以幼儿为中心的教育理念。

1. 坚持全面融合的原则

成语故事应当全面融入幼儿园的教育教学的方方面面，要充分挖掘成语故事的教育价值，发挥好成语故事的涵育作用，最终形成园所教育的亮点、特色。

与幼儿园主题活动相融合。主题活动是幼儿园教育活动的主要方式，也称为多元智能主题活动，通过一个个主题活动，使幼儿的语言智能、数学逻辑智能、空间智能、身体运动智能、音乐智能、人际智能等都同时得到相应的发展。成语故事就要渗透到各个主题活动中，和其他活动一起共同促进孩子各方面智能的发展。比如：“认识动物”的主题，就可以与十二生肖相关的成语故事相融合，认识动物的同时，扩展幼儿的知识面，提升他们的能力。

与幼儿园区角和整体环境相融合。环境创设是无声的教育，《幼儿园教育指导纲要（试行）》总则中指出：“幼儿园应为幼儿提供健康、丰富的生活和活动环境，满足他们多方面发展的需要。”在幼儿园的教学区、活动区、生活区的走廊、墙面等空间位置，布置图片、绘画、剪纸等各种与成语相关的内容，特别是由幼儿完成或者是亲子共同完成的作品，让成语丰富整个幼儿园，加深幼儿的印象，对幼儿产生潜移默化的影响，促进其全面发展。

与日常生活相融合。在一日活动中，除了上课，还有许多环节都可以利用起来，与成语相融合，开展相关的活动，促进幼儿全面发展。比如：在晨间或离园前，组织幼儿开展“我说成语故事比赛”的活动，让幼儿上台讲述他（她）喜欢的、亲子共读的成语故事，与其他同学分享，老师再给予一定的奖励，会大大提高幼儿参与讲故事和继续学习成语的积极性。还可以根据幼儿的发展需要，结合成语故事设计一些游戏让幼儿得到锻炼，比如：“心心相印、齐心协力”，让幼儿完成设计的动作后，奔跑一段距离，以掌心所画心印相合完成交接，进行小组比赛。通过游戏让幼儿得到相应锻炼的同时，也更好地理解成语的意义，促进幼儿全面发展。

2. 坚持综合运用、相互渗透的原则

在实施成语故事与幼儿园教学融合的时候，应以幼儿的整体发展为宗旨，注意各领域间的有机联系，各领域的内容相互渗透，从不同的角度促进幼儿情感、态度、能力、知识、技能等方面的发展。我们应认识到任何活动都可以实现领域间的渗透，没有不涉及其他领域只能进行某个领域学习的活动。对活动中具体、感性的经验经常无法也没有必要作领域区分，不同领域的经验有机联系在一起，幼儿获得的经验是整体性的。成语故事与五大领域活动有机整合、相互渗透，可以充分调动幼儿的生活经验，激发幼儿参与活动的主动性和创造性。

3. 坚持“以儿童为本”的原则

要做好成语故事与五大领域的融合，就要始终坚持“以儿童为本”的原则。遵循幼儿发展基本规律，关注幼儿的最近发展区，结合五大领域活动的知识结构和逻辑体系，有的放矢，自然地、有机地做好领域间的相互渗透。不能只追求形式上的渗透，或者为渗透而渗透，不考虑幼儿发展特点和学科特点，那样幼儿就不能真正成为教育活动的受益者。

三、幼儿园成语故事课程体系的目标取向

幼儿园成语故事课程体系的目标取向，包括以儿童发展为本、生活化、整合性、差异化、生成性等方面，它们在成语故事教学中均有所体现。

（一）促进幼儿全面发展

在成语故事教学中，首要关注的是儿童的发展。对成语故事的选择应贴近儿童的认知水平和兴趣点，旨在促进儿童的全面发展，包括身心健康、情感态度、社会性和认知能力

等方面的成长。成语故事教学活动，可以培养儿童的独立性、自主性、创造性和实践能力，以及良好的道德品质和价值观。

1. 语言发展

成语故事教学的重要目标是提升幼儿的语言表达能力。通过聆听、复述、表演成语故事，幼儿能够积累丰富的词汇量，掌握更多的语言结构和表达方式，从而提高口语表达和书面表达的能力。

2. 认知发展

成语背后蕴含着丰富的历史、文化和哲理知识。通过成语故事教学，幼儿能够了解成语的含义、来源和用法，进而拓宽知识面，提升认知能力。同时，成语故事中的情节和角色也能激发幼儿的想象力和创造力。

3. 情感与社会性发展

成语故事中蕴含的道德观念、人生智慧和社会规则等，对幼儿情感与社会性发展具有重要意义。通过故事中的正面榜样和反面教材，幼儿能够学习如何处理情感、如何与人交往以及如何遵守社会规范。

（二）注重生活化与情境化

成语故事教学应贴近儿童的实际生活，注重生活经验的整合。选择那些与儿童日常生活紧密相关的成语故事，让儿童在熟悉的生活情境中学习成语，感受学习的乐趣。同时，通过成语故事中的情节和人物，引导儿童理解并应用成语于实际生活中，培养其解决实际问题的能力。

1. 贴近生活

选择的成语故事应贴近幼儿的实际生活，与他们的日常经验和兴趣点相结合。这样，幼儿更容易产生共鸣，也更容易将所学成语应用到实际生活中去。

2. 情境模拟

在教学过程中，可以通过角色扮演、情境模拟等方式，让幼儿亲身体验成语故事中的情节和角色。这种情境化的教学方式能够加深幼儿对成语的理解和记忆，同时也能够提升他们的参与度和兴趣。

（三）强调整合性与综合性

成语故事教学强调各学科领域之间的相互联系和整合。在成语故事教学中，可以融入语言、社会、艺术等多个领域的内容，通过跨学科的学习，促进儿童知识、技能、情感等方面的全面发展。例如：在语言领域，可以培养儿童的口语表达能力和语言理解能力；在社会领域，可以引导儿童理解成语中的道德寓意，培养其社会性和道德品质。

1. 跨领域整合

成语故事教学不应局限于语言领域，而应与其他领域如艺术、科学、社会等相结合。跨领域的整合，可以丰富教学内容和形式，提升教学效果。例如：在美术活动中引导幼儿绘制成语故事画面，在音乐活动中创作与成语相关的儿歌或舞蹈等。

2. 综合能力培养

成语故事教学不仅关注幼儿的语言能力发展，还注重培养幼儿的思维能力、创新能力、审美能力等综合能力。通过多样化的教学活动和方式，可以激发幼儿的潜能和创造力，促进其全面发展。

（四）关注个体差异与因材施教

成语故事教学应关注儿童的个体差异，尊重每个儿童的发展特点和需求。在选择成语故事和教学方式时，要考虑不同年龄段、不同兴趣爱好的儿童，为他们提供适宜的学习机会和条件。通过个性化的教学，让每个儿童都能在成语故事教学中获得成长和进步。

1. 尊重个体差异

每个幼儿都是独一无二的存在，具有不同的兴趣、能力和学习风格。在成语故事教学中，教师应尊重幼儿的个体差异，关注每个幼儿的学习需求和特点。

2. 因材施教

针对不同幼儿的学习需求和特点，教师应提供个性化的教学指导和支持。例如：对于语言表达能力较弱的幼儿，可以提供更多的口语练习机会；对于理解能力较强的幼儿，则可以提供更深入的讨论和探究任务等。

（五）强调生成性教学

在成语故事教学中，生成性取向强调教学过程的动态性和创造性，即教学不是完全按照预设的固定模式进行，而是要根据幼儿的实际反应和学习进展灵活调整，共同生成新的学习内容和经验。

1. 灵活应变与即兴创作

教师在实施成语故事教学时，应保持高度的敏感性和灵活性，根据幼儿的即时反应和兴趣点，即兴调整教学策略和内容。例如：当幼儿对某个成语的某个细节特别感兴趣时，教师可以适时地深入讲解，甚至与幼儿一起创作相关的故事延伸，以满足他们的好奇心和探索欲。

2. 鼓励幼儿主动生成

生成性教学鼓励幼儿积极参与学习过程，通过提问、讨论、想象等方式，主动生成新的知识和理解。在成语故事教学中，教师可以引导幼儿思考成语背后的深层含义，鼓励他们发表自己的观点和见解，甚至鼓励他们尝试自己编写或改编成语故事，以培养他们的创新思维和创造力。

3. 师幼共同探索与发现

生成性教学是一个师幼共同探索、共同发现的过程。在成语故事教学中，教师应与幼儿建立平等、尊重的师生关系，共同参与到故事的解读、讨论和创作中。师幼之间的互动与合作，不仅能让幼儿更加深入地理解成语故事的内涵，还能促进他们与教师之间的情感交流和信任关系的建立。

总之，幼儿园成语故事课程体系的目标取向体现在促进幼儿全面发展、注重生活化与情境化、强调整合性与综合性以及关注个体差异与因材施教、强调生成性教学等方面。这些取向共同构成了幼儿园成语故事课程体系的基本理念和目标框架。

四、幼儿园成语故事课程体系的教学目标

幼儿园成语故事课程体系的教学目标是一个多维度、多层次的教育蓝图，旨在以成语这一独具魅力的语言艺术形式为桥梁，深植文化之根，启迪幼儿智慧，促进其全面发展。

（一）语言发展

核心目标：提升幼儿的语言表达能力、理解能力和阅读兴趣，进而培养其语言思维和文化敏感性。

词汇积累：通过成语故事的学习，幼儿能够接触到丰富的汉语词汇，增加词汇量，特别是对成语这一特殊词汇类型的掌握。

语言表达：鼓励幼儿模仿、运用成语进行日常交流，提高语言表达的准确性和生动性。

阅读理解：培养幼儿的阅读兴趣和习惯，通过成语故事绘本的阅读，提高阅读理解能力和想象力。

语言思维的塑造：成语故事以其独特的结构和丰富的内涵，促使幼儿学会从不同角度思考问题，培养批判性思维和创造性语言运用能力。幼儿不仅学会使用成语，更学会在语境中灵活运用，表达复杂的情感和观念。

文化敏感性的培养：通过成语故事，幼儿能够感知到语言中蕴含的文化背景和历史渊源，从而增强对中华文化的敏感性。这种敏感性不仅体现在语言学习上，也将在未来跨文化交流中发挥重要作用。

（二）文化传承与认同

核心目标：从简单的文化启蒙到深层次的文化理解和传承。

文化启蒙：成语作为中华文化的重要组成部分，蕴含着丰富的历史、哲学和道德观念。通过学习成语故事，幼儿能够初步了解中华文化的博大精深。

情感共鸣：通过故事中的情感元素，激发幼儿对传统文化的情感共鸣，培养对民族文化的自豪感和归属感。

文化理解的深化：成语故事不仅仅是语言的载体，更是文化的传承工具。通过深入解析成语背后的历史故事、哲学思想和道德观念，幼儿能够更全面、深入地理解中华文化的精髓和独特之处。

文化传承的使命感：在了解和认同中华文化的基础上，培养幼儿对文化传承的责任感和使命感。他们将成为中华文化的传播者和守护者，为文化的传承和发展贡献力量。

（三）认知发展

核心目标：从认知能力的提升到思维模式的塑造。

认知能力：成语故事往往蕴含着深刻的哲理和寓意，通过故事的学习，幼儿能够认识到世界的多样性和复杂性，提高认知能力。

逻辑思维：引导幼儿分析故事中的情节、角色和人物关系，培养逻辑思维能力和批判性思维能力。

创造力：鼓励幼儿对成语故事进行改编、续编或创作，发挥想象力，培养创造力。

抽象思维的培养：成语故事往往蕴含深刻的哲理和抽象概念，通过学习和认识这些故事，幼儿能够逐渐发展出抽象思维能力，学会从现象中发现本质。

问题解决策略的习得：成语故事中的情节和角色冲突为幼儿提供了丰富的问题解决情境。通过学习这些故事，幼儿能够学会分析问题、制定策略并付诸实践，从而培养出良好的问题解决能力。

（四）社会性发展

核心目标：从社交技能的提升到社会情感的发展。

社会交往：在集体学习中，幼儿需要与同伴合作、分享和交流，培养社会交往能力和团队协作能力。

情感表达：通过成语故事中的情感元素，引导幼儿学会识别、表达和管理自己的情绪，培养情感表达能力。

品德修养：成语故事中蕴含的道德观念和行为规范，如：诚实守信、尊老爱幼等，对幼儿品德修养的形成具有积极作用。

同理心的培养：成语故事中的情感元素和道德观念有助于培养幼儿的同理心。他们能够在理解他人情感和立场的基础上，更加关爱他人、尊重他人，形成良好的人际关系。

社会角色的认知与担当：通过学习成语故事中的角色塑造和情节发展，幼儿能够认识到自己在社会中的位置和角色，并学会承担相应的责任和义务。这种认知将为他们未来的社会参与和公民素养打下坚实基础。

（五）审美与艺术

核心目标：从艺术欣赏到艺术创造与表达的融合。

艺术欣赏：通过成语故事绘本的精美插图、配乐朗诵等形式，引导幼儿感受艺术之美，提高艺术欣赏能力。

艺术创作：鼓励幼儿运用绘画、手工、表演等多种形式，表达对成语故事的理解和感受，培养艺术创作能力。

审美素养的提升：通过对成语故事绘本以及其他艺术表现形式的欣赏和解读，幼儿能够逐渐建立起对美的敏感性和判断力。他们不仅能够欣赏到艺术作品的外在美，更能感知到其内在的情感和寓意。

艺术创造与表达的融合：在掌握了一定艺术欣赏能力的基础上，幼儿将尝试运用各种艺术形式（如绘画、手工、表演等）来表达自己对成语故事的理解和感受。这种创造与表达的融合将促进他们艺术才能的全面发展，并为其未来的艺术探索和创新提供无限可能。

通过上述幼儿园成语故事课程体系的教学目标，旨在培养具有一定中华文化底蕴、敏锐语言思维、良好认知能力、高度社会责任感、丰富情感表达以及出色的艺术创造力的全面发展的幼儿。这些幼儿将不仅掌握丰富的汉语词汇和成语知识，更能在理解中华文化的基础上，形成对世界的多元认知，具备批判性思维和解决问题的能力。同时，他们也将展现出良好的社会交往能力和情感表达能力，成为有爱心、有责任感、有担当的未来社会成员。在艺术的熏陶下，他们将拥有独特的审美视角和创造力，为未来的生活和学习注入无限活力与可能。

笔者尝试将成语故事与《3～6岁儿童学习与发展指南》中的五大领域结合，根据儿童年龄设置分段目标，供广大幼儿工作者、家长参考。

另附："结合《3～6岁儿童学习与发展指南》五大领域的年龄分段目标"（参考）

1. 3～4岁（小班）

①健康领域。

情感管理：通过成语故事中的情感元素，初步学会识别并表达简单的情绪，如开心、生气等。

②语言领域。

倾听与模仿：能够专注倾听成语故事，模仿故事中的简单词汇或短语。

口语表达：尝试用简单的语言复述故事中的部分情节。

③社会领域。

初步社交：在听故事的过程中，学会与同伴分享简单的感受，培养初步的社交意识。

规则意识：通过故事中的情节，初步理解并遵守简单的规则。

④科学领域。

好奇心激发：对成语故事中的自然现象或事物产生好奇，愿意进一步探索。

⑤艺术领域。

感受与表达：通过简单的肢体动作或声音模仿，表达对成语故事的基本感受。

2. 4 ～ 5 岁（中班）

①健康领域。

情绪调节：在成语故事情境中，学习简单的情绪调节方法，如，深呼吸、寻求帮助等。

②语言领域。

理解与运用：能更深入地理解成语故事的寓意，尝试在日常生活中使用成语进行表达。

阅读兴趣：培养对成语故事绘本的阅读兴趣，愿意主动翻阅并讲述。

③社会领域。

角色认知：能鉴别并描述故事中的主要角色及其性格特点，理解角色间的关系。

品德培养：通过故事学习，初步形成诚实守信、尊重他人等良好品德。

④科学领域。

观察与发现：对成语故事中的科学现象或原理产生好奇，愿意进行观察并尝试简单解释。

⑤艺术领域。

创意表达：通过绘画、手工等方式，创造性地表达自己对成语故事的理解和感受。

3. 5 ～ 6 岁（大班）

①健康领域。

情感管理：能较好地管理自己的情绪，理解并尊重他人的情感。

②语言领域。

深入分析与讨论：能对成语故事进行深入分析，参与讨论并表达自己的见解。

书写准备：尝试书写简单的词组或短句，记录自己对成语故事的理解或感受。

③社会领域。

社交技能：在小组合作中展现良好的沟通和协作能力，解决冲突和分歧。

道德判断：能基于故事内容进行道德判断和价值评价，形成初步的道德观念。

④科学领域。

逻辑推理：能运用逻辑推理分析成语故事中的情节或现象，提出自己的假设并尝试验证。

⑤艺术领域。

多元表达：运用多种艺术形式（如绘画、音乐、舞蹈）综合表达成语故事的主题和情感。

审美鉴赏：提高审美鉴赏能力，能欣赏和评价不同风格的成语故事艺术作品，并尝试创作具有个人特色的作品。

通过以上年龄分段目标的设定，幼儿园成语故事课程体系能够更加精准地满足不同年龄段幼儿的发展需求，促进他们全面、和谐地成长。

五、幼儿园成语故事课程体系的设计原则

幼儿园成语故事课程体系的设计原则应当紧密围绕《纲要》指导要求和《指南》所列举的各年龄段儿童学习与发展目标，确保课程内容既符合幼儿的认知特点，又能激发其兴趣，进而促进幼儿的全面发展。具体来说，设计原则包括以下几个方面：

（一）适宜性原则

1. 个性化匹配

充分考虑每个幼儿的个体差异，包括认知水平、兴趣偏好、学习风格等，选择与其最为适宜的成语故事进行教学。确保所选故事既能激发幼儿的兴趣，又能满足其当前的学习需求。

2. 阶段适应性

遵循幼儿成长的不同阶段特点，如小班、中班、大班等，设计具有递进性和连贯性的成语故事教学内容。确保每个阶段的学习内容既不过于简单而失去挑战性，也不过于复杂而让幼儿感到挫败。

（二）趣味性原则

1. 创新呈现方式

采用动画、绘本、音频等多种形式呈现成语故事，使内容更加生动有趣。结合角色扮演、互动游戏等活动，让幼儿在参与中体验成语故事的乐趣。

2. 情感共鸣

选择贴近幼儿生活、易于引发情感共鸣的成语故事，让幼儿在感受故事情节的同时，

也能体验到其中蕴含的情感和价值观。

（三）教育性原则

1. 全面素养培养

通过成语故事的学习，不仅关注幼儿的语言表达能力提升，还注重其思维能力、情感态度、价值观等多方面的培养。确保成语故事的选择和教学活动的设计能够全面促进幼儿的素养发展。

2. 价值观引导

深入挖掘成语故事中的正面教育意义，如诚信、勇敢、智慧等，通过故事讲述和讨论，引导幼儿形成正确的价值观和道德观。

（四）实践性原则

1. 生活化应用

鼓励幼儿将所学的成语应用到日常生活中，如家庭对话、同伴交流等，提高其实践应用能力。同时，设计一些与成语故事相关的实践活动，如成语接龙、成语表演等，让幼儿在实践中加深对成语的理解和记忆。

2. 动手创作

结合美术、手工等艺术活动，引导幼儿根据成语故事进行创作，如绘制成语故事绘本、制作成语故事道具等，培养幼儿的创造力和想象力。

（五）家园共育原则

1. 紧密合作

建立家园共育机制，加强幼儿园与家庭之间的沟通和合作。通过家长会、亲子活动等形式，让家长了解成语故事教学的内容和目的，共同参与到幼儿的学习过程中来。

2. 资源共享

鼓励家长分享自己了解的成语故事或相关资源，与幼儿园共同构建丰富的成语故事教学资源库，为幼儿的学习提供更多元化的选择。

（六）循序渐进原则

1. 科学规划

根据幼儿的认知发展规律和学习特点，科学规划成语故事教学的内容和进度。确保每个阶段的学习内容都建立在幼儿已有经验的基础上，逐步深入、层层递进。

2. 评估反馈

定期对幼儿的学习情况进行评估，了解其在成语故事学习中的掌握程度和存在的问题。根据评估结果及时调整教学策略和内容，确保教学效果的最大化。

（七）文化传承与创新原则

1. 深化理解

通过讲解成语故事的背景、来源和文化内涵，引导幼儿理解中华文化的博大精深和独特魅力。培养幼儿对中华文化的认同感和自豪感。

2. 创新融合

在传承中华优秀传统文化的基础上，鼓励创新思维和跨文化交流。将成语故事与现代生活、其他文化元素相结合，创造出具有时代特色的教学内容和活动形式，拓宽幼儿的国际视野和文化胸怀。

（八）灵活性与开放性原则

1. 灵活调整

根据幼儿的实际情况和学习需求，灵活调整课程内容和教学计划，确保教学活动的有效性。

2. 开放资源

充分利用各种教育资源（如图书、网络、社区资源等），丰富课程内容，拓展幼儿的学习视野。

六、幼儿园成语故事课程的教学特色

幼儿园成语故事课程的教学特色在于其文化传承与启蒙并重、语言学习与表达同步提升、情境模拟与情感体验相融合、跨学科整合与综合发展相结合以及家园共育与亲子互动相配合等多个方面。这些特色共同构成了幼儿园成语故事课程独特的教育魅力。

（一）文化传承与启蒙并重

成语故事作为中华文化的瑰宝，蕴含着丰富的历史、哲学和道德观念。在幼儿园成语故事课程中，通过生动有趣的讲述和互动，孩子们能够初步接触并理解这些传统文化精髓，从而在幼小的心灵中种下文化传承的种子。同时，成语故事中的智慧与哲理，也为幼儿的道德启蒙和人格塑造提供了宝贵的素材。

（二）语言学习与表达提升

成语是汉语中的瑰宝，其精炼的语言形式和深刻的内涵是语言学习的重要资源。在幼儿园成语故事课程中，孩子们通过听故事、复述故事、表演故事等活动，不仅能够丰富词汇量，提高语言表达能力，还能学会如何恰当地运用成语来丰富自己的语言。这种语言学习的方式，既生动又有效，有助于孩子们在轻松愉快的氛围中掌握语言技能。

（三）情境模拟与情感体验

成语故事往往具有鲜明的情节和深刻的情感。在幼儿园成语故事课程中，教师可以通过情境创设、角色扮演等方式，让孩子们身临其境地感受故事中的情感变化。这种情境模拟的教学方式，不仅有助于孩子们更好地理解故事内容和寓意，还能激发他们的想象力和创造力，培养他们的情感体验和共情能力。

（四）跨学科整合与综合发展

成语故事涉及多个学科的知识和技能，如文学、历史、哲学、艺术等。在幼儿园成语故事课程中，教师可以通过跨学科整合的方式，将成语故事与音乐、美术、科学等其他领域的教学活动相结合，形成综合性的教学方案。这种跨学科的教学方式，不仅有助于孩子们在多个领域获得均衡发展，还能培养他们的综合素养和创新能力。

（五）家园共育与亲子互动

幼儿园成语故事课程注重家园共育和亲子互动。教师可以通过家长会、亲子活动等形式，向家长介绍成语故事的教学内容和方法，鼓励家长与孩子一起阅读、讨论和表演成语故事。这种家园共育和亲子互动的方式，不仅有助于增进家长与孩子之间的情感交流，还能让家长更好地了解和支持幼儿园的教学工作，共同促进孩子的健康成长。

（六）个性化教学与因材施教

每个幼儿都是独一无二的，他们具有不同的认知特点和学习需求。在幼儿园成语故事课程中，教师应关注每个幼儿的个体差异，采用个性化教学和因材施教的方式，为不同水平的幼儿提供适宜的学习内容和挑战。这种个性化教学的方式，有助于激发每个幼儿的学习兴趣和潜能，促进他们在各自的基础上获得最大的发展。

（七）建构与生成的核心价值

在整个幼儿园成语故事课程的教学过程中，“建构与生成”是贯穿始终的核心价值。

它强调幼儿不是被动地接受知识，而是在与环境的互动中主动建构自己的认知体系。通过听故事、复述故事、表演故事、跨学科整合等活动，幼儿不仅理解了成语故事的内涵和意义，还学会了如何运用这些知识来解决实际问题、表达自己的情感和观点。这种建构与生成的过程不仅促进了幼儿多方面能力的发展，还为他们未来的学习和生活奠定了坚实的基础。

以上这些特色共同构成了幼儿园成语故事课程的独特魅力，为幼儿的全面发展提供了有力支持。

七、幼儿园成语故事课程内容选择的基本原则

幼儿园成语故事课程内容选择的基本原则，应当以《指南》所列举的各年龄段儿童学习与发展目标为基础，围绕幼儿的认知特点、学习需求以及教育目标来制定。以下是几个关键的基本原则：

（一）适宜性与发展性

1. 适宜性

在幼儿园成语故事课程的内容选择中，适宜性是至关重要的，它不仅是确保教学活动有效性和吸引力的基石，更是促进幼儿全面发展的关键。适宜性要求教育者紧密结合幼儿的年龄阶段特征，精准把握他们的认知水平，并深入洞察每位幼儿的最近发展区。这意味着，我们需为小班幼儿挑选情节简单、画面感强、易于理解的成语故事，如“守株待兔”，以激发其学习兴趣；同时，为中班和大班幼儿提供情节更复杂、寓意更深刻的成语故事，如“刻舟求剑”“画龙点睛”，以挑战并拓展他们的思维边界。此外，教育者还需关注幼儿的个体差异，选择那些能够触及他们最近发展区的成语故事，通过适当的引导和支持，帮助幼儿在语言、思维、情感和社会性等多方面实现潜能的最大化。因此，在幼儿园成语故事课程内容的选择上，我们始终将适宜性作为核心考量，确保每一个故事都能成为幼儿成长道路上的宝贵财富。

2. 认知发展层次

考虑幼儿认知发展的连续性和阶段性，选择的成语故事应能够循序渐进地促进幼儿从具体到抽象、从感性到理性的认知过程。例如：从直观的行为“画蛇添足”，过渡到复杂的社会现象“滥竽充数”。

（二）情感与价值观培养

1. 情感共鸣

选择的成语故事应能触动幼儿的心灵，引发他们的情感共鸣。例如：通过讲述“乌鸦

反哺”的故事，培养幼儿感恩和孝顺的情感。

2. 价值观引导

成语故事中蕴含的价值观如诚实、勇敢、勤奋、友爱等，是幼儿成长过程中不可或缺的品德教育。教师应通过故事讲述和讨论，引导幼儿理解和内化这些价值观。

（三）跨文化视角

1. 国际视野

虽然成语是中华文化的瑰宝，但在全球化的背景下，也可以适当引入一些具有跨文化共鸣的成语或故事元素，拓宽幼儿的国际视野。例如：通过比较不同文化中类似的故事主题或寓意，增进幼儿对不同文化的理解和尊重。

2. 文化包容性

在讲述成语故事时，教师应保持开放和包容的态度，尊重不同文化背景下的差异和多样性，避免文化偏见或刻板印象的传递。

（四）创造性与批判性思维

1. 创造性改编

鼓励幼儿对成语故事进行创造性改编或续编，培养他们的想象力和创造力。例如：可以引导幼儿根据自己对故事的理解，为成语故事添加新的情节或角色。

2. 批判性思维

在故事讲述和讨论中，教师可以引导幼儿对故事中的情节、角色或寓意进行批判性思考，培养他们的分析能力和判断能力。例如：可以提问：“如果你是故事中的角色，你会怎么做？”或“这个故事告诉我们什么道理？你同意吗？为什么？”

（五）实践与应用

1. 生活化应用

鼓励幼儿将所学的成语故事应用到实际生活中，如：在日常对话、绘画及其他艺术创作中运用成语。这不仅可以加深幼儿对成语的理解，还可以提高他们的“语用”能力。

2. 跨学科整合

将成语故事与幼儿园其他领域的教学活动相结合，如音乐、美术、科学等，实现跨学科整合。例如：可以通过音乐活动演绎成语故事中的情节或情感；通过美术活动创作与成语故事相关的画作或手工艺品；通过科学活动探索成语故事中涉及的自然现象或科学原理，等等。

只有在教学实践中，不断地坚持、践行和发展这些原则，才能为幼儿提供更加丰富多彩、富有教育意义的成语故事课程。

八、幼儿园成语故事课程内容组织的基本方法

幼儿园成语故事课程内容组织的基本方法是多样的，旨在通过生动有趣的方式激发幼儿的学习兴趣，同时促进他们的语言发展、思维能力和文化素养的提升。

（一）前期准备与规划

1. 目标设定与细化

确立明确、具体且可衡量的课程目标，不仅包括知识掌握，还应涵盖情感态度、价值观及技能培养等多个维度。

根据幼儿不同年龄段的发展特点，将目标细化为短期、中期和长期，确保教学计划的连贯性和系统性。

2. 故事筛选与改编

广泛收集适合幼儿年龄段的成语故事，打造适用的“幼儿园适宜性成语故事体系”，进行筛选、梳理和改编，确保故事内容的健康性、教育性和趣味性。

对成语故事进行适度简化，去除复杂情节和成人化语言，使其更易于幼儿理解和接受。

3. 教学资源准备

准备丰富多样的教学资源，如图片、绘本、音频、视频、教具等，以辅助教学活动的开展。

创设与成语故事相关的环境布置，营造浓厚的文化氛围，激发幼儿的学习兴趣。

（二）课程内容组织策略

1. 逻辑与系统性结合

（1）分阶段实施。

根据幼儿认知发展的阶段性特征，将成语故事分为启蒙、基础、进阶和拓展四个学习阶段。每个阶段精选符合幼儿当前理解能力和兴趣点的成语，确保学习内容的连贯性和深度递增。

（2）主题模块构建。

在每个学习阶段内，进一步将成语故事按照主题划分成不同的模块，如“诚信与责任”“智慧与勇气”“友情与家庭”等。这样不仅能够增强课程的条理性，还能帮助幼儿通过对比和归纳，深入理解成语背后的文化价值和道德寓意。

（3）故事脉络梳理。

对于复杂或长篇的成语故事，进行适当改编或拆分，保留核心情节和文化元素，同时加入适合幼儿理解的过渡性描述，使故事脉络更加清晰，便于幼儿掌握和记忆。

2. 心理适应性与兴趣导向

（1）个性化教学方案。

通过观察和评估，为不同性格、兴趣和学习能力的幼儿制定个性化的教学方案。例如：对于内向的幼儿，可以通过安静的阅读和绘画活动来引导；对于外向的幼儿，则可以通过角色扮演和游戏互动来激发他们的兴趣。

（2）情感共鸣激发。

在选择成语故事时，注重选择与幼儿生活经历相似或能引起情感共鸣的故事。通过讨论、分享等方式，引导幼儿将故事中的情感与自身经历相联系，加深理解和感悟。

（3）动态调整策略。

在教学过程中，密切关注幼儿的学习状态和反馈，及时调整教学内容和方法。对于幼儿普遍感兴趣或困惑的点，可以适当增加或调整教学内容，以满足幼儿的学习需求。

3. 跨学科融合与创新

（1）综合课程开发。

设计跨学科的综合课程单元，如“成语与自然”“成语与科技”等。在这些单元中，教师不仅讲述成语故事，还要结合相关领域的知识进行拓展，如通过科学实验解释成语中的自然现象，或通过编程技术模拟成语故事中的情节发展。

（2）创意工作坊。

定期举办成语故事创意工作坊，鼓励幼儿运用多学科知识和技能进行创作。例如：结合音乐和舞蹈编排成语故事舞台剧，利用废旧物品制作成语故事中的道具和场景等。

（3）数字化教学资源。

开发或利用现有的数字化教学资源，如成语故事动画、互动游戏等。这些资源不仅可以丰富教学手段，还能为幼儿提供更加直观、生动的学习体验。

4. 情境模拟与体验学习

（1）沉浸式学习环境。

利用幼儿园的物理空间或虚拟现实技术，创设高度还原成语故事情境的沉浸式学习环境。例如：搭建古代宫殿模型让幼儿体验“宫廷成语”的故事背景，或利用 VR 技术让幼儿“穿越”到成语故事发生的场景中。

（2）角色扮演。

在角色扮演活动中，教师不仅让幼儿扮演故事中的主角，还要引导他们思考角色的内心世界、动机和行为选择。通过深入的角色分析和情感投入，加深幼儿对成语故事的理解和情感体验。

（3）社会实践与拓展。

将成语故事的学习延伸到幼儿园之外的社会实践中。例如：组织幼儿参观与成语故事相关的历史遗迹或文化场所，或参与社区的文化活动，让幼儿在真实的社会环境中体验和感受成语故事的魅力。通过实践活动和亲身体验，加深幼儿对成语故事的理解和记忆，培养他们的实践能力和社会情感。

（三）教学实施与评估反馈

1. 灵活多样的教学方法

（1）互动式故事讲述。

在传统讲述法的基础上，增加互动环节，如：提问、预测、总结等，激发幼儿的思维活跃度，确保他们在听故事的过程中积极参与并思考。

（2）项目式学习。

针对某些成语故事，设计项目式学习任务，让幼儿围绕特定主题进行探究、调查和创作。这种方法不仅能深化对成语故事的理解，还能培养幼儿的批判性思维、信息检索和问题解决能力。

（3）数字化教学工具。

利用教育软件、APP 和在线资源，如：成语故事动画、互动游戏等，作为教学辅助工具，使学习过程更加生动有趣，同时提升幼儿对技术的掌握和应用能力。

2. 实时观察与个别指导

（1）建立学习档案。

为每位幼儿建立个性化的学习档案，记录他们在成语故事学习中的表现、进步和特别需求。这有助于教师更全面地了解幼儿，实施更精准的个别指导。

（2）小组合作与同伴互助。

在合作学习中，除了教师的个别指导外，鼓励幼儿之间的互助与合作。通过小组讨论、角色扮演等方式，促进幼儿之间的交流、分享和支持，共同解决问题。

（3）情感关怀与心理支持。

在教学过程中，不仅要关注幼儿的学习成果，还要关注他们的情感变化和心理需求。对于遇到困难的幼儿，提供必要的情感关怀和心理支持，帮助他们建立积极的学习态度，树立自信心。

3. 多元化评估与反馈

（1）过程性评价。

除了结果性评价外，增加过程性评价的比重。通过观察幼儿在学习过程中的表现、参与度、努力程度等，全面评价其学习态度和过程。

（2）自我评价与同伴评价。

引导幼儿进行自我评价和同伴评价，培养他们的自我反思能力和社交技能。通过自我评价，幼儿可以认识到自己的优点和不足；通过同伴评价，他们可以学会欣赏他人、尊重差异和相互学习。

（3）家长参与评估。

邀请家长参与幼儿的学习评估过程，通过家园联系册、家长会等方式，让家长了解幼儿在成语故事学习中的表现和进步，共同促进幼儿的全面发展。

4. 持续优化与调整

（1）数据驱动的决策。

利用教学过程中的数据收集和分析工具，如：学习管理系统、问卷调查等，收集幼儿的学习数据，分析教学效果和存在的问题。基于数据分析结果，制定优化和调整策略。

（2）教学研究与专业发展。

鼓励教师参与教学研究和专业发展活动，如：参加教学研讨会、工作坊、在线课程等。通过学习和交流，不断更新教学理念和方法，提升教学质量和创新能力。

（3）社区与专家资源的利用。

幼儿园可积极与社区、文化机构、教育机构等建立合作关系，邀请专家来园讲座或指导，为幼儿提供更加丰富和专业的学习资源；同时，利用社区资源开展实践活动和拓展学习，拓宽幼儿的学习视野和体验。

通过以上丰富的措施方法，幼儿园成语故事课程内容组织将更加科学、合理和有效，为幼儿的全面发展奠定坚实的基础。

九、幼儿园成语故事课程实施的价值取向

在探讨幼儿园成语故事课程的实施取向时，我们必须深刻认识到课程实施的价值取向对于教学效果的深远影响。

（一）关于幼儿园课程

中国学前教育研究会理事长虞永平教授的重要观点强调了我国幼儿园教育的独特性和灵活性。他指出，我国幼儿园教育“没有法定的国家课程和地方课程”，即国家并未统一编订幼儿园课程。这一特点为幼儿园成语故事课程的实施提供了广阔的自主空间，强调了课程实施的灵活性与适应性。

《幼儿园教育指导纲要（试行）》（简称《纲要》）与《3～6岁儿童学习与发展指南》（简称《指南》）构成了我国幼儿园课程设置的基石，并为幼儿园课程改革的深入发展提供了坚实的政策导向与保障。这两份文件虽未直接规定统一的国家课程或地方课程，却通

过其全面而具体的指导原则，引领幼儿园课程设计与实践的方向，确保了课程的多样性与灵活性，促进了教育质量的持续提升。具体而言，《纲要》明确了幼儿园教育的基本内容与要求，而《指南》则进一步细化了各年龄段幼儿的发展目标与教育建议，为幼儿园课程的科学设置与有效实施提供了强有力的支撑。

全国各省市教育行政部门积极响应《纲要》和《指南》的号召，纷纷以课程生活化、经验化、过程化、情境化等为切入点，对幼儿园课程改革的路径进行了诸多有益的探索。由于各地区经济发展水平、教育资源分布、教育理念差异以及政策执行力度等多种因素的综合影响，这些探索存在深浅不一的情况。东部沿海地区的幼儿园课程改革往往能够更深入地开展，尝试更多创新性的教学模式和方法，如问题式学习、游戏化课程等。中西部及欠发达地区，课程内容和教学方法可能相对传统和保守。

幼儿园课程有狭义和广义之分。狭义的幼儿园课程指的是幼儿园中促进幼儿全面发展的教育性活动计划，包括国家的《幼儿园教育指导纲要（试行）》，地方的教育指导计划，幼儿园具体的教育计划及教材。这些计划旨在通过有组织的教育活动，帮助幼儿在认知、情感、社交等多个方面得到发展。广义的幼儿园课程则更为广泛，指的是幼儿园中帮助幼儿获得有益的学习经验，促进其身心全面和谐发展的各种活动的总和。这不仅仅包括教学大纲、教学计划、教材等静态的教育性经验计划，还包括课程的实施过程，涵盖了幼儿在幼儿园中参与的所有教育活动，无论是正式的教学活动还是非正式的日常互动，都在广义课程的范畴之内。狭义的课程更侧重于计划和组织化的教学活动，而广义的课程则强调了幼儿园教育的全面性和环境的互动性，认为所有对幼儿发展有影响的活动都是课程的一部分。

（二）关于幼儿园课程实施

关于幼儿园课程实施，不同学者持有不同的观点和见解，这些观点和见解也对幼儿园教育实践产生了深远的影响。

美国课程学者辛德、波林和扎姆沃特对课程实施进行了归纳，提出三个基本取向，分别是忠实取向、相互调适取向和课程创生取向。

忠实取向：这一取向将课程实施视为忠实地执行课程计划的过程。它强调课程实施应忠实地反映课程设计者的意图，达成预定的课程目标。在这种取向下，教师被视为课程的忠实执行者，需要按照课程计划来实施，对课程内容没有发言权。评价课程成功与否的标准是课程实施完成预定课程计划的程度。

相互调适取向：这种取向认为课程实施是一个动态的过程，其中课程设计与课程实施者（教师和学生）根据实际情况对课程计划进行调整和适应。它强调在实施过程中根据学生的兴趣、需要，以及情境灵活地调整课程计划，使之与教育实践相适应。教师在实施过程中也是课程的构建者，可以根据实际对课程计划作出调整，使之更适合儿童。

课程创生取向：这一取向将课程实施视为师生在具体的课堂情境中共同合作、创造新的教育经验的过程。它认为真正的课程是教师与学生联合缔造的教育经验，课程实施本质上是在具体教育情境中创生出新的教育经验的过程。在这种取向下，教师和学生成为建构有意义的教育经验的主体，成功的课程变革需要接受、理解和认同变革参与者的主体性。

这三种取向体现了对课程实施过程中不同角色的认识和课程实施与预定课程计划之间的关系理解，每种取向都有其独特的价值和适用情境，对于理解和指导实际的教学活动具有重要意义。

东北师范大学严仲连教授在其《幼儿园课程实施适应取向的内涵、特点及影响因素》一文中指出："一方面是体现忠实取向的现实，但在理论上遭受专家、学者的批判；另一方面是受理论界欢迎的创生取向，在实践中却又遭遇师资困境。在此两难情况下，适应取向的课程与教学应该比较适合国内当前的情况。"阐明了适应取向课程实施的积极意义。

南通师范高等专科学校彭云教授在《基于国家意志和园本实际的创生——对当前我国幼儿园课程实施取向的基本理解》中提出："当前我国幼儿园阶段并没有法定的国家或地方课程，各地幼儿园应该选择基于《幼儿园教育指导纲要（试行）》等国家意志和园本实际的创生取向，合全园之力加强"园本课程"建设，以保障国家意志的有效达成和幼儿的健康成长。"

（三）关于幼儿园成语故事课程实施

"基于国家意志与园本实际的课程创生"理念，为幼儿园成语故事课程的实施提供了一种理想的路径。幼儿园成语故事课程属于一种园本课程，在其建构的过程中，面临从无到有、从小到大、从有到优的过程。我们倡导一种既遵循国家教育政策导向，又兼顾幼儿园实际情境的课程创生取向。同时，考虑到东西部等不同地域、园所师资能力存在的实际差异，幼儿园成语故事课程在实施的过程中，也可以借鉴适应取向的灵活性特点，根据幼儿的具体情况和需求，对课程计划进行必要的调整和优化，以确保课程的适宜性和有效性。

1. 基于国家意志的创生取向

国家意志在教育领域中的体现，是确保教育目标、内容和方法符合国家的发展需求和人才培养战略。在幼儿园成语故事课程的实施中，基于国家意志的创生取向意味着：

（1）精准对接国家教育政策。

细化课程目标：将《纲要》《指南》中的目标具体化到成语故事课程中，如通过成语故事的学习，明确提升幼儿的语言表达清晰度、思维逻辑性、情感表达丰富性和价值观塑造的具体指标。

政策导向下的内容筛选：依据国家政策导向，选择具有正面教育意义、符合社会主义核心价值观的成语故事，确保课程内容积极向上，有利于幼儿形成正确的世界观、人生观和价值观。

（2）深度挖掘传统文化精髓。

文化情境再现：利用多媒体、实物展示等手段，创设与成语故事相关的文化情境，让幼儿身临其境地感受成语背后的历史背景、文化习俗和社会风貌。

文化元素融合：将成语故事中的传统文化元素（如节日、习俗、服饰等）与幼儿园日常活动相结合，如通过节日庆典、手工制作等活动，让幼儿在实践中体验传统文化的魅力。

（3）全面培养核心素养。

语言能力强化：通过复述、表演、创编成语故事等方式，锻炼幼儿的语言组织、表达和倾听能力，提升其语言素养。

思维能力拓展：引导幼儿分析成语故事中的情节、人物关系和寓意，培养其逻辑思维、批判性思维和创造性思维能力。

情感态度与价值观塑造：通过成语故事中的正面人物形象和道德观念，引导幼儿形成积极向上、诚实守信、尊重他人等良好的情感态度和价值观。

2. 园本实际的课程创生

幼儿园作为教育实施的前沿阵地，其课程实施必须充分考虑园本实际，包括幼儿的兴趣、能力、发展水平以及幼儿园的文化传统、资源条件等。在成语故事课程的实施过程中，教师应根据幼儿的具体情况和需求，灵活调整课程内容、方法和策略，使课程更加贴近幼儿的生活实际，激发幼儿的学习兴趣和积极性。

（1）结合幼儿园文化传统。

幼儿园的文化传统是长期积淀下来的教育精髓，反映了幼儿园的教育理念和教育风格。在成语故事课程的实施过程中，教师应充分考虑幼儿园的文化传统，将成语故事融入其中，使课程更加贴近幼儿园的实际情况。

融合教育理念：将成语故事中的道德寓意、文化价值等与幼儿园的教育理念相融合，使幼儿在学习成语的同时，也能感受到幼儿园独特的文化氛围。

创新活动形式：结合幼儿园的传统活动形式，如节日庆典、亲子活动等，将成语故事融入其中，使活动更加丰富多彩，增强幼儿的学习体验。

利用环境资源：充分利用幼儿园的环境资源，如墙面布置、区域设置等，展示与成语故事相关的内容，营造浓厚的学习氛围。

（2）发挥教师创造性。

教师是课程实施的关键力量，其创造性直接影响到课程的质量和效果。在成语故事课程的实施中，应鼓励教师发挥自身的专业素养，结合自身的教学经验，对成语故事进行创造性地改编和拓展。

改编故事内容：教师可以根据幼儿的兴趣和认知水平，在遵循原旨的情况下，对成语故事进行适当的改编或编创，使其更加贴近幼儿的生活实际，易于幼儿理解和接受。

拓展学习方式：除了传统的讲述方式外，教师还可以采用角色扮演、游戏互动、手工制作等多种方式，激发幼儿的学习兴趣，提高学习效果。

设计主题活动：围绕成语故事设计一系列主题活动，如成语接龙、成语故事表演、成语绘画创作等，让幼儿在参与活动的过程中，自然而然地掌握成语知识。

（3）关注幼儿发展特点。

幼儿的发展具有阶段性和差异性，这要求教师在成语故事课程的实施中，必须充分考虑幼儿的年龄特点、兴趣爱好和学习方式。

适宜性调整：根据幼儿的年龄特点和认知水平，选择适合的成语故事进行教学，避免内容过于复杂或简单。同时，根据幼儿的兴趣爱好和学习方式，灵活调整教学方法和策略。

差异化教学：针对不同发展水平的幼儿，实施差异化教学。对于能力较强的幼儿，可以提供更多的挑战和拓展机会；对于能力较弱的幼儿，则给予更多的帮助和支持。

注重情感体验：在成语故事的教学过程中，注重幼儿的情感体验，引导幼儿感受成语中的情感色彩和道德寓意，培养幼儿的良好品德和情感态度。

3. 深度融合的实践策略

基于国家意志与园本实际的深度融合，我们倡导在幼儿园成语故事课程中实施创生取向。创生取向强调教师的主动性和创造性，鼓励教师在课程实施过程中根据具体情境进行灵活调整和创新。在成语故事教学中，教师可以根据幼儿的兴趣点、疑问点和难点，适时引入新的教学资源、活动形式等，使课程更加生动有趣、富有成效。

（1）制定科学的课程目标。

在幼儿园成语故事课程中实施创生取向，首先需要制定科学的课程目标。这些目标应紧密结合国家教育政策，如《幼儿园教育指导纲要（试行）》中提出的全面发展要求，同时贴近幼儿的实际发展需求。

语言发展：通过成语故事的学习，提高幼儿的语言表达能力和词汇积累水平。

认知发展：通过成语故事中的情节和寓意，促进幼儿对事物间关系的理解和认知能力发展。

情感与态度：培养幼儿对中华传统文化的兴趣和热爱，激发其学习成语故事的积极性。

社会性与行为：通过成语故事中的角色行为和情节发展，引导幼儿形成正确的价值观和道德观。

（2）精选适宜的成语故事。

在确定了课程目标后，需要精选适宜的成语故事作为课程内容。这些成语故事应具有代表性、教育性和趣味性，能够吸引幼儿的兴趣并促进其全面发展。

内容适宜性：选择适合幼儿年龄特点和认知水平的成语故事，避免过于复杂或深奥的内容。

教育价值：选择具有明确教育意义的成语故事，能够引导幼儿形成正确的价值观和道德观。

趣味性：选择情节生动、角色鲜明的成语故事，能够激发幼儿的学习兴趣和好奇心。

（3）创新教学方法和手段。

在成语故事教学中，教师应充分发挥主动性和创造性，采用多种教学方法和手段，使课程更加生动有趣、富有成效。

故事讲述：通过生动的语言讲述成语故事，引导幼儿进入故事情境，感受故事中的情节和寓意。

角色扮演：组织幼儿进行角色扮演活动，让幼儿亲身体验成语故事中的角色和情节，加深对故事内容的理解和记忆。

游戏互动：设计与成语故事相关的游戏和活动，如成语接龙、成语猜谜等，激发幼儿的学习兴趣和参与热情。

多媒体辅助教学：利用多媒体技术展示成语故事的图片、动画和视频等素材，丰富教学手段，提高教学效果。

（4）加强家园共育。

家园共育是促进幼儿全面发展的重要途径。在成语故事课程中实施创生取向时，应鼓励家长积极参与课程的学习和活动，形成家园共育的良好氛围。

家长参与：邀请家长参与成语故事课程的课堂教学和课外活动，共同见证幼儿的学习成果和成长变化。

亲子阅读：鼓励家长与幼儿一起阅读成语故事书籍，增进亲子关系的同时，培养幼儿的阅读习惯和阅读兴趣。

家园沟通：建立家园沟通机制，定期向家长反馈幼儿在成语故事课程中的学习情况和表现，听取家长的意见和建议，共同促进幼儿的发展。

综上所述，基于国家意志与园本实际的课程创生取向为幼儿园成语故事课程的实施提供了有力的指导，是一种既规范又灵活、既统一又多样的课程创生取向，以之来确保成语故事课程的有效实施，促进幼儿的全面发展。

十、幼儿园成语故事课程教学活动形态

幼儿园成语故事课程教学活动形态，大致上有三种：集体活动、小组活动和区角个别活动，它们都扮演着至关重要的角色，它们各自具有独特的教育价值和不同的实施方式，共同促进了幼儿对成语故事的理解、兴趣的增加及文化素养的提升。

（一）集体活动

集体活动是指教师面向全班幼儿，在同一时间、同一空间内进行的统一教学活动。在成语故事课程中，集体活动是教师向全体幼儿讲述成语故事、解释成语含义、分析成语内容、讨论成语应用等的主要形式。

1. 特点

统一性：全班幼儿共同参与，确保每位幼儿都能接触到成语故事的内容。

互动性：通过提问、讨论等方式，增强幼儿与教师、幼儿与幼儿之间的互动，激发幼儿的学习兴趣。

引导性：教师在活动中起主导作用，引导幼儿理解成语故事的深层含义，培养幼儿的思维能力和语言表达能力。

2. 实施策略

选择具有教育意义、情节生动、易于理解的成语故事作为教学内容。

利用多媒体教学手段，如图片、动画、音频等，增强故事的吸引力和感染力。

设计互动环节，如角色扮演、成语接龙等，让幼儿在参与中体验成语的魅力。

（二）小组活动

小组活动是指将全班幼儿分成若干小组，每组由几名幼儿组成，在教师指导下进行学习的活动。在成语故事课程中，小组活动可以围绕成语故事的某个主题或问题进行深入探讨和交流。

1. 特点

合作性：小组成员之间需要相互合作，共同完成学习任务。

自主性：在小组活动中，幼儿有更多的自主权，可以自主选择讨论的话题、分配角色等。

针对性：小组活动可以针对幼儿的个体差异，进行有针对性的指导和帮助。

2. 实施策略

根据幼儿的年龄、兴趣、能力等因素进行合理分组，每个小组进行的活动内容可以不同。

设定明确的小组活动目标和任务，确保活动有序进行。

提供丰富的材料和支持，如成语卡片、故事书、图片等，供小组活动使用。

鼓励幼儿积极参与讨论和交流，培养他们的合作精神和沟通能力。

（三）区角个别活动

区角个别活动是指在幼儿园内设置不同的活动区域，每个区域提供不同的学习材料和玩具，供幼儿自主选择、自由探索的活动形式。在成语故事课程中，区域个别活动可以设置为成语故事阅读区、成语游戏区等。

1. 特点

自主性：幼儿可以根据自己的兴趣和需要，自主选择活动区域和材料进行学习。

个别化：区域个别活动注重幼儿的个别差异，允许幼儿按照自己的节奏和方式进行学习。

探索性：在区域个别活动中，幼儿通过动手操作、亲身体验等方式，探索成语故事的奥秘和乐趣。

2. 实施策略

创设丰富的成语故事阅读环境，提供多样化的成语故事书籍和绘本。

设计有趣的成语游戏，如：看图猜成语、成语跳跳棋等，激发幼儿的学习兴趣。

鼓励幼儿在阅读和游戏中发现问题、解决问题，培养他们的探究精神和创新能力。

定期对区域活动进行观察和评估，了解幼儿的学习情况和需求，及时调整活动内容和材料。

通过对集体活动、小组活动和区域个别活动这三种形态的结合运用，教师可以更加全面、深入地开展幼儿园成语故事课程的教学活动，促进幼儿对成语故事的理解与兴趣，培养他们的语言表达能力、思维能力和创新能力。

十一、关于幼儿园成语故事课程的评价

课程评价作为课程生成与发展的关键环节，不仅标志着课程运作的阶段性总结，更预示着课程未来的发展方向。它既是当前课程实施的终点，也是课程持续优化与创新的起点，贯穿并影响着课程运作的每一个环节。幼儿园需要根据成语故事课程的特点，构建一个全面而深入的评价体系。

（一）价值取向

在构建幼儿园成语故事课程评价体系时，首先需要清晰界定评价的价值取向，以确保评价工作的导向性和针对性。具体而言，评价应体现以下几个方面的价值取向：

1. 幼儿发展为本

（1）全面发展。

设计多维度评价指标：除了成语记忆和理解外，设立语言表达、逻辑思维、情感表达、社交技能等维度的评价指标。

观察记录法：通过日常观察记录幼儿在学习成语故事过程中的各种表现，如语言表达的流畅度、思维的活跃度等。

（2）个体差异。

个性化评价方案：根据幼儿的不同特点，设计个性化的评价任务和反馈方式，如为内向的幼儿提供一对一的分享机会，为外向的幼儿设置小组领导角色。

多元智能评估：人的智能是多元化而非单一的，可以运用霍华德·加德纳的多元智能理论，从语言、逻辑数学、空间、肢体动觉等多方面评估幼儿的发展。

2. 文化传承与创新

（1）文化传承。

文化情境营造：通过布置具有传统文化氛围的学习环境，如展示成语故事的插图、道具，增强幼儿对文化的直观感受。

文化故事讲述：鼓励教师以生动有趣的方式讲述成语故事，让幼儿在故事中感受中华文化的魅力和智慧。

（2）文化创新。

创意活动设计：组织成语故事改编、创意绘画、短剧表演等活动，鼓励幼儿发挥想象力，对成语故事进行个性化诠释。

成果展示与分享：为幼儿提供展示自己创意作品的平台，如班级展览、亲子活动日等，增强幼儿的成就感和自信心。

3. 过程与结果并重

（1）关注过程。

学习档案袋：为每位幼儿建立学习档案袋，记录其在学习成语故事过程中的点滴进步和成长轨迹。

同伴评价与教师观察：结合同伴间的相互评价和教师的细致观察，全面了解幼儿的学习状态和参与度。

（2）综合评价。

量化与质性评价结合：既采用考试、测试等量化评价方式评估幼儿的知识掌握程度，又通过作品分析、口头报告等质性评价方式考察其综合素质。

定期与不定期评价：除了定期的期末评价外，还应进行不定期的随堂评价、项目评价等，及时了解幼儿的学习动态。

4. 激励与反思并重

（1）激励作用。

正面激励：采用表扬、奖励等方式肯定幼儿的努力和进步，激发其学习动力和自信心。

展示平台：为幼儿提供在班级、学校乃至社区展示自己学习成果的机会，增强其荣誉感和归属感。

（2）反思促进。

评价反馈机制：建立有效的评价反馈机制，及时将评价结果反馈给幼儿和家长，同时鼓励教师进行教学反思和自我提升。

持续改进计划：根据评价结果制定针对性的改进措施和后续教学计划，确保课程质量的不断提升。

5. 家园共育

（1）家长参与。

家长会与开放日：定期召开家长会，邀请家长参与课程观摩、讨论和评价过程；设立家长开放日，让家长近距离了解幼儿在园的学习生活。

家园联系册：利用家园联系册记录幼儿的学习情况和成长变化，促进家园之间的沟通和交流。

（2）共同促进。

亲子阅读活动：鼓励家长与孩子共同阅读成语故事书，增进亲子关系的同时加深幼儿对成语故事的理解。

合作教学项目：开展家园合作的教学项目，如共同策划成语故事主题活动、制作成语故事道具等，增强教育的合力效果。

（二）课程实施评价指标体系构建

在幼儿园成语故事课程实施过程中，构建一套科学、系统、多元的评价指标体系，对于提升教学质量、促进幼儿全面发展具有重要意义。以下从课程实施管理的评价、课程实施过程的评价以及课程实施效果的评价三个方面进行阐述。

1. 课程实施管理的评价

课程实施的质量与课程实施的管理紧密相连，一个高效、有序的管理体系能够显著提升课程的教学效果和学生的学习体验。对课程实施管理的评价，聚焦于其保障机制，可以从组织保障、制度保障和资源保障三个方面进行具体分析。

（1）组织保障。

① 管理人员构成与职责。

A. 管理团队：组建以园长为核心，涵盖保教主任、班主任及家长代表的课程管理团队。园长负责整体规划，保教主任负责日常教学管理与研究，班主任具体实施教学活动，家长代表则提供反馈意见，共同参与课程的规划与实施。

B. 明确职责：各管理人员需明确自身职责，形成责任明确、协调高效的课程管理体系。园长应确保课程方向与幼儿园教育目标的一致性；保教主任负责监督教学质量，组织教研活动；班主任负责成语故事的具体教学与评估；家长代表则定期参与课程反馈，确保家园共育的有效实施。

②培训研修。

A. 培训内容。

教育理念与专业知识：对管理人员及教师进行关于成语故事教育的理念培训，了解成语背后的文化价值及教育意义，提高专业素养。

教学方法与技巧：开展多种形式的教学方法培训，如故事讲述技巧、情境创设、游戏化教学等，以丰富成语故事教学手段，优化教学效果。

案例分析：定期组织教师进行教学案例分析，分享成功案例与经验教训，促进其教学水平的提高。

B. 研修方式。

线上研修：利用网络平台进行远程学习，包括观看教学视频、参与在线研讨会等。

线下工作坊：组织教师工作坊，邀请专家进行现场指导，通过实践操作和互动交流提升教师能力。

参观交流：组织教师到其他幼儿园进行参观学习，了解其他园所的成语故事教学经验，拓宽视野。

（2）制度保障。

①课程实施管理制度。

教学计划：制定详细的成语故事教学计划，明确教学目标、内容安排、教学方法及评估方式，确保课程的系统性和规范性。

备课制度：建立教师备课制度，要求教师提前准备教学材料，设计教学活动，确保课堂教学的高效进行。

听课评课制度：组织教师互相听课评课，发现优点与不足，共同探讨改进方案，提升教学质量。

②课程实施保障制度。

教学质量监控：建立教学质量监控机制，定期检查教师的课堂教学情况，收集教学反馈，及时解决教学中出现的问题。

资源更新：保持课程资源的定期更新，根据幼儿兴趣和教学效果及时调整成语故事内容和教学材料。

安全管理：制定安全管理制度，确保在成语故事教学过程中幼儿的人身安全和心理安全。

③课程激励制度。

优秀教学奖励：设立优秀教师奖励机制，对在成语故事教学中表现突出的教师进行表彰和奖励，激发教师的教学热情。

教学研究支持：鼓励教师参与成语故事教学研究，提供必要的研究经费和时间支持，促进教师的专业成长。

家长参与激励：邀请家长参与成语故事教学活动，通过家园共育的方式促进课程的有效实施，对积极参与的家长给予适当的激励。

（3）资源保障。

①经费投入。

教学资源采购：为成语故事课程提供必要的教学资源支持，包括教学图书、音频资料、视频材料等。

教师培训费用：投入足够的经费用于教师的专业培训和继续教育，提升教师队伍的整体素质。

设施更新：适时更新幼儿园的教学设施和设备，如音响设备、投影显示设备等，以满足成语故事教学的需要。

②人员安排。

师资力量配备：根据成语故事课程的教学需求配备足够数量的专任教师或兼职教师，确保课程的顺利实施。

辅助人员安排：根据需要安排相应的图书管理员、设备维护人员等辅助人员，为课程的顺利实施提供后勤保障。

③其他资源。

家校合作：加强幼儿园与家庭的沟通和合作，利用家长资源共同推动成语故事课程的实施。

社区资源：与社区建立良好的合作关系，利用社区资源（如图书馆、博物馆等）开展成语故事主题活动，拓宽幼儿的学习视野。

技术支持：借助现代技术手段（如数字化教学资源、教学软件等）提高成语故事课程的教学效率和效果。

2. 课程实施过程的评价

在幼儿园成语故事课程的实施过程评价中，准备要素与过程要素是相辅相成、缺一不可的，它们共同构成了课程质量的基石。以下是对这两大方面要素的评价分析。

（1）准备要素评价。

①空间规划。

空间环境：评价是否营造了温馨、安全、富有文化氛围的学习环境，能够吸引幼儿的兴趣，使他们在舒适的环境中学习成语故事。空间布置是否考虑到了幼儿的身心发展特点，如色彩搭配、光线照明等。

空间融合：考察不同教学区域（如阅读区、角色扮演区、艺术创作区等）之间的流畅过渡与相互支持，是否有助于成语故事的全方位理解和体验，促进幼儿在不同领域间的学习迁移。

②区域创设。

区域设置：评价区域划分是否合理，是否覆盖了成语故事学习的多个维度（如语言理解、情感表达、艺术创作等），且各区域功能明确，互不干扰。

区域布局：考察布局是否便于幼儿活动，如留有足够的空间让幼儿自由移动、探索，同时考虑到了教师的管理与指导便利性。

区域更替：评价是否有计划地根据教学进度和幼儿兴趣调整区域设置，保持学习环境的新鲜感和挑战性，激发幼儿持续学习的兴趣。

③游戏材料。

材料选择：评估材料是否与成语故事内容紧密相关，具有教育性和趣味性，能否有效支持幼儿的学习与探索。

材料投放：观察材料是否充足、适宜，能够满足不同发展水平幼儿的需求，同时考虑到材料的层次性和可变性，促进幼儿的个性化发展。

材料管理：评价教师对材料的整理、归类、维护情况，确保材料的安全、卫生，便于幼儿取用和归还。

材料利用：分析教师如何引导幼儿有效利用材料，进行创造性游戏和学习，发挥材料的最大教育价值。

④备课。

活动目标：评价活动目标是否明确、具体、可达成，且与幼儿年龄特点和成语故事教育目标相吻合。

内容过程的逻辑性：考察教学内容的选择、组织是否合理，是否遵循了由浅入深、由易到难的原则，有利于幼儿逐步构建知识体系。

预设的问题：分析教师预设的问题是否具有启发性、开放性，能够引导幼儿深入思考，促进幼儿的语言表达和思维发展。

活动实施策略：评价教师是否采用了多种教学策略（如故事讲述、角色扮演、互动讨论等），以激发幼儿的学习兴趣和参与度，确保活动的顺利进行。

（2）过程要素评价。

①活动过程。

体验性：观察幼儿在活动中是否获得了丰富的感官体验，如通过听、看、说、做等多种方式感受成语故事的魅力。

探究性：评估活动是否鼓励幼儿主动探索、发现问题、解决问题，培养他们的好奇心和探究精神。

游戏性：考察活动是否融入了游戏元素，使学习过程变得生动有趣，符合幼儿的天性，提高学习效率。

教育性：分析活动是否有效传递了成语故事所蕴含的文化价值、道德观念等教育意义，促进幼儿全面发展。

互动性：评价活动中幼儿与教师、同伴之间的互动情况，是否建立了积极的师幼关系、同伴关系，促进了幼儿的社会性发展。

总之，对幼儿园成语故事课程实施过程的评价应全面考虑准备要素和过程要素，确保课程设计的科学性和实施的有效性，为幼儿的健康成长和全面发展奠定坚实基础。

3. 课程实施效果的评价

课程实施效果评价主要是为了课程改进服务，它涵盖了结果要素与反馈要素两个方面。

（1）结果要素评价。

①个体的评价。

个体的评价包括：对幼儿的评价和对教师的评价，对幼儿的评价应聚焦幼儿的发展能力，对教师的评价则应聚焦于教师的活动准备、组织互动能力和支持评价能力。

A. 对幼儿的评价。

活动过程和结果：通过成语课程，幼儿在语言领域展现出显著进步，能够初步理解并尝试运用成语进行简单表达，增强了词汇量和语言表达能力。在社会情感领域，成语故事中的道德寓意促进了幼儿的社会认知和情感发展，如学会了“诚实守信”“团结合作”等价值观。在认知发展领域，成语学习激发了幼儿对传统文化的兴趣，提高了观察力和想象力。在身体运动与健康领域，虽然其成效直接显现不容易，但通过相关成语游戏，幼儿的活动量和参与度增加，促进了身体健康。艺术创造与表现领域，幼儿通过绘画、表演等方式展现成语故事，提升了艺术表达能力。

学习品质：幼儿展现出更高的好奇心和探索欲，愿意主动参与到成语学习中来。同时，团队合作完成任务，培养了幼儿的坚持和责任感。此外，成语课程的挑战性促使幼儿在面对困难时更加积极寻求解决方案，提升了解决问题的能力。

B. 对教师的评价。

活动准备：教师能够充分准备成语故事、教具及活动方案，确保课程内容丰富多彩、寓教于乐。

组织互动能力：教师在活动中能够有效引导幼儿参与讨论，通过提问、游戏等方式激发幼儿兴趣，促进师生互动和生生互动。

支持评价能力：教师能够敏锐观察幼儿的学习状态，及时给予正面反馈和个性化指导，帮助幼儿建立自信，并根据幼儿表现调整教学策略。

②课程的评价。

结果要素主要关注课程实施后所达到的具体成效。

A. 评价的核心维度。

课程目标达成度：评估课程是否按照预设的目标进行，以及目标达成的程度。涉及对幼儿学习成果的量化或质性分析，如：口语表达、思维能力、作品展示、技能掌握情况等。

幼儿发展情况：考察幼儿在课程实施过程中，在知识、技能、情感态度等方面的变化和发展。这包括幼儿是否掌握了课程的核心内容，是否提升了相关技能，以及是否对课程产生了积极的情感态度。

课程质量：对课程本身的质量进行评价，包括课程设计、教学内容、教学方法等方面的合理性和有效性。这有助于鉴别课程中的优点和不足，为课程改进提供依据。

B. 评价类型。

形成性评价（活动过程的满意度调查）：通过同行及家长问卷、幼儿访谈等形式，收集家长和幼儿对成语课程活动过程的积极反馈，包括课程设计是否新颖有趣，能否吸引幼儿注意力、提高学习兴趣等。同时，也收集一些关于活动时长、难度设置等方面的建议。

终结性评价（活动结果的满意度调查）：通过测试、作品展示等方式评估幼儿学习成果，评估幼儿成语掌握情况是否良好，是否能够运用所学成语进行简单交流。调查家长和教师对课程效果的满意度，成语课程是否丰富了幼儿的语言知识，促进其全面发展。

（2）反馈要素。

①多维度反馈体系。

学生反馈：通过访谈等方式收集幼儿对课程的反馈意见。这些反馈可以帮助幼儿表达他们的学习体验和感受，为课程改进提供直接依据。

教师反馈：教师作为课程的实施者，对课程实施过程有着深入的了解和体验。他们的反馈可以揭示课程实施中的问题和挑战，为课程改进提供宝贵的建议。

同行评价：邀请同行研究教师、专家对课程进行评价，可以从专业的角度发现课程中的亮点和不足，为课程改进提供外部视角和新的思路。

家长反馈：家长是对幼儿的变化最敏感的人，对于孩子在成语学习方面取得的进步、变化感受最深，应建立有效的反馈机制，定期与家长沟通，方便家长及时了解孩子在成语课程中的学习情况和表现，同时收集家长了解的信息和意见，以便不断优化课程设置和教学方法。

社会反馈：对于幼儿园成语故事课程实施效果，还可以收集来自社会各方面的反馈意见，如教育行政主管部门、行业专家等。这些反馈有助于了解课程在社会中的认可度和应用价值，为课程改进提供方向。

②课程评估。

在幼儿园成语课程的评估中，我们需要全面而细致地审视其优点与不足，以便为课程的持续优化提供有力依据。需要从优点和缺点两方面去进行评估。

③课程改进。

根据幼儿学习特点和兴趣点，进一步优化课程内容和难度设置，确保每个幼儿都能在原有基础上得到发展。

加强幼儿园成语课程评价体系建设是一个系统而细致的过程，需要通过科学、全面、多元的评价手段，促进成语课程的优化与幼儿的全面发展；它又是一个长期而持续的过程，需要教育工作者、家长和社会的共同努力，家园社协作，去促进成语故事课程的优化与幼儿的全面发展。

十二、关于幼儿园成语故事教学实施的策略

为了进一步提升幼儿园成语故事教学的效果，我们可以从以下三个方面对幼儿园成语故事教学实施策略进行梳理和优化。

（一）多元化教学方法与手段的创新

1. 沉浸式角色扮演

情境再现：不仅准备简单的道具和服装，还可以利用 VR（虚拟现实）技术创建更逼真的故事场景，让幼儿仿佛置身于成语故事之中，增强沉浸感。

深化角色：引导幼儿深入探索角色内心世界，通过编写角色日记、心理独白等方式，加深对角色及成语寓意的理解。

2. 互动式情景模拟

互动平台：利用互动白板或平板电脑，设计互动故事场景，让幼儿通过拖拽、点击等方式参与故事发展，提升互动性。

情境挑战：设置与成语相关的情境挑战游戏，如“成语迷宫逃脱”，结合问题解决能力训练，使学习更具趣味性。

3. 启发式互动讲解

情感共鸣：通过音乐、声音效果等增强故事讲述的情感色彩，引导幼儿深入体会故事情感。

思维导图：使用思维导图工具，帮助幼儿梳理成语故事的结构、人物关系及核心寓意，培养逻辑思维能力。

4. 多媒体融合教学

3D 动画：引入 3D 动画技术，使成语故事更加生动有趣，便于幼儿直观理解复杂概念。

互动视频：制作带有互动按钮的视频，幼儿可以在观看过程中选择不同情节走向，增强参与感和学习兴趣。

5. 游戏化学习升级

AR 游戏：利用增强现实（AR）技术设计成语游戏，如“成语寻宝”，让幼儿在现实环境中寻找与成语相关的线索。

积分竞赛：设置成语学习积分系统，通过完成学习任务获得积分，定期举办积分竞赛，激发幼儿的竞争意识和学习动力。

6. 小组合作学习

项目式学习：以成语故事为主题，组织幼儿进行项目式学习，如策划并举办一场小型成语故事会，全面提升幼儿的综合能力。

角色扮演剧社：成立成语故事角色扮演剧社，定期排练和演出成语剧目，培养幼儿的表演艺术素养和团队协作能力。

（二）与幼儿园教育的深度融合策略

1. 主题活动深度融合

跨学科整合：在主题活动中，将成语故事与数学、音乐、体育等多学科进行整合，如：通过音乐表演成语故事、用数学计算成语中的数量关系等。

实践体验：结合户外教学，如春天组织“寻春记”，引导幼儿观察自然，运用“春暖花开”等成语描述所见所感。

2. 跨领域融合教学的深化融合

情感与社会性培养：通过成语故事中的情感冲突和解决方案，引导幼儿学会拥有同理心、解决冲突等社会技能。

科学探究：结合科学小实验，验证成语中的科学原理，如通过“水滴石穿”实验，理解坚持与毅力的重要性。

（三）环境创设与资源整合的全面提升

1. 教育环境的沉浸式布置

主题墙饰：设计互动式主题墙饰，如“成语故事森林”，让幼儿可以触摸、操作，增加互动性和探索性。

数字化图书角：引入电子图书和有声读物，提供多样化的阅读方式，满足不同幼儿的学习需求。

2. 家园共育的深度合作

亲子共读计划：制订亲子共读成语故事计划，鼓励家长与孩子共同阅读、讨论，并定期分享阅读心得。

家庭小剧场：鼓励家长与孩子一起编排成语故事小剧场，并在班级或幼儿园进行展示，增进亲子关系，同时展示学习成果。

3. 社区资源的广泛利用

文化探访：定期组织幼儿走出幼儿园，探访当地的历史文化遗址，与成语故事相关的景点，增强文化认同感和历史感。

专家讲座：邀请文化学者、民俗专家等来园进行专题讲座，丰富幼儿的文化视野，拓宽知识面。

4. 创意教具与材料的自主研发

环保材料：鼓励使用环保材料制作教具和道具，如废旧物品再利用，培养幼儿的环保意识。

数字化教具：开发成语故事 APP、小程序等数字化教具，提供丰富的在线学习资源和互动体验。

第五章　成语故事教学案例分析

一、案例分析

笔者通过下基地园调研，收集整理了一批成语故事教学案例，这些案例较生动地展示了如何在幼儿园有效实施成语故事教学，可供教育者们参考与借鉴。

精心设计的成语故事教学活动，不仅能够让孩子们在轻松愉快的氛围中学习成语的深刻内涵，还能引导他们深入了解中华传统文化的博大精深，从而在他们幼小的心灵中播下爱国主义的种子。

在教学过程中，教师扮演着至关重要的角色。他们通过富有创意的教学方法，如角色扮演、故事讲述、小组讨论、手工制作以及模拟实践等，将成语故事与幼儿的生活实际紧密相连，使抽象的文化概念变得具体可感，易于幼儿理解和接受。这种寓教于乐的教学方式，不仅激发了幼儿对成语故事的兴趣，还促使他们主动探索、积极思考，从而在语言表达、想象力和文化素养等方面得到全面发展。

此外，这些案例还强调了情感教育的重要性。通过成语故事中蕴含的道德观念和价值取向，如诚信、勇敢、智慧、勤奋等，教育者们引导幼儿树立正确的世界观、人生观和价值观，培养他们的良好品德和社会责任感。在讲述“龙舟竞渡”时，孩子们学会了同舟共济、齐心协力的道理；从“染苍染黄”中，他们懂得了环境会改变人和事物的道理。这些正面的价值观将伴随孩子们的成长，成为他们人生道路上的宝贵财富。

这些成语故事教学案例为幼儿园教育提供了宝贵的经验和启示，展示了如何通过生动有趣的教学方式，将中华传统文化中的精髓传递给下一代，培养他们的爱国情感和文化自信，为他们的全面发展奠定坚实的基础。同时，期待更多的教育者们，不断创新教学方法，为孩子们营造一个更加丰富多彩、充满智慧的成长环境。

（一）健康领域成语故事课程案例分析

活动设计

活动名称：户外活动“龙舟竞渡”(大班)

活动目标：

1. 学习成语故事，培养幼儿热爱祖国的情感。

2. 练习下蹲着前行，锻炼幼儿腿部力量和动作的协调性。

3. 体验团队互相配合的乐趣和初步的竞争意识。

活动准备：鼓一面、龙舟头饰 4 个、4 面红旗。

活动过程：

1. 准备活动。

（1）谈话导入：小朋友，你们喜欢做游戏吗？今天老师教小朋友做一项非常有趣的体育游戏，好不好呀！在做游戏之前大家先跟老师来运动运动热热身吧。

（2）幼儿分四组，听鼓点，跟随教师做动作。先做两套上身及手臂的动作接两套下蹲运动，最后接两组蹲着向前行进的动作。

2.“龙舟竞渡”的故事及游戏。

（1）谈话揭题：今天这节课我们就来玩“龙舟竞渡”的体育游戏，哪位小朋友知道什么是“龙舟”?

（2）你们知道龙舟竞渡是为了纪念谁？(爱国诗人屈原)

（3）简述“龙舟竞渡”的故事并互动、小结。

（4）讲述“龙舟竞渡”的游戏规则。幼儿四人一组，后面的幼儿依次抱住前面幼儿的腰蹲着向前走。(老师只交待“开龙舟”游戏的基本玩法，让幼儿自己在玩中体验怎样使“龙舟”前进的技巧)

3. 活动过程。

（1）分组与装备：将幼儿平均分成 4 组，每组分配一个龙舟头饰和一面红旗。每组幼儿站成一排，后面的幼儿轻轻抱住前面幼儿的腰部，形成“龙舟”的队形。教师检查每组的队形，确保幼儿之间的连接稳固且安全。

（2）讲解比赛规则：

每组需保持“龙舟”的完整形态，即蹲下并以前进的方式移动。

起点到终点设置一定距离，为操场一段合适的长度。

听到老师的哨声或口令后，伴随均匀的鼓点声，各组“龙舟”开始前进，最先到达终点并举起红旗的小组获胜。

途中若“龙舟”断开，需原地重新连接后再继续比赛。

（3）进行比赛：教师宣布比赛开始，各组幼儿在鼓声或欢快的音乐声中，齐心协力地向前移动。教师在旁观察，适时给予鼓励和指导，确保比赛的公平性和安全性。

（4）宣布结果：所有组完成比赛后，教师根据红旗的举起情况宣布获胜组，并带领全班幼儿为获胜组鼓掌祝贺。同时，也要对其他组幼儿的努力和团结精神给予肯定。

4. 放松整理活动。

（1）舒缓运动：比赛结束后，教师带领全体幼儿进行放松运动，如轻柔的拉伸、深呼吸等，帮助幼儿缓解肌肉紧张，恢复体力。

（2）情感交流：组织幼儿围坐一圈，分享自己在游戏中的感受和体验。教师可以引导幼儿谈谈团队合作的重要性、自己是如何帮助队友的以及从游戏中学习到的道理等。

（3）总结回顾：教师总结本次活动的亮点和幼儿们的表现，强调热爱祖国、团结协作和勇于竞争的精神。同时，也可以提出活动中存在的问题和改进建议，为下次活动做准备。

（4）收拾器械：最后，教师指导幼儿一起收拾好游戏器械，如鼓、龙舟头饰、红旗以及自由活动器械等，培养幼儿的责任感和良好的行为习惯。

案例评析

本次户外活动“龙舟竞渡”在大班幼儿中的实施，不仅是一次成功的体育教育尝试，更是中华传统文化中成语故事价值的一次生动展现。通过将“龙舟竞渡”这一富含历史与文化内涵的体育活动引入课堂，我们不仅让幼儿在身体上得到了锻炼，更在心灵上种下了热爱祖国的种子。

活动中，教师巧妙地穿插了关于“龙舟竞渡”的成语故事，如“同舟共济”“齐心协力”等，这些成语不仅是对龙舟竞渡精神的精炼概括，也是中华优秀传统文化的瑰宝。通过讲述这些成语背后的故事，幼儿们不仅加深了对龙舟竞渡这一传统节日活动的理解，更感受到了成语所蕴含的深刻哲理和道德寓意。

在参与“龙舟竞渡”游戏的过程中，幼儿们亲身体验了“同舟共济”的团队合作精神，学会了在困难面前相互扶持、共同前进。这种体验不仅增强了他们的团队意识和协作能力，更让他们深刻理解了成语故事所传递的积极向上的价值观。

此外，成语故事的价值还在于它们能够激发幼儿的想象力和创造力。在讲述成语故事时，教师可以通过生动的语言和形象的描绘，引导幼儿们展开丰富的想象，构建出属于自己的故事世界。这种对想象力的培养对于幼儿未来的学习和生活都具有重要的意义。

总之，本次户外活动“龙舟竞渡”不仅是一次体育教育的成功实践，更是一次对成语故事价值的深入挖掘和展现。通过活动，幼儿们不仅得到了身体上的锻炼和团队精神的培养，更在心灵上受到了中华优秀传统文化的熏陶和滋养。

（二）语言领域成语故事课程案例分析

活动设计

活动名称：“春雨”（中班）

活动目标：

1. 学习成语故事“春雨如油”，增强幼儿对季节的认识和情感。

2. 感受诗歌《春雨》的韵律美及意境美，体验万物生长的春意。

3. 欣赏理解诗歌《春雨》，鼓励幼儿尝试创编动作分角色进行诗歌表演。

活动准备：

诗歌《春雨》视频、与诗歌相对应的头饰。

活动过程：

1. 导入环节。

情境导入：教师播放一段轻柔的春雨声效，同时用温柔的声音说：“小朋友们，你们听，这是什么声音？是不是感觉空气都变得清新起来了呢？今天，老师要带大家走进一个关于春雨的奇妙世界，让我们一起感受春雨的魅力吧！”

成语故事引入：接着，教师简要介绍成语“春雨如油”的由来和意义，可以说：“在古代，人们觉得春天的雨非常珍贵，就像油一样宝贵，因为它能让大地复苏，万物生长。今天，我们就来听一个关于春雨的成语故事，看看春雨是如何帮助大自然的。”

2. 成语故事学习。

故事讲述：教师生动讲述“春雨如油”的成语故事（解缙《春雨》诗曰：“春雨贵如油，下得满街跑，滑到解学士，笑坏一群牛。”），配合PPT图片，让故事更加形象生动。

互动讨论：故事讲完后，提问幼儿：“为什么古人说春雨如油呢？”“春雨给大地带来了哪些变化？”引导幼儿理解春雨的重要性和它对自然界的影响。

3. 诗歌欣赏与学习。

播放视频：展示诗歌《春雨》的视频，让幼儿初步感受诗歌的韵律美和意境美。

滴答，滴答，下小雨啦！

种子说：“下吧下吧，我要发芽。”

梨树说：“下吧下吧，我要开花。”

麦苗说：“下吧下吧，我要长大。”

小朋友说：下吧下吧，我要种瓜。”

滴答，滴答，下小雨啦！

分段讲解：教师逐段播放诗歌，并解释每一句的意思，帮助幼儿理解诗歌内容。同时，可以引导幼儿观察视频中的画面，想象春雨滋润万物的场景。

集体朗诵：在幼儿对诗歌有了一定了解后，组织幼儿集体朗诵诗歌，感受其韵律和节奏。

4. 创编动作与角色表演。

创编动作：教师鼓励幼儿根据诗歌内容，自由创编与诗歌相匹配的动作。例如："春雨嘀嗒嘀嗒地下着"可以设计成轻轻摆动双手模仿雨滴落下的动作；"种子发芽偷偷地从土里钻出来"可以设计成弯腰低头再慢慢站直的动作。

分角色表演：将幼儿分成几个小组，每组分配不同的角色（如春雨、种子、花朵等），并佩戴相应的头饰。在教师的引导下，幼儿根据诗歌内容进行角色表演，通过动作和表情展现诗歌的意境。

展示与评价：每组表演结束后，教师和其他幼儿给予掌声鼓励，并简单评价表演中的亮点和可以改进的地方。

5. 总结与延伸。

总结回顾：教师带领幼儿一起回顾今天学习的成语故事和诗歌内容，强调春雨的重要性和美好寓意。

情感升华：引导幼儿表达自己对春雨的喜爱之情，以及春雨给大自然带来的变化。可以说："小朋友们，你们喜欢春雨吗？为什么？春雨让我们的世界变得更加美丽和生机勃勃了。"

延伸活动：鼓励幼儿回家后与家人分享今天学到的成语故事和诗歌，并尝试用画笔描绘出自己心中的春雨景象。

这样的活动设计，不仅能让幼儿学习到成语故事和诗歌知识，还能培养他们的想象力、创造力和语言表达能力，同时加深对季节变化的认识和情感体验。

案例评析

"春雨"主题活动教学案例，通过成语故事"春雨如油"与诗歌《春雨》的巧妙结合，不仅成功激发了中班幼儿对季节变化的兴趣与情感共鸣，还深刻体现了成语故事在幼儿教育中的独特价值。

首先，成语故事"春雨如油"作为活动的引子，其精炼的语言和深远的寓意为孩子们打开了一扇了解传统文化的窗户。故事中的春雨被赋予了珍贵的象征意义，让孩子们在轻松愉快的氛围中理解了春雨对自然万物的重要性，从而培养了他们对自然界的敬畏之心和爱护之情。这种情感教育的渗透，正是成语故事教学的一大亮点。

其次，诗歌《春雨》的引入，以其优美的语言和生动的画面，进一步加深了孩子们对春雨的感知和体验。通过欣赏诗歌、创编动作和角色表演等环节，孩子们不仅学会了用语言表达对春雨的喜爱，还通过肢体语言和面部表情展现了诗歌的意境美。这种多感官参与的学习方式，不仅提高了孩子们的语言表达能力和想象力，还激发了他们的创造力和艺术表现力。

在整个活动过程中，成语故事的价值得到了充分的体现。它不仅是传递知识的载体，更是培养孩子们文化素养、情感态度和道德品质的重要途径。通过成语故事的学习，孩子们不仅掌握了新的词汇和表达方式，还有助于形成全面发展的综合素养。

本次“春雨”主题活动是一次成功的成语故事教学实践。它不仅让孩子们在轻松愉快的氛围中学习了成语故事和诗歌知识，还通过多感官参与和情感体验的方式，促进了孩子们的语言表达、想象力和文化素养的全面发展。同时，它也再次证明了成语故事在幼儿教育中的重要价值和独特魅力。

（三）社会领域成语故事课程案例分析

活动设计

活动名称：“交通安全”（大班）

活动目标：

1. 学习成语故事“居安思危”，增强幼儿对交通安全的认识。

2. 指导幼儿认识简单的交通标记。

3. 通过游戏，引导幼儿遵守交通规则，知道不能乱穿马路，增强幼儿遵守交通规则的意识。

4. 愿意参与交通安全游戏，体验游戏的乐趣。

活动准备：

课件、斑马线、红绿灯、小警帽、塑料小警棍。

活动过程：

1. 导入环节。

情境引入：教师以轻松愉快的语气讲述一个简短的开场白：“小朋友们，今天老师要带大家去一个特别的地方旅行，但在出发前，我们需要先学会一个重要的本领，那就是如何安全地走在路上。你们有没有听说过‘居安思危’这个成语呢？它告诉我们，在安全的时候也要想到可能会出现的危险，这样我们才能更好地保护自己。现在，就让我们一起走进交通安全的小课堂吧！”

展示课件：播放一段关于交通安全的动画短片，简短介绍“居安思危”的成语故事，并结合动画内容，引导幼儿初步理解成语含义及与交通安全的关系。

2. 认知环节。

认识交通标记：教师出示事先准备好的交通标记图片（如禁止停车、行人过街、注意儿童等），逐一介绍其含义和重要性。

通过问答形式，鼓励幼儿积极参与，加深记忆。例如："看到这个标记，我们应该怎么做呢？"

讲解交通规则：结合"居安思危"的理念，讲解过马路时应遵守的基本交通规则，如走斑马线、看红绿灯、不随意横穿马路等。

强调遵守交通规则的重要性，以及不遵守规则可能带来的后果。

3. 实践环节。

模拟过马路：在教室或户外安全区域布置模拟道路场景，包括斑马线、红绿灯等。

分组让幼儿轮流扮演行人，在教师的指导下模拟过马路，体验遵守交通规则的过程。

教师注意观察幼儿的行为，及时给予指导和鼓励。

交通安全小游戏：设计"我是小交警"游戏，让幼儿轮流扮演交警和行人，通过角色扮演加深对交通规则的理解和记忆。

游戏中设置不同情境，如红灯亮起时行人是否停下、行人是否走在斑马线上等，考验幼儿的反应能力和规则意识。

4. 总结提升。

回顾知识点：教师带领幼儿一起回顾今天学习的内容，包括"居安思危"的成语故事、交通标记的认识以及交通规则的掌握情况。

强调交通安全的重要性，鼓励幼儿在日常生活中也要做到"居安思危"，时刻注意自身安全。

情感升华：通过提问引导幼儿思考："如果我们每个人都能遵守交通规则，我们的世界会变得怎样呢？"激发幼儿对美好社会的向往和责任感。

结束语：以积极向上的话语结束活动，如"小朋友们，你们都是聪明的小小交通安全卫士！希望你们在以后的日子里，都能像今天一样，牢记交通规则，保护自己，也保护他人。我们下次活动再见！"

5. 活动延伸（家园共育）。

建议家长与孩子一起复习今天学习的交通安全知识，并在日常生活中寻找并识别交通标记，共同遵守交通规则。

鼓励家长与孩子一起参与社区或幼儿园的交通安全宣传活动，增强家庭和社会的交通安全意识。

案例评析

本次“交通安全”主题活动在大班幼儿中取得了显著成效，不仅成功地将成语故事“居安思危”融入了交通安全教育中，还通过一系列生动有趣的活动环节，有效提升了幼儿对交通安全的认识和自我保护能力。

活动中，成语故事“居安思危”作为引入，以其深刻的寓意和生动的讲述方式，迅速吸引了幼儿的注意力，激发了他们对交通安全话题的兴趣。通过成语故事的讲解，幼儿们不仅理解了成语本身的含义，还深刻体会到了在安全环境中也要时刻保持警惕、预防危险的重要性。这种寓教于乐的方式，不仅丰富了幼儿的语言词汇，还培养了他们的安全意识和危机感，体现了成语故事在幼儿教育中的独特价值。

在随后的认知环节和实践环节中，教师通过展示交通标记、讲解交通规则以及模拟过马路等游戏形式，进一步巩固了幼儿对交通安全知识的理解和掌握。特别是模拟过马路的游戏环节，让幼儿在亲身体验中感受到了遵守交通规则的重要性，增强了他们的规则意识和自我保护能力。这种将理论知识与实践操作相结合的教学方式，不仅提高了教学效果，还激发了幼儿的学习兴趣和参与热情。

此外，活动还注重了家园共育这一教学活动延伸，鼓励家长与孩子一起复习交通安全知识并参与相关活动。这种家校合作的方式，有助于形成教育合力，共同促进幼儿的安全教育和健康成长。

本次“交通安全”主题活动是一次成功的成语故事教学实践。它不仅让幼儿在轻松愉快的氛围中学习了交通安全知识，还通过成语故事的引入和多种教学手段的运用，培养了幼儿的安全意识、规则意识和自我保护能力。同时，它也再次证明了成语故事在幼儿教育中的重要价值和独特魅力。

（四）科学领域成语故事课程案例分析

活动设计

活动名称：“谁轻谁重”（大班）

活动目标：

1. 学习成语故事“轻如鸿毛，重于泰山”，增强幼儿对重量概念的认识。
2. 用不同材质、数量的石头和羽毛等材料，比较讨论认识与重量相关的因素。
3. 学习用看一看、提一提、抱一抱等自然测量方法比较。
4. 乐意参与探索，初步学会记录测试结果。

活动准备：

天秤、石头、羽毛、布头、金属、塑料、棉花，纸、笔等。

活动过程：

1. 导入环节。

成语故事引入：教师以生动有趣的语气讲述“轻如鸿毛，重于泰山”的成语故事，引导幼儿初步理解成语所表达的重量对比概念。通过故事讲述，激发幼儿对重量差异的好奇心和探索欲。

提问引导：故事讲完后，教师提问：“你们觉得什么东西会像鸿毛一样轻呢？又有哪些东西会像泰山一样重呢？”鼓励幼儿自由发言，分享自己的想法。

2. 探索环节。

材料展示与认识：教师逐一展示准备好的材料（石头、羽毛、布头、金属、塑料、棉花等），让幼儿观察并触摸，感受不同材质的特点和可能带来的重量差异。

分组实验：将幼儿分成若干小组，每组分配一套实验材料（包括天秤、不同材质的物品等）。教师引导幼儿使用天秤来比较不同物品的重量，同时鼓励他们尝试用看一看、提一提、抱一抱等自然测量方法进行比较，体验不同材质和数量对重量的影响。

记录与分享：每组幼儿负责记录自己的实验结果，包括哪些物品轻、哪些物品重，以及他们的发现和感受。之后，各组派代表分享实验结果，教师进行总结归纳，强调重量与材质、数量等因素的关系。

3. 深化环节。

重量排序游戏：教师准备一系列物品（包括已使用过的和新增的），让幼儿根据重量进行排序。这个游戏可以进一步巩固幼儿对重量概念的理解，并锻炼他们的观察和判断能力。

创意制作：鼓励幼儿利用提供的材料（纸张、胶水、剪刀等）制作一个既轻又结实的物品，或者一个看起来轻但实际上很重的物品。这个活动可以激发幼儿的创造力和想象力，同时让他们更深入地理解重量与结构的关系。

4. 总结与延伸。

总结回顾：教师带领幼儿一起回顾今天学习的内容，包括成语故事“轻如鸿毛，重于泰山”的含义、重量与材质数量的关系以及自然测量方法的运用等。强调重量是生活中常见且重要的物理量之一，我们要善于观察和比较。

生活应用：引导幼儿思考生活中哪些场景需要关注重量问题（如搬家时选择轻便的家具、购物时比较不同产品的重量等），并鼓励他们将这些知识应用到日常生活中去。

家庭作业：建议家长与孩子一起收集家中的物品进行重量比较和排序，或者一起制作一个有趣的重量实验项目。通过亲子活动进一步巩固和拓展幼儿对重量概念的理解和应用能力。

案例评析

本次“谁轻谁重”的科学领域活动在大班幼儿中取得了良好的教学效果，不仅成功地引导幼儿探索了重量的奥秘，还巧妙地融入了成语故事“轻如鸿毛，重于泰山”，为活动增添了深厚的文化底蕴和教育意义。

活动中，成语故事的引入为整个教学过程奠定了坚实的情感基础。通过生动的故事讲述，幼儿不仅被故事中鲜明的对比所吸引，更在潜移默化中理解了重量这一抽象概念，感受到了轻重之间的巨大差异。这种以故事为载体的教学方式，不仅激发了幼儿的学习兴趣，还培养了他们的想象力和语言表达能力，体现了成语故事在幼儿教育中的独特价值。

在探索环节，幼儿们通过亲手操作、亲身体验，对重量有了更直观、更深刻的认识。他们使用天秤进行测量，用自然方法进行感知，不仅锻炼了动手能力和观察能力，还学会了如何记录和分享自己的发现。在这个过程中，成语故事所传达的“轻重对比”思想得到了进一步的巩固和深化，使幼儿们对重量概念的理解更加全面和深入。

此外，活动还注重了知识的拓展和应用。通过重量排序游戏和创意制作等环节，幼儿们不仅巩固了所学知识，还将其运用到了实际生活中。这种学以致用的教学方式，不仅提高了幼儿的学习效果，还培养了他们的实践能力和创新精神。

本次“谁轻谁重”教学活动是一次成功的科学教育实践。它不仅让幼儿们在轻松愉快的氛围中学习了重量知识，还通过成语故事的引入和多种教学手段的运用，培养了他们的观察力、动手能力和创造力。同时，它也再次证明了成语故事在幼儿教育中的重要价值和独特魅力，为今后的教学活动提供了有益的借鉴和启示。

（五）艺术领域成语故事课程案例分析

活动设计

活动名称：“美丽的贵州蜡染”（大班）

活动目标：

1. 学习成语故事“染苍染黄”（并揭示其寓意“人或事物受环境的影响极大”），增强幼儿对染织技艺概念的认识。

2. 通过调查、交流、探索等活动，初步了解蜡染及其传统文化内涵和表现形式，知道蜡染是人民智慧的结晶。

3. 在欣赏和创作活动中，能积极大胆地用语言表达、交流自己的相关经验，感受蜡染作品的美，学会欣赏民间蜡染艺术。

4. 了解“沾蜡——画蜡——染色——脱蜡”的蜡染方法，大胆尝试创作蜡染作品，体验创作蜡染作品的乐趣。

活动准备：

1. 收集各种蜡染艺术品布置展览。

2. 蜡染步骤图、照片等。

3. 蜡染工具及材料。

4. 幼儿蜡染作品展台。

5. 运用幼儿蜡染作品丰富游戏材料和游戏场景等。

活动过程：

1. 导入环节。

情境导入：教师以一段简短的视频或图片展示贵州的自然风光和民族风情，引起幼儿的兴趣。随后，教师提问：“小朋友们，你们知道贵州除了美丽的风景，还有什么特别的传统艺术吗？”引导幼儿思考并引出今天的主题——“美丽的贵州蜡染”。

成语故事引入：教师讲述成语故事“染苍染黄”，边讲边配以生动的图片或玩偶，帮助幼儿理解故事内容和寓意。讲完后，教师提问：“为什么故事中的人和事物会发生改变呢？这告诉我们一个什么道理？”引导幼儿理解环境对人或事物的重要影响，并引出蜡染艺术也是受环境影响而形成的独特文化。

2. 认知探索环节。

蜡染艺术初探：教师带领幼儿参观蜡染艺术品展览，引导幼儿观察蜡染作品的颜色、图案、纹理等，感受蜡染艺术的美。同时，简要介绍蜡染的历史背景和文化内涵，强调它是人民智慧的结晶。

蜡染步骤解析：利用蜡染步骤图和照片，教师详细讲解“沾蜡——画蜡——染色——脱蜡”的蜡染过程，每步都配以实物展示或视频演示，让幼儿直观了解蜡染的制作流程。

3. 创作实践环节。

分组创作：将幼儿分成若干小组，每组分配一套蜡染工具和材料。教师先示范基础的蜡染技巧，如如何均匀涂抹蜂蜡、设计简单图案等。然后鼓励幼儿发挥想象，自由创作蜡染作品。

巡回指导：在幼儿创作过程中，教师巡回指导，及时解答幼儿的疑问，鼓励幼儿大胆尝试不同的图案和色彩搭配，同时注意安全使用工具和材料。

4. 分享交流环节。

作品展示：将幼儿创作的蜡染作品展示在展台上，邀请每位幼儿上前介绍自己的作品，包括设计理念、创作过程及遇到的困难与解决方法等。

互评互学：引导幼儿相互欣赏和评价作品，学习他人的优点，提出建设性的意见。教师总结点评，肯定幼儿的努力和创意，同时指出需要改进的地方。

5. 总结延伸环节。

活动总结：教师总结本次活动的主要内容，强调蜡染艺术的美和传统文化的重要性，鼓励幼儿在生活中多关注和学习民间艺术。

拓展延伸：布置家庭作业，如让幼儿回家后向家人介绍今天学到的蜡染知识和成语故事“染苍染黄”，或者尝试用蜡染的方法装饰家中的小物件等，将活动延伸至家庭和社会生活中。

6. 结束活动。

以一首轻松愉快的民族歌曲结束本次活动，让幼儿在愉悦的氛围中结束对蜡染艺术的探索之旅。

案例评析

本次“美丽的贵州蜡染”艺术领域活动在大班幼儿中的成功开展，不仅让幼儿亲身体验了蜡染艺术的魅力，还巧妙地融入了成语故事“染苍染黄”，为活动增添了深刻的教育内涵。

活动中，成语故事“染苍染黄”的引入，不仅激发了幼儿对蜡染艺术的兴趣，还巧妙地揭示了其寓意——人或事物受环境的影响极大。这一寓意与蜡染艺术的形成背景不谋而合，都强调了环境对事物发展的重要作用。通过故事讲述，幼儿们在轻松愉快的氛围中，不仅理解了成语的含义，还初步感受到了蜡染艺术背后所蕴含的深厚文化底蕴。

在认知探索环节，幼儿们通过参观展览、观看步骤图等方式，初步了解了蜡染的制作流程和文化内涵。这一环节的设计，不仅丰富了幼儿的知识储备，还培养了他们的观察力和思考能力。同时，教师适时地引入成语故事中的寓意，引导幼儿思考蜡染艺术与环境的关系，进一步加深了他们对成语故事价值的理解。

创作实践环节是本次活动的亮点之一。幼儿们在教师的指导下，大胆尝试创作蜡染作品，体验了从设计到制作的全过程。这一过程中，他们不仅发挥了想象力和创造力，还学会了如何与他人合作、如何解决问题等技能。更重要的是，他们通过亲手制作蜡染作品，更加直观地感受到了蜡染艺术的美和传统文化的魅力。

分享交流环节则为幼儿们提供了一个展示自我、学习他人的平台。他们通过展示自己的作品、介绍创作过程等方式，不仅增强了自信心和表达能力，还学会了欣赏和评价他人的作品。同时，教师也借此机会对活动进行了总结点评，肯定了幼儿的努力和创意，同时也指出了需要改进的地方。

总的来说，本次“美丽的贵州蜡染”活动是一次成功的艺术教育实践。它不仅让幼儿们亲身体验了蜡染艺术的魅力，还通过成语故事的引入，加深了他们对传统文化的理解。

这种寓教于乐的教学方式，不仅激发了幼儿的学习兴趣，还培养了他们的观察力、创造力、合作精神和审美能力。同时，它也再次证明了成语故事在幼儿教育中的重要价值，为今后的教学活动提供了有益的借鉴和启示。

二、幼儿园成语故事教学典型案例实录

1. 案例背景

笔者采用观察法对研究基地某幼儿园D教师的成语故事教学进行了观察记录和分析。该园正在开展成语故事课程体系建设，为了更好引起幼儿的共鸣，产生互动、增强效果，幼儿教师想到了打造动物成语专题，让小朋友们从动物成语开始进入，设计相关活动内容，让孩子们在动物成语的聚会中，得到更多关于动物的成语典故，能够在合适的情景中让关于动物的成语脱口而出。课程教学在大班实施，领域是语言。

2. 案例实录

《盲人摸象》教学活动记录。

（1）教学准备：

液晶电视；盲人的电子图片、盲人摸象的电子图片（已分割成几个部分）；成语《盲人摸象》视频；“神奇的箱子”——内装各种物品、玩具若干等。

（2）活动流程：

第一个环节，教师以盲人图片导入。

出示盲人图片，提问：“他们是谁？”“你怎么看出来的？”“盲人是怎么识别东西的呢？”

小结：盲人的眼睛看不见，所以看东西都用摸。

然后分步骤出示盲人摸象局部图片，让幼儿猜测盲人在摸什么？直至推导出是盲人在摸象。

第二个环节，播放视频，欣赏故事，猜测故事情节的发展。

先是分段欣赏故事，理解故事内容，从第一个盲人用手摸，说：“这个宝贝像条绳子。”启发幼儿可能摸到了什么，逐一进行“像墙”“像柱子”“像扇子”……

第三个环节，完整欣赏故事，了解故事寓意。

完整欣赏故事后，提问：通过盲人摸象这个故事，你明白了一个什么道理？

小结：一定要把事物看全面再下结论，否则只看一部分就自以为是，就会犯盲人摸象的错误。

第四个环节，参与游戏，提升感知事物要全面。

出示纸盒，讲解游戏方法：小朋友装成盲人，只可以用手摸，然后根据感觉说出物品的名称。（提示幼儿不要犯盲人摸象的错误，要全面地感受物体特征。可以尝试多摸几个

角度）

小结：需要通过多方验证，才能完全了解一样物体或者是一件事情。

第五个环节，经验迁移。

组织幼儿根据对成语故事《盲人摸象》的学习进行绘画创作，教师巡回指导，邀请小朋友上台介绍自己的作品，优秀作品还被选入班级的主题墙。活动最后，教师让幼儿回家后将今天学到的成语故事说给家长听。

3. 案例分析

本次教学活动，层次清晰，环环相扣，自然流畅，很好地把成语故事的内容与语言和艺术领域相融，利用故事的曲折回转引起了幼儿的好奇心、激起了学习的兴趣，课堂师生互动积极，教师还通过成语寓意来提升幼儿的哲学思维，最后根据成语进行自由作画给了幼儿很大的创造、发挥的空间，回家给家长复述故事的安排，既让幼儿强化故事内容、语言能力得到锻炼，也是加强家园沟通，实现家园共育的举措。

4. 建议

在教学活动结束后笔者与园方执教教师等共同教研，给出了几条建议：

第一，在材料准备方面，宝箱中的材料可以选择那些更贴近幼儿生活的，特征上更明显的，更方便孩子操作的，进而获得更好的效果。

第二，故事的叙述主要是通过播放视频完成，如果教师能够亲自绘声绘色地朗读，效果会更好。

第三，可以更深入地挖掘成语故事的教育价值，如：在类似的教学活动中，还可以将成语故事教学与培养幼儿的观察能力，提升观察品质结合起来。

第四，在学习探讨成语故事的寓意的时候，可以让幼儿联系自身经历，谈谈生活中遇到过的类似情况，来加深幼儿对成语故事意义的理解。因为只有与幼儿的生活经验相关联的知识，才能真正被幼儿所理解和吸收。

三、幼儿园成语故事主题探究

主题活动是当前幼儿园教育活动的主要方式，也称为多元智能主题活动，一个个主题活动，可以使幼儿的语言智能、数学逻辑智能、空间智能、身体运动智能、音乐智能、人际智能等都同时得到相应的发展。成语故事就要渗透到各个主题活动中，和其他活动一起共同促进孩子各方面智能的发展。比如：“认识动物”的主题，就可以与十二生肖相关的成语故事相融合，认识动物的同时，扩展幼儿的知识面，提升他们的能力。

1. 主题网络思路

十二生肖主题活动设计。

第一周：鼠与牛。

主题活动：A. 十二生肖排序（数学），B. 鼠的成语（语言），C. 老鼠的习性（科学），D. 老鼠剪剪乐（艺术），E. 牛的成语（语言），F. 牛儿哞哞叫（艺术）。

主题呈现：A. 将幼儿排序的十二生肖批改后放入成长册，B. 将幼儿收集的鼠的成语贴于相关墙面，C. 将剪下的老鼠图案，贴于玻璃上，D. 将幼儿收集的牛的成语贴于相关墙面，E. 散步时与幼儿玩模仿动物叫声的游戏。

区域材料：A. 语言区：增加鼠和牛的图文结合游戏，B. 美工区：引导幼儿制作鼠与牛的头饰、剪纸等，C. 表演区：表演关于鼠与牛的成语故事。

第二周：兔与虎。

主题活动：A. 认识有关兔和虎的成语（语言），B. 守株待兔（语言），C. 成语画画乐（艺术），D. 狐假虎威（语言），E. 老虎贴贴乐（艺术）。

主题呈现：A. 将幼儿搜集的兔和虎的成语贴在相关墙面，B. 守株待兔的成语绘画作品粘贴于主题墙，C. 将完成的老虎图样展示在主题墙上。

区域材料：A. 语言区：新增一些关于成语的图文配对，B. 美工区：引导幼儿制作兔子、老虎的头饰，C. 表演区：幼儿表演守株待兔、狐假虎威的成语故事。

第三周：龙与蛇。

主题活动：A. 龙的成语（语言），B. 可爱龙眼睛（艺术），C. 蛇的成语（语言），D. 金蛇狂舞（艺术）。

主题呈现：A. 将幼儿搜集的龙与蛇的成语贴于相关部分，B. 将幼儿绘画的龙眼睛贴于班级，C. 将幼儿跳舞的照片打印出来，作为活动记录。

区域材料：A. 语言区：增加龙与蛇的图文结合游戏，B. 美工区：提供各种眼睛的不同画法，让幼儿在区域制作龙与蛇的头饰、剪纸等，C. 图书区：新增动物科学图书，D. 表演区：表演关于龙与蛇的成语故事。

第四周：马与羊。

主题活动：A. 马的成语（语言），B. 马蹄哒哒哒（艺术），C. 羊的成语（语言），D. 粘羊毛（艺术）。

主题呈现：A. 将幼儿收集的马与羊的成语粘贴在主题墙，B. 将幼儿的粘羊毛作品挂于班级。

区域材料：A. 语言区：增加马与羊的图文配对游戏，B. 美工区：制作马与羊的头饰、剪纸等，C. 表演区：表演关于马与羊的成语故事。

第五周：猴与鸡。

主题活动：A. 猴的成语（语言），B. 做根长尾巴（艺术），C. 鸡的成语（语言），D. 手指画金鸡（艺术）。

主题呈现：A. 将幼儿收集的猴与鸡的成语粘贴于主题墙，B. 将幼儿做好的尾巴带到户外玩抓尾巴的游戏，并拍照记录，C. 将幼儿手指画的金鸡贴于班级展示区。

区域材料：A. 语言区：增加猴与鸡的图文配对游戏，B. 美工区：制作猴与鸡的头饰、剪纸等，C. 表演区：表演关于猴与鸡的成语故事。

第六周：狗与猪。

主题活动：A. 狗的成语（语言），B. 狗的一生（社会），C. 猪的成语（语言），D. 做个猪鼻子（艺术）。

主题呈现：A. 将幼儿收集的狗与猪的成语粘贴于主题墙，B. 将幼儿做好的猪鼻子贴在班级墙。

区域材料：A. 语言区：增加狗与猪的图文配对游戏，B. 美工区：制作狗与猪的头饰、剪纸等，C. 表演区：表演关于狗与猪的成语故事。

2. 主题活动表格，如表 5-1

表 5-1　动物成语 Party

周次	主题活动	活动区
第一周：鼠与牛	主题活动： 1. 十二生肖排序（数学）。 2. 鼠的成语（语言）。 3. 老鼠的习性（科学）。 4. 老鼠剪剪乐（艺术）。 5. 牛的成语（语言）。 6. 牛儿哞哞叫（艺术）。 主题呈现： 1. 将幼儿排序的十二生肖批改后放入成长册。 2. 将幼儿收集的鼠的成语贴于相关墙面。 3. 将剪下的老鼠图案，贴于玻璃上。 4. 将幼儿收集的牛的成语贴于相关墙面。 5. 散步时与幼儿玩模仿动物叫声的游戏。	1. 语言区：增加鼠和牛的图文结合游戏。 2. 美工区：引导幼儿制作鼠与牛的头饰。 3. 表演区：表演关于鼠与牛的成语故事。
第二周：兔与虎	主题活动： 1. 认识有关兔和虎的成语（语言）。 2. 守株待兔（语言）。 3. 成语画画乐（艺术）。 4. 狐假虎威（语言）。 5. 老虎贴贴乐（艺术）。 主题呈现： 1. 将幼儿搜集的兔和虎的成语贴在相关墙面。 2. 守株待兔的成语绘画作品粘贴于主题墙。 3. 将完成的老虎图样展示在主题墙上。	1. 语言区：新增一些关于成语的图文配对。 2. 美工区：引导幼儿制作兔子、老虎的头饰。 3. 表演区：幼儿表演守株待兔、狐假虎威的成语故事。

3. 周活动分区计划表，如表 5-2

表 5-2　周活动分区计划表

区角名称	刺绣区	表演区	科学区	建构区	民间游戏区	阅读区	棋艺区
幼儿已有经验	能根据图形提示绣出相对应图形。	了解表演故事内容。	会根据图示操作材料。	能够两人合作搭建基地。	能够双脚并拢向前跳、单脚向前跳，并能保持身体平衡。	能够仔细翻阅图书内容。	会玩动物跳棋。
调整指导思路	能在刺绣板上绣出十二生肖图形轮廓。	初步尝试表演成语故事《狐假虎威》。	能够根据线路说明，选择将动物最快送回家的路线，将线路连接。	尝试多人合作搭建自己喜爱的十二生肖动物。	能够根据地面上的动物图形边框，变换单双脚向前跳跃，并保持身体。	能翻阅到有关十二生肖动物的成语的知识与同伴分享。	积极参与棋类的活动。
材料/环境的增补或拆除	绣针、针线、动物刺绣图片。	十二生肖动物头饰。	说明书、线路板。	积木、插塑玩具。	跳房子贴纸。	十二生肖动物的成语故事。	自制棋。

4. 区域活动方案

活动名称：成语故事《狐假虎威》表演

目标：

（1）体验故事表演的乐趣。

（2）复习巩固成语故事内容。

（3）体味故事中蕴含的哲理。

活动准备：表演区——各种动物头饰及其他操作区的材料

形式：小组游戏

预设观察：

（1）孩子对成语故事的前期了解是否充足。

（2）是否能根据故事中的角色进行表演。

活动过程：

（1）与孩子一同回顾：

A. 还记得我们分享的《狐假虎威》的成语故事吗？

B. 故事说了什么？有哪些角色？你最喜欢哪个角色？

C. 你想表演谁？

（2）幼儿结伴游戏，教师适时参与。

你会怎样表演这个角色？需要什么道具？

A. 出示道具，让幼儿熟悉后方便表演使用。谁先出场？说什么？接着是谁出场？

B. 教师帮助幼儿整理出场顺序，并鼓励幼儿用文字或符号表示在节目表上。

C. 观看幼儿表演，适时充当角色，给予帮助及引导。

（3）评价：

A. 集体评价：对幼儿的表演能力进行点评、鼓励。

B. 对其他操作区幼儿作品给予积极评价。

5. 教学设计《金蛇狂舞》（大班）

领域：艺术

（1）目标。

情感与态度：通过倾听音乐，感受乐曲热烈欢腾的气氛，激发幼儿对民族音乐的喜爱与兴趣。

技能发展：尝试运用敲锣打鼓及舞龙灯的动作，创造性地表现节日里欢快的气氛，提升幼儿的节奏感和身体协调性。

（2）重点与难点。

重点：感受乐曲热烈欢腾的氛围，培养幼儿对民族音乐的喜爱。

难点：准确捕捉音乐节奏，用敲锣打鼓和舞龙灯的动作精准表达音乐的情感与内容。

（3）准备。

视频资料：舞龙和敲锣打鼓的录像片段，用于丰富幼儿的经验。

音乐素材：《金蛇狂舞》音乐文件。

乐器准备：鼓、串铃、铃鼓等打击乐器，确保每位幼儿都能接触到。

道具准备：简易龙灯道具（可用长布条或彩带代替），增强表演的真实感。

（4）过程：

①情境导入，激发兴趣。

新年回忆：引导幼儿回忆新年的欢乐场景，出示“舞龙灯和敲锣打鼓”的视频，鼓励幼儿分享自己的经历和感受。

②初步感知，了解乐曲。

初次聆听：播放《金蛇狂舞》音乐，让幼儿闭眼聆听，初步感受乐曲的欢快氛围。

介绍乐曲：《金蛇狂舞》，并解读成语故事和文化内涵，帮助幼儿更好地理解音乐。

分段解析：通过分段播放音乐，引导幼儿识别乐曲中的不同部分，如舞龙灯、敲锣打鼓等场景，并用简单的语言描述自己的感受。

③动作创编，表现音乐。

舞龙灯：观看舞龙视频，学习基本的手臂动作和队形变化。

小组合作，尝试用简易龙灯道具进行模拟舞龙，注意团队协作和动作连贯。

敲锣打鼓：展示并介绍鼓、串铃、铃鼓等打击乐器，让幼儿尝试敲击，感受不同乐器的音色。

分组练习，一组幼儿负责敲锣，另一组负责打鼓，根据音乐节奏进行对答，教师指导幼儿注意体态和表情的协调。

④综合表演，体验快乐。

完整排练：将舞龙灯和敲锣打鼓的动作结合起来，根据《金蛇狂舞》的音乐节奏进行完整排练。教师注意引导幼儿在转换动作时保持流畅和默契。

展示表演：邀请家长或其他班级的小朋友观看表演，增强幼儿的自信心和成就感。

⑤总结反馈，情感升华。

分享感受：表演结束后，组织幼儿分享自己在活动中的感受和收获，鼓励幼儿表达对民族音乐的喜爱之情。

教师总结：总结本次活动的亮点和幼儿的进步，鼓励幼儿在日常生活中继续关注和欣赏民族音乐，培养对多元文化的审美能力。

参考资料

1. 朱家雄 . 幼儿园课程的理论与实践 [M]. 上海：华东师范大学出版社，2010.

2. 庞丽娟 . 中国教育改革 30 年：学前教育卷 [M]. 北京：北京师范大学出版社，2009.

3. 霍力岩 . 建国 60 年来国外学前教育思潮的影响与今日我国学前教育选择 [J]. 幼儿教育，2009.

4. 虞永平 . 幼儿教育观新论 [M]. 北京：人民教育出版社，2006.

5. 华爱华 . 学前教育改革启示录 [M]. 上海：上海社会科学院出版社，2009.

6. 单中中 . 西方教育思想史 [M]. 北京：教育科学出版社，2007.

7. 袁振国 . 教育原理 [M]. 上海：华东师范大学出版社，2008.

8. 虞永平 . 幼儿园课程建设与教师专业成长 [J]. 中国教师，2020(1)：81–85.

9. 田景正 . 改革开放 40 年我国学前教育课程改革的考察 [J]. 教育科学研究，2019(5)：60–65.

10. 严仲连 . 幼儿园课程实施适应取向的内涵、特点及影响因素 [J]. 学前教育研究，2010(2)：27– 32.

11. 袁爱玲 . 中美幼儿科学教育课程的差异性比较 [J]. 比较教育研究，2001(1).

12. 唐淑，孔起英 . 幼儿园课程基本理论和整体改革：幼儿园课程研究论文集 [M]. 南京：南京师范大学出版社，2010.

13. 李燕，吴丹，骆丹丹 . 幼儿园生态体验园本课程实施评价：价值取向、指标、策略 [J]. 今日教育（幼教金刊）2023(3)：14–17.

14. 彭云 . 幼儿园教育活动设计与课例 [M]. 上海：复旦大学出版社，2022.